MANUAL DE
AVALIAÇÃO MOTORA PARA TERCEIRA IDADE

FRANCISCO ROSA NETO
E COLABORADORES

2009

© Artmed Editora, 2009.

Capa
Tatiana Sperhacke – TAT Studio

Foto da Capa
©falkjohann – Fotolia.com

Preparação do original
Maria Edith Amorim Pacheco

Supervisão editorial
Mônica Ballejo Canto

Projeto e editoração
Armazém Digital Editoração Eletrônica – Roberto Carlos Moreira Vieira

Reservados todos os direitos de publicação, em língua portuguesa, à
ARTMED® EDITORA S.A.
Av. Jerônimo de Ornelas, 670 - Santana
90040-340 Porto Alegre RS
Fone (51) 3027-7000 Fax (51) 3027-7070

É proibida a duplicação ou reprodução deste volume, no todo ou em parte, sob quaisquer formas ou por quaisquer meios (eletrônico, mecânico, gravação, fotocópia, distribuição na Web e outros), sem permissão expressa da Editora.

SÃO PAULO
Av. Angélica, 1091 - Higienópolis
01227-100 São Paulo SP
Fone (11) 3665-1100 Fax (11) 3667-1333

SAC 0800 703-3444

IMPRESSO NO BRASIL
PRINTED IN BRAZIL

Autores

Francisco Rosa Neto (org.)
Doutor em Medicina da Educação Física e do Esporte (Espanha). Professor Universitário do Programa de Mestrado e Doutorado da Universidade do Estado de Santa Catarina. Coordenador do Laboratório de Desenvolvimento Humano – UDESC. Professor do Curso de Medicina da Universidade do Sul de Santa Catarina – UNISUL. Presidente da Sociedade Brasileira de Motricidade Humana – SBMH.

Colaboradores

Augusto Cesinando de Carvalho
Graduado em Fisioterapia – SALESIANO
Mestre em Ciências Biológicas – UNIFESP
Doutor em Medicina – UNIFESP
Professor – UNESP

Daniela Branco Liposcki
Graduada em Fisioterapeuta – FURB
Especialista em Terapia Manual e Postural – CESUMAR
Mestre em Ciências do Movimento Humano – UDESC
Professora dos cursos de Fisioterapia e Educação Física das Faculdades Integradas FACVEST/SC
Membro da Sociedade Brasileira de Motricidade Humana – SBMH

Giovana Zarpellon Mazo
Graduada em Educação Física – UFSM
Mestre em Ciência do Movimento Humano – UFSM
Doutora em Educação Física – Universidade do Porto/Portugal
Professora – UDESC

Lisiane Schilling Poeta
Graduada em Educação Física – UDESC
Mestre em Ciência do Movimento Humano – UDESC
Doutoranda em Educação Física – Universidade Federal de Santa Catarina – UFSC
Membro da Sociedade Brasileira de Motricidade Humana – SBMH

Rachel Schlindwein-Zanini
Psicóloga especialista em neuropsicologia
Doutora em Neurociências pela Faculdade de Medicina da Pontifícia Universidade Católica de Porto Alegre – PUCRS
Membro da Sociedade Brasileira de Motricidade Humana – SBMH

Roberto Rodrigues
Médico especialista em psiquiatria – UFRGS
Doutor em Psicologia

Silvio Luiz Weiss
Mestre em Neurociências pela UFSC
Professor da UDESC
Vice-Presidente da Sociedade Brasileira de Motricidade Humana – SBMH

Tales de Carvalho
Doutor em Patologia pela Faculdade de Medicina da Universidade de São Paulo
Professor do Mestrado da UDESC
Responsável pela Área de Reabilitação na Sociedade Brasileira de Cardiologia
Coordenador do Núcleo de Cardiologia e Medicina do Exercício da UDESC

Tânia Cristina Bofi
Graduada em Fisioterapia – IMESPP
Mestre em Educação – UNOESTE
Professora da UNESP

Aos meus queridos filhos
Rodrigo e Francisco

Em especial aos meus pais
José e Deici

Prefácio

O envelhecimento populacional é um fato crucial, visto que a população de idosos em todo o mundo é o grupo que mais cresce. A população mundial de idosos estimada para 2020 é de 1,2 bilhões, sendo que o Brasil será o quinto país em população de idosos. Assim, com o envelhecimento populacional, as doenças não transmissíveis e suas complicações tornaram-se cada vez mais predominantes. Diversos estudos têm demonstrado os efeitos do envelhecimento sobre as mais diversas funções orgânicas, a atividade do sistema nervoso e as alterações cognitivas e comportamentais. Entretanto, muitas perdas funcionais dos idosos na verdade são causadas por fatores ambientais, como o estilo de vida, fatores socioeconômicos e culturais, possíveis de prevenção. Conhecendo-se e avaliando o perfil global do indivíduo idoso, potencialmente se poderia evitar ou retardar, muitas vezes, a sua inclusão no Sistema de Saúde por doenças.

Estima-se que de 20 a 40% dos problemas clínicos dos idosos não possam ser diagnosticados unicamente por meio da abordagem médica clássica. Tornou-se necessário o desenvolvimento de uma forma de avaliação precoce, ou seja, devemos estabelecer estratégias preventivas e de avaliação dos possíveis riscos à saúde. Assim, diagnosticando precocemente e estabelecendo programas de prevenção podemos alcançar o chamado "envelhecimento bem-sucedido".

Este livro deve fazer parte da biblioteca de todos aqueles que direta ou indiretamente trabalham com idosos, por sua enorme contribuição ao assunto. Nada escapou ao espírito minucioso do organizador. *Manual de avaliação motora para terceira idade* preenche todos os requisitos: o tema é altamente relevante e extremamente oportuno, a linguagem é de fácil compreensão e a obra possui uma natureza multiprofissional e multidimensional da avaliação geriátrica. Tenho grande satisfação de apresentar esta obra. Tenho acompanhado o crescimento profissional do Professor Francisco Rosa Neto, junto ao

Curso de Medicina da Unisul. Tenho o prazer de sua amizade e agora tenho a honra de prefaciar o seu livro. Está de parabéns o organizador, e os leitores que tenham um bom proveito.

João Ghizzo Filho
Médico Geriatra, Professor e
Coordenador do Curso de Medicina
Universidade do Sul de Santa Catarina – UNISUL

Sumário

Prefácio ix

1. A aptidão motora e o idoso 13
Francisco Rosa Neto

2. Neurociência e neuropsiquiatria do processamento motor do idoso – compreensão do envelhecimento normal e patológico na terceira idade 26
Roberto Rodrigues e Silvio Luiz Weiss

3. Aspectos psicológicos e neuropsicológicos do idoso 62
Rachel Schlindwein-Zanini

4. Atividade física, envelhecimento e avaliação 74
Giovana Zarpellon Mazo

5. Avaliação funcional do idoso portador de doença neurológica 87
Augusto Cesinando de Carvalho e Tânia Cristina Bofi

6. Exercício físico e envelhecimento 109
Tales de Carvalho

7. Escala motora para terceira idade 120
Francisco Rosa Neto

8. Produção científica com a escala motora para terceira idade 162
Francisco Rosa Neto e Lisiane Schilling Poeta

9. Propostas de atividades de intervenção e
reeducação motora para idosos 203
Francisco Rosa Neto e Daniela Branco Liposcki

10. A influência de um programa de intervenção
psicomotora na aptidão motora de idosos longevos 232
Daniela Branco Liposcki e Francisco Rosa Neto

Considerações finais 249
Francisco Rosa Neto

Glossário 251

Apêndices 263

1

A aptidão motora e o idoso

Francisco Rosa Neto

INTRODUÇÃO

A integração sucessiva da motricidade implica a constante e permanente maturação orgânica. O movimento contém em si mesmo sua verdade, tem sempre uma orientação significativa em função da satisfação das necessidades que o meio provoca. O movimento e seu fim são uma unidade, passando pelas sucessivas evoluções; o movimento se projeta sempre frente à satisfação de uma necessidade relacional. A relação entre o movimento e o seu fim se aperfeiçoa cada vez mais, como resultado de uma diferenciação progressiva das estruturas integradas do ser humano.

A motricidade é a interação de diversas funções motoras. A atividade motora é de suma importância no desenvolvimento global do ser humano. Por meio da exploração motriz o indivíduo desenvolve a consciência de si mesmo e do mundo exterior; as habilidades motrizes o ajudam na conquista de sua independência, na sua vida diária e na sua adaptação social. O idoso dotado de todas as suas possibilidades para se mover e descobrir o mundo é normalmente um idoso feliz e bem adaptado. Um bom controle motor permitirá ao indivíduo explorar o mundo exterior vivenciando experiências concretas sobre as quais se constroem as noções básicas para a manutenção e para o enriquecimento social, emocional, físico, espiritual e intelectual.

ELEMENTOS BÁSICOS DA MOTRICIDADE HUMANA

Motricidade fina

A coordenação visuomanual representa a atividade mais frequente e mais comum no homem, que atua para pegar um objeto e lançá-lo, para escrever, desenhar, pintar, recortar, etc. Ela inclui uma fase de transporte da mão, seguida de uma fase de agarra e manipulação, resultando em um conjunto com seus três componentes: objeto/olho/mão. A atividade manual, guiada pela visão, faz intervir, ao mesmo tempo, o conjunto dos músculos que asseguram a manutenção dos ombros e dos braços, do antebraço e da mão, que é particularmente responsável pelo ato manual de agarrar ou pelo ato motor, assim como os músculos oculomotores que regulam a fixação do olhar, as sacudidas oculares e os movimentos de perseguição.

Para a coordenação desses atos, é necessária a participação de diferentes centros nervosos motores e sensoriais, que se traduzem pela organização de programas motores e pela intervenção de diversas sensações oriundas dos receptores sensoriais, articulares e cutâneos do membro requerido. A maneira pela qual o encéfalo utiliza as informações visuoespaciais, das quais se extraem também parâmetros temporais para gerar movimentos guiados pela visão, fica, todavia, desconhecida.

A fixação visual necessita sucessivamente da visão periférica; em seguida, das sacudidas oculares que restabelecem o olho em visão central que os movimentos de perseguição tendem a manter quando o alvo se movimenta. Essa "agarra ocular" envolve a montagem de um programa motor de transporte da mão e de sua disposição para agarrar o objeto que, após a manipulação, pode ser evitado. O êxito dessa atividade em cada uma de suas etapas varia no idoso conforme o nível de aprendizado e conforme a evolução de seu padrão motor.

O transporte da mão para um alvo termina pelo ato de agarrar o objeto, o que representa uma das atividades humanas mais complexas. Antes de a mão ter contato com o objeto, os dedos já estão predispostos em seu grau de abertura e quanto à sua orientação em função da percepção da forma do objeto. O contato com o objeto encerra o processo de agarrar, dando informações particulares sobre a força necessária a desenvolver para levantar o objeto. Esses ajustes completam a antecipação do ato de agarrar, elaborada a partir de índices visuais. O movimento de agarrar começa com a predisposição dos dedos, a partir do início dos movimentos. Os dedos se separam em função do tamanho do objeto a ser apanhado e começam a fechar-se quando o movimento de aproximação se faz lento tendo em vista a forma do objeto. A modificação do tamanho aparente de um objeto durante o transporte da mão gera uma correção da pinça digital, uma separação polegar/indicador.

Antecipando o movimento do braço, aparecem outros movimentos da parte distal dos dedos da mão em repouso. Os dedos se estendem e abrem-se em função do tamanho do objeto. A abertura adequada é obtida por meio da trajetória da mão e não é modificada até o contato com o objeto. Os movimentos digitais seguem uma rotação de pulso que coloca a mão em posição adaptada de agarra.

O córtex pré-central correspondente à motricidade fina tem um papel fundamental no controle dos movimentos isolados das mãos e dos dedos para pegar o alimento. A importância das áreas córtico-sensomotoras das mãos e dos dedos faz ressaltar a fineza extrema dos controles táteis e motores. As explorações táctil e palmatória permitem o reconhecimento das formas sem a intervenção da visão. As informações cutâneas e articulares associadas à motricidade digital proporcionam as indicações a partir das quais as formas podem ser reconstituídas.

A coordenação visuomotora é um processo de ação em que existe coincidência entre o ato motor e uma estimulação visual percebida. Esse tipo de dinamismo somente pode dar-se em indivíduos videntes. Os não-videntes transferem as percepções visuais por outros meios de informação: guias sonoros outorgados pela explicação verbal, pelas percepções táteis, entre outros, que lhes outorgam dados sobre os quais elaboram a coordenação dinâmica necessária. Essas percepções iniciais de exploração e de tato preparam a execução sob a forma de ensaio; logo, a repetição do movimento afirma o modelo práxico elaborado e, finalmente, permite a interiorização do gesto por meio da representação mental da ação que, precedendo o movimento, possibilita a execução com grande eficácia e segurança. Portanto, nessa situação, não existe coordenação oculomanual ou visuomotora, apenas um dinamismo manual conjunto.

A escrita representa uma atividade motriz usual que requer a atividade controlada de músculos e articulações de um membro superior associada à coordenação visuomanual. Considerando que a mão e o olho não são absolutamente indispensáveis, a escrita manual guiada pela visão proporciona o modelo gráfico mais regular e rápido. A escrita consiste em uma organização de movimentos coordenados para reproduzir as formas e os modelos; constitui uma praxia motora. A coordenação visuomanual se elabora de modo progressivo com a evolução motriz do ser humano e do aprendizado. Visão e *feedback* perceptivo-motor estão estruturados e coordenados visando produzir um comportamento motor adaptado em qualquer situação.

Motricidade global

A capacidade do idoso, seus gestos, suas atitudes, seus deslocamentos e seu ritmo nos permitem, às vezes, conhecê-lo e compreendê-lo melhor do que buscar informações para tal fim nas palavras por ele pronunciadas. Naturalmente, o idoso realiza cenas da vida cotidiana: fala movimentando-se, canta dançando, ou então põe-se primeiro a dançar e o canto nasce em seguida. Ele expressa, de forma simultânea, sua afetividade e exercita sua inteligência.

O idoso passa grande parte de sua vida trabalhando, e por isso sua conduta está representada pela sua atividade motora. Os idosos apreciam muito a dança, a hidroginástica, a natação, etc. – é o relaxamento corporal, o bem-estar da liberação física. Enquanto se mexem, cantam músicas que inventam nessa alegria do movimento. É importante respeitar o ritmo individual de cada idoso, pois cada um tem um ritmo próprio, não só pela sua originalidade, mas também pela maturação dos centros nervosos que não é idêntica, nem com o mesmo grau, em cada um. Importa mais o trabalho realizado pelo idoso do que o resultado desse trabalho.

A perfeição progressiva do ato motor implica em um funcionamento global dos mecanismos reguladores do equilíbrio e da atitude. Quando o idoso está capacitado para isso, certas condições de execução permitem reforçar certos fatores da ação (vivacidade, força muscular, resistência, etc.). Esses fatores desenvolvem também um certo controle da motricidade espontânea, à medida que a situação-problema exige o respeito a certas consignas que definem as condições de espaço e de tempo em que se deve desenvolver a tarefa. Durante o tempo livre, o meio é que fornece ao idoso o material para a sua atividade de exploração, ou seja, a imaginação do idoso cria suas próprias experiências. É por meio da ludicidade que ele descobre os ajustes diversos, complexos e progressivos da atividade motriz, resultando em um conjunto de movimentos coordenados em função de um fim a ser alcançado.

O movimento motor global, mesmo sendo mais simples, é um movimento sinestésico, tátil, labiríntico, visual, espacial, temporal, e assim por diante. Os movimentos dinâmicos corporais desempenham um importante papel na melhora dos comandos nervosos e no afinamento das sensações e das percepções. O que é educativo na atividade motora não é a quantidade de trabalho efetuado nem o registro (valor numérico) alcançado, mas o controle de si mesmo – obtido pela qualidade do movimento executado, isto é, precisão e pela maestria de sua execução.

Equilíbrio

O equilíbrio é a base primordial de toda ação diferenciada dos segmentos corporais. Quanto mais defeituoso é o movimento, mais energia consome, e tal gasto energético poderia ser canalizado para outros trabalhos neuromusculares. Dessa luta constante, mesmo que inconsciente, contra o desequilíbrio resulta uma fadiga corporal, mental e espiritual, aumentando o nível de estresse, de ansiedade, e de angústia do indivíduo. Com efeito, existem relações estreitas entre as alterações ou as insuficiências do equilíbrio estático e dinâmico e os latentes estados de ansiedade ou insegurança.

Na atitude humana, registra-se uma história, uma complexidade motora que é sinônimo de uma experiência pessoal. Na posição em pé estão todos os dados de uma subjetividade única e personalizada. A postura é a atividade reflexa do corpo com relação ao espaço. Os reflexos podem fazer intervir músculos, segmentos corporais ou o corpo todo, como, por exemplo, a postura tônica em flexão ou em extensão. A postura está estruturada sobre o tono muscular (os músculos esqueléticos sadios, que constituem a base da postura, apresentam uma leve contração sustentada). O equilíbrio é o estado de um corpo quando forças distintas que atuam sobre ele se compensam e anulam-se mutuamente. Do ponto de vista biológico, a possibilidade de manter posturas, posições e atitudes indicam a existência de equilíbrio.

As grandes transformações esqueléticas que se observam no homem têm uma relação de dependência com a postura vertical permanente e com a marcha bípede, características únicas entre todos os mamíferos. A justificativa está preferencialmente na extensão da pélvis e da articulação do joelho, já que ambas permitem a manutenção vertical da coluna vertebral. O peso do corpo está sustentado pela base de apoio dos pés, que, não obstante, provoca uma limitação quanto ao equilíbrio postural e é a condição ideal para o movimento, sabendo-se que requer um mínimo de energia tônico-muscular. A marcha constitui uma queda controlada, combinando funções cerebelares e cerebrais que integram aspectos do equilíbrio, do controle do próprio corpo e da coordenação motora. A posição vertical e, como tal, o alinhamento da cabeça são os responsáveis pela evolução cortical dos seres vivos. A posição horizontal da visão fornece ao cérebro uma colocação perfeita para a centralização e a integração de todas as informações que originam o comportamento humano. Com uma atitude corporal vertical o homem pode responder de modo mais adequado às exigências de seu próprio mundo.

Para Rigal (1988), a atividade reflexa do organismo é a base do controle postural. O tono de manutenção se sobrepõe ao tono muscular de base e rege as reações do equilíbrio mediante as quais o sistema neuromuscular assegura a fixação do centro de gravidade do corpo no interior do quadrilátero de sustentação. Diferentes sensações, tanto de origem visual e vestibular como de sensibilidade proprioceptiva, permitem a detecção dos deslocamentos do centro de gravidade e a colocação em jogo de mecanismos de correção para reconduzi-los a uma posição estável. De outra parte, o descolamento do corpo rompe o equilíbrio estático e necessita, em particular, de um ajuste do tono muscular de sustentação da perna de apoio para compensar o aumento passageiro da massa a suportar.

O tono postural de manutenção é resultado de um conjunto de reações de equilíbrio e de manutenção de atitude, e fornece referência e suporte para a execução das ações motrizes. O ajuste postural se apoia nas aferências vestibulares que indicam a posição da cabeça no espaço sobre as aferências proprioceptivas que sinalizam tanto a posição da cabeça em relação ao tronco como a quantidade do tono muscular da base, as aferências cutâneas plantares que abastecem índices de pressão e as aferências visuais.

A posição em pé supõe que o sistema motor do organismo humano assegura a manutenção do equilíbrio estático ou dinâmico e luta, assim, contra as forças da gravidade. O tono de manutenção postural e suas variações controladas pelo sistema neuromuscular estabilizam o centro de gravidade no interior do quadrilátero de sustentação. Esse sistema neuromuscular recebe aferências proprioceptivas, labirínticas e visuais que lhe informam o deslocamento do centro de gravidade e geram as correções apropriadas para estruturá-lo na sua posição estável.

O equilíbrio tônico-postural do sujeito, os seus gestos, o seu modo de respirar, a sua atitude e outros itens são o reflexo de seu comportamento e, ao mesmo tempo, de suas dificuldades e de seus bloqueios. Para voltar a encontrar seu estado de equilíbrio biopsicossocial, é necessário liberar os pontos de maior tensão muscular (couraças musculares), isto é, o conjunto de reações tônicas de defesa integradas à atitude corporal.

Durante o movimento, o tono postural deve se ajustar a fim de compensar o deslocamento do peso do corpo de uma perna a outra e assegurar, ao mesmo tempo, o equilíbrio de todo o corpo. A atividade muscular postural compensa automaticamente as forças dinâmicas mais desestabilizadoras produzidas pelo movimento.

O que caracteriza o equilíbrio tônico-postural é o mecanismo complexo dos reflexos de equilíbrio, derivado, por sua vez, de um conjunto de informações proprioceptivas. Tal conjunto é constituído de redes de informação sensorial. Esse jogo complexo é o que se traduz nas oscilações e nas flutuações que constituem a realidade do equilíbrio na posição ortostática. No plano da organização neuropsicológica, pode-se dizer que o equilíbrio tônico-postural constitui o modelo de autorregulação do comportamento.

Asher (1975) considera que as variações da postura estão associadas a períodos de crescimento, surgindo como uma resposta aos problemas de equilíbrio que costumam ocorrer segundo as mudanças nas proporções corporais e seus segmentos. Outros autores consideram que a postura ideal é aquela em que a atividade muscular tem que ser mínima para manter o corpo em estado de equilíbrio. Tucker (1960) descreve uma postura alerta e ativa como resultado mental sobre o corpo, promovendo, desse modo, o equilíbrio e a estabilidade do corpo e da mente.

Barlow (1955) afirma que uma postura inadequada está associada a uma excessiva tensão que favorece um maior trabalho neuromuscular, o que dificulta a transmissão e as informações dos impulsos nervosos.

De acordo Cailliet (1979), a postura é uma posição integral do corpo e deve ser devidamente mantida durante as horas despertas, pois exercitar-se durante um intervalo de tempo e permanecer o restante do dia em uma postura defeituosa não beneficiará a postura.

Para Knoplich (1989), a postura é uma posição que o corpo assume no espaço, de acordo com os constituintes anatômicos (vértebras, discos, articulações e músculos). No organismo humano, se todos os movimentos não são executados com um equilíbrio adequado (postura), as estruturas anatômicas sofrem um desgaste precoce que irá criar condições especiais para que os nervos próximos a essas estruturas desgastadas sejam agredidos, e o indivíduo sentirá dor nas costas.

Rasch e Burke (1977) afirmam que a postura é um conceito dinâmico, e não estático, tendo em vista que o corpo raras vezes permanece parado durante um intervalo de tempo sem realizar uma variedade de movimentos.

Esquema corporal

A imagem do corpo representa uma forma de equilíbrio que, como núcleo central da personalidade, se organiza em um contexto de relações mútuas do organismo e do meio.

Em 1911 o neurologista Henry Head lançou um conceito que ele denominou "esquema corporal" e que representava uma verdadeira referência, pois permitia, a cada instante, construir um modelo postural de nós mesmos. Outros autores atribuem ao esquema corporal um papel essencial na manutenção da regulação postural.

Há um modelo postural, um esquema, uma imagem do nosso corpo, independente das informações cutâneas e profundas, que desempenha um papel importante, mesmo que não evidente na consciência que cada um tem de si mesmo. O modelo postural não é um dado estático, mas sustenta ativamente todos os gestos que nosso corpo realiza sobre si mesmo e sobre os objetos exteriores.

Os contatos corporais que o idoso percebe, manipula e com os quais joga são de seu próprio corpo – satisfação e dor, choro e alegria, mobilizações e deslocamentos, sensações visuais e auditivas –, e esse corpo é o meio da ação, do conhecimento e da relação. A construção do esquema corporal, isto é, a organização das sensações relativas a seu próprio corpo em relação aos dados do mundo exterior exerce um papel fundamental no desenvolvimento do ser humano, já que essa organização é o ponto de partida de suas diversas possibilidades de ação. Sendo assim, o esquema corporal é a organização das sensações relativas a seu próprio corpo em associação com os dados do mundo exterior.

A atividade tônica refere-se às atitudes e às posturas, e a atividade cinética está orientada para o mundo exterior. Essas duas orientações da atividade motriz (tônica e cinética), com a incessante reciprocidade das atitudes, da sensibilidade e da acomodação perceptiva e mental, correspondem aos aspectos fundamentais da função muscular, que deve assegurar a relação com o mundo exterior graças aos deslocamentos e aos movimentos do corpo (mobilidade) e assegurar a conservação do equilíbrio corporal, a infraestrutura de toda ação diferenciada (tono). A função tônica se apresenta em um plano fisiológico sob dois aspectos: o tono de repouso, que é o estado de tensão permanente do músculo que se conserva inclusive durante o sono, e o tono de atitude, que é ordenado e harmonizado pelo jogo complexo dos reflexos da atitude, sendo eles resultado das sensações proprioceptivas e da soma dos estímulos provenientes do mundo exterior.

Para Wallon (1963), a função tônica depende constantemente das influências superiores e pode ser modificada pela via central (psíquica). Ela está relacionada com o ser inteiro, e assim temos as relações constantes entre a função tônica e o psiquismo e, sobretudo, entre a função tônica e afetiva. As emoções têm como suporte de sustentação o tono muscular, e, por meio da atividade tônica, o indivíduo estabelece uma relação com o mundo exterior. O estado tônico é um modo de relação; logo, tono e psiquismo estão relacionados e representam os dois aspectos de uma mesma função, ou seja, a relação pessoal, familiar e social.

Vayer e Destrooper (1979) descrevem a imagem corporal como resultado complexo de toda a atividade cinética, sendo a imagem do corpo a síntese de todos as mensagens, de todos os estímulos e de todas as ações que permitam ao idoso se diferenciar do mundo exterior, e de fazer do "eu" o sujeito de sua própria existência.

Organização espacial

A noção do espaço é ambivalente, pois, ao mesmo tempo, é concreta e abstrata, finita e infinita. Ela envolve tanto o espaço do corpo, diretamente acessível, como o espaço que nos rodeia, finito enquanto nos é familiar, mas que se estende ao infinito, ao universo, e desvanece-se no tempo. A ideia do espaço está incluída em nossas sensações, resulta de nossas experiências e aprendizagens ou constitui uma intuição imediata? Há que se buscar a origem, talvez, nessas três direções de uma só vez. O espaço físico absoluto existe independentemente de seu conteúdo e de nós, enquanto o espaço psicológico, associado à nossa atividade mental, releva-se de modo direto em nosso nível de consciência. Na vida cotidiana, utilizamos constantemente os dados sensoriais e perceptivos relativos ao espaço que nos rodeia. Esses dados sensoriais contêm as informações sobre as relações entre os objetos que ocupam o espaço; porém, é nossa atividade perceptiva, baseada na experiência do aprendizado, a que lhe dá um significado. A organização espacial depende, ao mesmo tempo, da estrutura de nosso próprio corpo (estrutura anatômica, biomecânica, fisiológica, etc.), da natureza do meio que nos rodeia e de suas características. Adquirimos pouco a pouco a atitude de avaliar nossa relação com o espaço que nos rodeia e de ter em conta as modificações dessa relação no curso dos deslocamentos que condicionam nossa orientação espacial. A percepção que temos do espaço que nos rodeia e das relações entre os elementos que o compõem evolui e modifica-se com a idade e com a experiência. Essas relações chegam a ser progressivamente objetivas e independentes.

Todas as modalidades sensoriais participam em certa medida na percepção espacial: a visão, a audição, o tato, a propriocepção e o olfato. As informações recebidas não estão sempre em acordo e implicam, inclusive, percepções contraditórias, em particular na determinação da verticalidade. A orientação espacial designa nossa habilidade para avaliar com precisão a relação física entre nosso corpo e o ambiente, e para efetuar as modificações no curso de nossos deslocamentos.

As primeiras experiências espaciais estão estreitamente associadas ao funcionamento dos diferentes receptores sensoriais, sem os quais a percepção subjetiva do espaço não poderia existir; a integração contínua das informações recebidas compõe a sua estruturação e a sua ação eficaz sobre o meio externo. O olho e o ouvido, o labirinto, os receptores articulares e tendinosos, os fusos neuromusculares e a pele representam o ponto de partida de nossa experiência espacial. A percepção relativa à posição do corpo no espaço e ao movimento tem como origem esses diferentes receptores com seus limites funcionais, enquanto a orientação espacial dos objetos ou dos elementos do meio necessita mais da visão e da audição. Está quase estabelecido que da interação e da integração dessas informações internas e externas provém nossa organização espacial.

Conforme as características das nossas atividades, podemos utilizar duas dimensões do espaço plano (desenho, escrita, leitura, etc.), como também há de se considerar igualmente a terceira dimensão (distância ou profundidade). A pele apresenta receptores táteis nos quais a concentração modifica de uma região para outra no corpo. A separação dos pontos de estimulação permite fazer diferenças entre o contínuo e o distinto. Os índices táteis, associados aos índices sinestésicos, resultam da exploração de um objeto que permite o reconhecimento das formas (esterognosia) em ausência da visão (sentido háptico). Os deslocamentos de uma parte do corpo sobre uma superfície plana podem ser apreciados pela sinestesia tanto no caso dos movimentos lineares como angulares. As sensações vestibulares abastecem os índices sobre certos dados espaciais (orientação, velocidade, aceleração). Elas chegam aos núcleos vestibulares, ao cerebelo e ao lobo frontal; no entanto, só contribuem muito debilmente para a percepção dos deslocamentos. Não obstante, durante os deslocamentos passivos em que a visão e a sinestesia não intervém, a orientação espacial diminui, sobretudo se existir lesão do sistema vestibular (Rigal, 1988).

A evolução da noção espacial destaca a existência de duas etapas: uma ligada à percepção imediata do ambiente, caracterizada pelo espaço perceptivo ou sensório-motor; outra baseada nas operações mentais que saem do espaço representativo e intelectual. Assim, estabelece-se com o idoso a aquisição e a conservação das noções de distância, superfície, volume, perspectivas e coordenadas que determinam suas possibilidades de orientação e de estruturação do espaço em que vive.

Organização temporal

Percebemos o transcurso do tempo a partir das mudanças que se produzem durante um período estabelecido e da sua sucessão que transforma progressivamente o futuro em presente e, depois, em passado. O tempo é, antes de tudo, memória: à medida que leio, o tempo passa. Assim, aparecem os dois grandes componentes da organização temporal: a ordem e a duração que o ritmo reúne. A primeira define a sucessão que existe entre os acontecimentos que se produzem, uns sendo a continuação de outros, em uma ordem física irreversível. A segunda permite a variação do intervalo que separa dois pontos, ou seja, o princípio e o fim de um acontecimento. Essa medida possui diferentes unidades cronométricas, como o dia e suas divisões, as horas, os minutos e os segundos. A ordem ou a distribuição cronológica das mudanças ou acontecimentos sucessivos representa o aspecto qualitativo do tempo, e a duração o aspecto quantitativo.

A noção de duração resulta de uma elaboração ativa do ser humano de informações sensoriais. Sua avaliação é muito difícil e angustiante porque nos revela o passo inevitável do tempo. O conteúdo físico da duração (mudança, velocidade, espaço recorrido, movimento, crescimento da medida) proporciona a base do nosso conhecimento do tempo e de sua organização.

À noção de tempo se acrescenta inevitavelmente a de velocidade, e suas relações são circulares; o tempo e a duração são avaliados em função de um movimento cuja velocidade é constante (a rotação da terra ou dos ponteiros de um relógio), enquanto a velocidade se concebe como a distância percorrida durante um intervalo de tempo.

A organização temporal inclui uma dimensão lógica (conhecimento da ordem e da duração, acontecimentos se sucedem com intervalos), uma dimensão convencional (sistema cultural de referências, horas, dias, semanas, meses e anos) e um aspecto de vivência, que surge antes dos outros dois (percepção e memória da sucessão e da duração dos acontecimentos na ausência de elementos lógicos ou convencionais). A consciência do tempo se estrutura sobre as mudanças percebidas – independentemente de ser sucessão ou duração, sua retenção está vinculada à memória e à codificação da informação contida nos acontecimentos. Os aspectos relacionados à percepção do tempo evoluem e amadurecem com a idade. No tempo psicológico, organizamos a ordem dos acontecimentos e estimamos sua duração, construindo, assim nosso próprio tempo. A percepção da ordem nos leva a distinguir o simultâneo do sucessivo, variando o umbral de acordo com os receptores utilizados. A percepção da duração começa pela discriminação do instantâneo e do duradouro que se estabelece a partir de 10 a 50m para a audição e 100 a 120m para a visão (Rigal, 1988).

Para Piaget (1969), o tempo não é percebido jamais como tal. Em oposição ao espaço ou à velocidade, ele não entra no domínio dos sentidos, pois apenas se percebem os acontecimentos, os movimentos e as ações, suas velocidades e seus resultados.

Avaliação motora

O padrão de crescimento e comportamento motor humano, que se modifica pela vida e pelo tempo, e a grande quantidade de influências que os afetam, constituem fomento para diferentes teorias científicas e sustentam a evolução de estudos que se caracterizam pelas técnicas de pesquisa e pelos meios utilizados na obtenção de dados, que são elaborados e discutidos como forma de elucidar os diferentes caminhos que perfazem a existência do homem e suas evoluções físicas, orgânicas, cognitivas e psicológicas. Conceitos, ilustrações e teorias adicionam ao contexto a estrutura necessária para que tais estudos possam legitimar-se e oferecer fundamentos fidedignos sobre as hipóteses que pretendem estabelecer e discutir. É importante lembrar que o caráter estatístico de nível normal de referência dos testes não engloba o mesmo valor para todas as populações, tendo em vista os aspectos afetivos e sociais.

Mediante a aplicação de testes, fica evidente que existem aspectos qualitativos das funções intelectuais e funcionais do organismo humano que permanecem inacessíveis. É inegável, apesar dessas restrições, que os testes são muito úteis, pois permitem apreciar, com margem de erro muito pequena, a importância dos dados por eles detectados, tanto para populações normais como para aquelas que apresentam perturbações de desenvolvimento de maneira geral. Para tanto, não é utilizado um único teste, mas uma bateria de testes, a fim de examinar o indivíduo sob todos os ângulos.

Os testes se dividem em duas grandes categorias: testes de eficiência (de inteligência e de atitudes ou de adaptação) e testes de personalidade ou testes projetivos. No que diz respeito a esse estudo, pode-se afirmar que os testes de atitude contemplam os objetivos, uma vez que os testes motores são utilizados como base fundamental na coleta de dados que se discute. Ao discutir o papel dos testes de atitudes, é válido lembrar que podem variar de acordo com a idade, com a educação, com o exercício e com o sexo. Portanto, se uma parte descrita pela análise de diferentes fatores dessa atitude é inata, uma parte, que pode ser ainda mais importante, diz respeito ao meio, à educação e à vida. A observação dinâmica do comportamento humano por meio de testes específicos faz parte dos estudos realizados por muitos autores clássicos, como Ozeretsky, Guilmain, Granjon, Zazzo, Piaget, Stambak, Vayer e outros, que se dedicam a estudar o ser humano em diferentes etapas evolutivas.

Nesse sentido, aspectos como observação, objetividade e referência fazem parte de qualquer processo de exame para que as reações observáveis do sujeito possam estar representadas com fidelidade. Quando o assunto diz respeito aos aspectos físicos, afetivos, cognitivos e motores dos seres humanos, destacam-se os testes padrão, que, embora bastante antigos, vêm sendo revisados constantemente por autores que tentam avaliar o comportamento humano e, por conseguinte, os validam no percurso do tempo, em virtude do potencial científico que apresentam.

Em muitas situações a escolha de um instrumento de avaliação se faz de maneira incorreta. É dever do profissional escolher um instrumento válido de avaliação com critérios científicos, como os que se seguem:

- Saber qual é o propósito do exame (orientação, seleção, avaliação, diagnóstico clínico, etc.), pois cada objetivo requer enfoques e instrumentos específicos.
- Identificar os aspectos que interessam ao examinador, isto é, que tipo de informação deseja obter.
- Obter informação técnica e científica sobre o teste: confiança, precisão e consistência do instrumento.
- Considerar as condições práticas para realizar o teste: tempo de duração, amostra do estudo, colaboradores na aplicação, material adequado, e assim por diante.
- Ter em mente que, para um teste ser útil, deve possuir as propriedades científicas e técnicas fundamentais. Para que um processo se desenvolva eficazmente, é necessário planejá-lo com atenção e com sentido prático.

As formas de avaliar a motricidade humana do idoso podem ser diversas; no entanto, nenhuma é perfeita nem engloba holisticamente todos os aspectos do desenvolvimento. A escolha e o manejo de um instrumento de avaliação estarão condicionados por diversos fatores, como formação e experiência profissional, manuseio do material, aplicação prática, população, interpretação dos resultados, informe correspondente, entre outros, que devem ser integrados com outras informações (dados pessoais, exame médico, etc.).

REFERÊNCIAS

ASHER, C. *Postural variations in childhood*. London: Butterworths, 1975.

BARLOW, W. The psychological problems of postural re-education. *Lancet*, v. 132, p. 659, 1955.

CALLIET, R. M. D. *Síndromes dolorosas:* lombalgias. São Paulo: Manole, 1979.

KNOPLICH, J. *Endireite as costas*. São Paulo: Ibrasa, 1989.

LECTURIA ARRAZOLA, F. J. et al. *La valoración de las personas mayores*. Madrid: Caritas, 2001.

MATSUDO, M. M. S. *Avaliação do Idoso*. Londrina: Midiograf, 2004.

PIAGET, J. *El nacimiento de la inteligencia en el niño.* Madrid: Aguilar, 1969.

RASCH, P. J.; BURKE, R. K. *Cinesiología e anatomia aplicada.* Rio de Janeiro: Guanabara Koogan, 1988.

RIGAL, R. *Motricidad humana.* Madrid: Pila Teleña, 1988.

RIGAL, R.; PAOLETTI, R.; PORTMANN, M. *Motricité:* approche psychophysiologique. Montréal: Presses del'Université du Québec, 1987.

ROSA NETO, F. *Avaliação da psicomotricidade.* In: MATSUDO, S. M. *Avaliação do idoso.* Londrina: Midiograf, 2004.

_____. *Manual de avaliação motora.* Porto Alegre: Artmed, 2002.

_____. *Valoración del desarrollo motor y su correlación com los trastornos del aprendizaje.* Zaragoza, 1996. 346 f. Tese (Doutorado) – Universidad de Zaragoza, 1996.

RUIZ PEREZ, L. M. *Desarrollo motor y actividades físicas.* Madrid: Gymnos, 1987.

UCLES, P.; ROSA, F.; LORENTE, S. Neurophysiological methods testing the psychoneural basis of attention deficit hyperactivity disorder. *Child's Nerv. Syst.*, v.12, p.215-217, 1996.

VAYER, P. *El dialogo corporal.* Barcelona: Científico-Médica, 1985.

_____. *El equilibrio corporal.* Barcelona: Científico-Médica, 1982.

_____. *El niño frente al mundo.* Barcelona: Científico-Médica, 1977.

VAYER, P.; DESTROOPER, J. *La dinámica de la acción educativa en los niños inadaptados.* Barcelona: Cientifico-Médica, 1979.

_____. Comme se développe chez l'enfant la notion du corps proper. *Enfance*, v.1,n. 2, p.121-150, 1963.

WALLON, H. *Stades et troubles du développment psychomoteur et mental chez l'enfant.* Paris: Alcan, 1925.

2

Neurociência e neuropsiquiatria do processamento motor do idoso

Compreensão do envelhecimento normal e patológico na terceira idade

Roberto Rodrigues
Silvio Luiz Weiss

INTRODUÇÃO

O sistema locomotor e espacial é de extrema importância para o ser humano, especialmente na faixa acima de 65 anos, pois, além do fundamento da vida orgânica e psicossocial para os indivíduos em todas as fases etárias, no idoso a movimentação e a orientação espacial se constituem no principal elemento preventivo e até curativo de várias patologias, disfunções orgânicas ou psicológicas. Obviamente, vida é movimento e movimento é vida, desde que haja meta, sentido, objetivo. Tais objetivos são extremamente variados e se constituem em uma ampla gama de categorias, praticamente infinita, que vão desde os movimentos de subsistência como alimentação, respiração, circulação, digestão, postura, marcha, até os mais complexos movimentos de atuação social, psicológica e existencial, em que são incluídas as atividades de trabalho, realização dos mais diversos propósitos pessoais de cada um, vivência familiar, social, etc. Sem esses "ingredientes" e atributos da pessoa – cujo substrato fundamental é um sistema ou grupo de sistemas neurológicos e de estruturas integradas no sistema nervoso central – o termo "vida" perde sua definição, e o seu oposto, a morte ou falta absoluta de movimento, sobrevém irreversivelmente.

Não é para menos que, na pessoa idosa, mais próxima que os adultos jovens dessa ausência de movimento em geral, os cuidados com o processamento motor devem ser mais intensos e sofisticados, como uma contrapartida das tendências naturais ao declínio.

Neste capítulo serão abordados os processos motores humanos e suas particularidades sob o ponto de vista neurocientífico, dentro de um esquema compreensivo-explicativo simples e sumário. Não se entrará em detalhes ou complexidades nos campos anatômico, molecular, genético, celular, bioquímico, neuropsicológico ou neuropsiquiátrico em razão das óbvias dificuldades de espaço e da extrema complexidade dos mecanismos biológicos que requerem conhecimento especializado.

Por outro lado, em coerência com os objetivos deste livro, o capítulo focará – embora em bases neurocientíficas – a difícil proposta de compreensão da pessoa idosa como um todo indivisível e que, essencialmente, busca um sentido de vida e uma posição dentro de uma faixa etária específica, no contexto interpessoal, social e de saúde física, todos esses atributos para uma qualidade de vida mais plena e satisfatória.

Em um último passo serão exploradas algumas patologias neurocognitivas e emocionais que influenciam direta ou indiretamente o funcionamento motor, as emoções e o conhecimento espacial, especialmente os distúrbios neurodegenerativos. Obviamente serão incluídos temas ligados ao processamento de memória, orientação, linguagem e atenção que não podem ser divorciados da fenomenologia motora.

Uma conclusão mostrará a importância da compreensão dessa análise motora no diagnóstico e na prevenção – com finalidade de manuseio e tratamento não expostos aqui – tanto do declínio normal como das desordens incapacitantes e das patologias neurodegenerativas da pessoa acima de 65 anos.

O CONTROLE MOTOR E OS SERVOMECANISMOS NEURAIS DE APOIO

O cérebro e a medula espinhal orquestram e controlam todos os movimentos dos organismos animais e do ser humano. A análise desses sistemas de movimentação tanto voluntária como involuntária – que se constituem em complexas redes de circuitos neurais – é fundamental para a compreensão tanto do comportamento normal como das etiologias de uma enorme gama de doenças neuropsiquiátricas e neurológicas.

Como uma premissa para o entendimento do processamento motor, considerarei a postulação do grande neurofisiologista Charles Sherrington sobre o "sistema motor inferior" que será exposto a seguir:

> todos os caminhos para o movimento, seja reflexo, voluntário ou involuntário – tanto da musculatura esquelética ou visceral – são ultimamente

processados pelos neurônios motores inferiores ou baixos, constituindo-se no "*caminho final comum*" que determina diretamente o movimento e a conduta objetiva.

(Rodrigues, 1985)

Serão enunciados, de início, os quatro sistemas neuromotores e dois servomecanismos de controle do movimento e da conduta motriz humana com o auxílio de uma metáfora, tendo em vista a finalidade de tornar mais compreensiva a descrição dos mesmos: *uma pessoa na idade plena dirigindo um veículo automotor, trafegando em uma avenida movimentada de uma determinada cidade*. O veículo representa o corpo e a musculatura; a pessoa representa o cérebro e os processos de comando do movimento. Não cabe no momento o tema do sentido, das metas e do significado, embora sejam esses os atributos sem os quais não teria qualquer finalidade o estudo dos primeiros dois.

Seis são, portanto, os sistemas de execução e controle dos movimentos desse "homem-máquina": quatro essenciais ou diretos e básicos, e dois de apoio ou indiretos. Porém, todos são absolutamente necessários e substratos da vida orgânica e psicossocial.

Veremos quais são esses sistemas primeiramente na pessoa de meia-idade. Em segundo lugar, o que acontece na pessoa de idade avançada, tanto normalmente como em razão de declínios usuais fisiopatológicos. Finalmente, passaremos de forma breve pelos processos patológicos neuropsicogeriátricos que atingem esses sistemas locomotores e veremos quais as consequências na dinâmica de locomoção e para a saúde geral do idoso.

O primeiro desses subsistemas – chamarei assim porque, na verdade, todos os seis mecanismos são altamente integrados e constituem um sistema único, apenas dividido em categorias para fins de compreensão – se constitui em um circuito local de neurônios situados na substância cinzenta na medula espinhal e no tronco cerebral. A matéria cinzenta dos "cornos anteriores" da medula, dos núcleos neurais do tronco cerebral, da ponte e do bulbo transmitem os reflexos, movimentos voluntários e involuntários para a musculatura nos segmentos correspondentes. Esse primeiro subsistema se constitui no neurônio motor inferior ou "caminho final comum" de Sherrington, um dos maiores neurocientistas do século passado. E num sistema adicional a este, um circuito local de neurônios reguladores. Os seus axônios fazem sinapse com os músculos esqueléticos da cabeça e do corpo.

Todos os comandos para os movimentos, sejam reflexos ou voluntários, são dirigidos para esse subsistema que, como vimos, é o ponto final de todos os outros a serem descritos. Nota-se que, mesmo que sejam cortados os subsistemas superiores, a serem vistos adiante, os movimentos reflexos podem ainda comandar um tipo de conduta vegetativa. Somente para exemplificar, recorrerei à nossa metáfora já descrita.

No nosso "homem-máquina" dirigindo seu veículo automotor esse sistema funciona automaticamente, pois o motor impulsiona o eixo das rodas

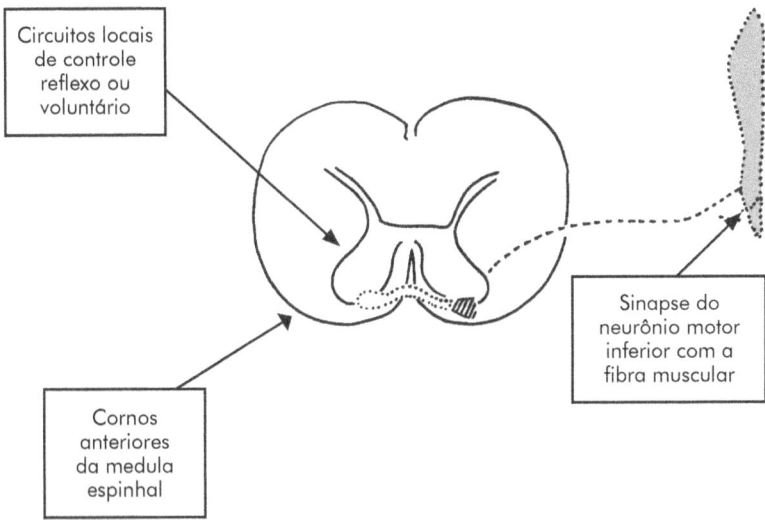

Figura 2.1
Esquema compreensivo de um corte transversal da medula espinhal mostrando tanto um neurônio representativo do circuito local de controle (linha pontilhada) como o neurônio situado no corno anterior (listras diagonais). A sinapse ou ligação deste neurônio com a musculatura é também representada com o seu axônio em linha tracejada.

sem interferência do motorista, que pode ligar o piloto automático como nos veículos mais modernos. Este, por meio dos circuitos locais, mesmo de forma involuntária, move o acelerador, os eixos, o motor, etc. O que nos interessa no momento é evidenciar esse "sistema motor inferior", o caminho final comum de todas as operações voluntárias ou involuntárias do homem (e mecânicas do veículo, mantendo sua locomoção).

O segundo subsistema consiste nos "neurônios motores superiores", cujos corpos celulares jazem no tronco cerebral e, especialmente, no córtex de grande parte do encéfalo – a área frontal motora, pré-motora e orbitofrontal. Os neurônios situados nesses córtices fazem ligações (sinapses) com os neurônios motores inferiores, mais especificamente com o circuito local; e mais raramente com os primeiros, que vão ligar-se diretamente com a musculatura de todo o corpo. Os feixes neurais superiores que se originam no córtex são obviamente essenciais para a iniciação dos movimentos voluntários e para a execução de movimentos habilidosos em sequência ou simultâneos em um contexto espaço-temporal. Esses caminhos neuroaxonais são originários no que se chama área motora primária e/ou área motora secundária. São essenciais nas decisões, no planejamento e na execução dessas decisões e condutas.

Em suma: os neurônios motores superiores representam o instrumento neural direto da liberdade e da decisão de uma pessoa que deseja locomover-se, após um planejamento e uma medida antecipada de como será o resultado desse conjunto de movimentos.

Veremos mais adiante que um subsistema essencial de apoio se constitui nos movimentos e no tono dos olhos que orientam a visão: o sistema oculomotor.

Ainda, no tronco cerebral, que também possuem núcleos de neurônios motores superiores, se originam neurônios em uma grande quantidade de pequenos núcleos que controlam os movimentos da cabeça, do equilíbrio, dos olhos, da face, do pescoço e de outras partes superiores do corpo.

Na nossa ilustração metafórica, o sistema motor superior – que também pode ser denominado "sistema piramidal", porque seus neurônios têm uma forma parecida com pirâmides e fazem parte da camada piramidal do córtex cerebral – representa o motorista do veículo automotor. Ele o dirige para onde decide ir; manuseia os pedais e a direção; pressiona o acelerador; faz as curvas e manobras necessárias para estacionar ou iniciar novo trajeto, etc. É claro que, para realizar todas essas manobras, ele necessita de capacidade de movimentos em sequência, postura, tono, harmonia e equilíbrio muscular e corporal em oposição à gravidade, etc. E, ao mesmo tempo, instrumenta suas decisões segundo sua vontade e liberdade de ação. A seguir é mostrado um esquema simplificado dos neurônios motores superiores.

O terceiro e o quarto subsistemas são complexos circuitos neurais que não acionam diretamente os neurônios motores inferiores ou os circuitos locais de controle. No entanto, esses dois servomecanismos ou subsistemas são os principais reguladores do equilíbrio, da harmonia e da dinâmica de todo o processamento motor ou neuromuscular e de toda a conduta ou comportamento que envolva movimento.

Seu controle se faz em direção ao alvo principal que se constitui nos neurônios motores superiores (do córtex frontal). Este sistema, já mostrado, não poderia realizar sozinho todo o contexto locomotor espaço-temporal dentro de uma aceleração, desaceleração, postura, tono, equilíbrio, sequência motora, etc., e, ao mesmo tempo, instrumentar os já mencionados atributos humanos de vontade, decisão, planejamento, execução de tarefas, correção de erros e direcionamento aos alvos dessa dinâmica de movimento. Dessa forma, obviamente os dois sistemas – o piramidal e o extrapiramidal – a serem descritos sumariamente são essenciais, assim como os sistemas neurais superiores e inferiores; e, absolutamente, não podem ser separados ou desvinculados do global da conduta.

Mencionarei primeiramente o cerebelo. Ele é uma estrutura volumosa – maior que a ponte e o bulbo, mas bem menor que o cérebro. Está localizado na superfície dorsal da ponte, com a qual se comunica pelos pedúnculos cerebrais médios (Figura 2.2). O cerebelo (cérebro pequeno) age por meio dos seus impulsos eferentes (para fora) em direção ao cérebro, especialmente aos

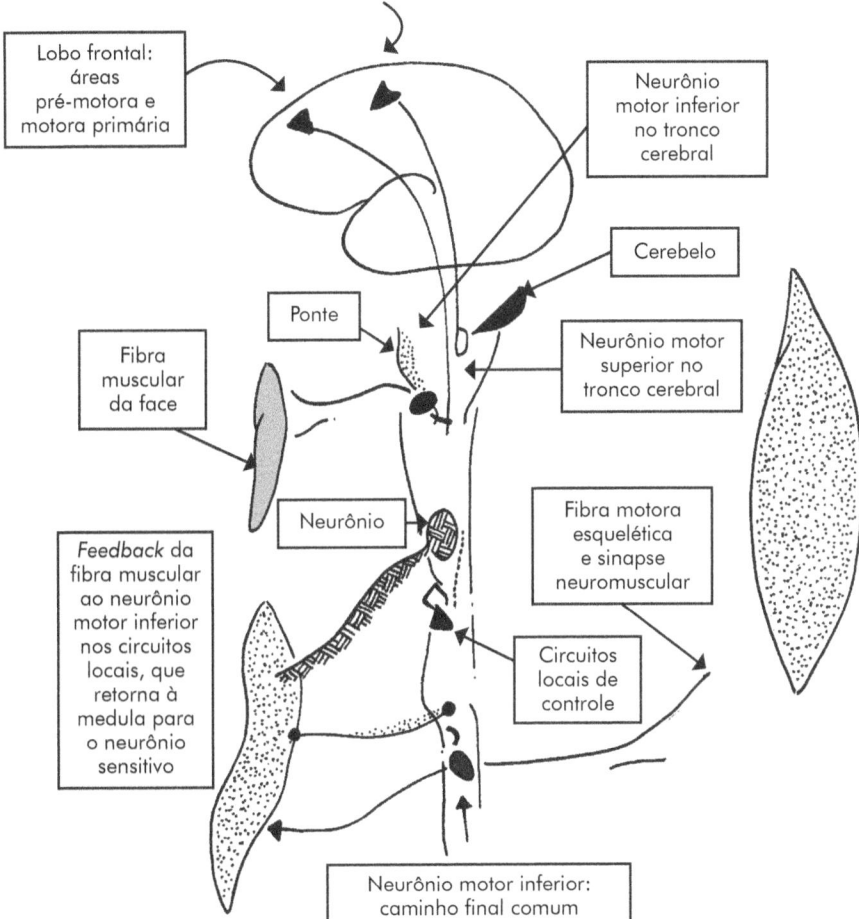

Figura 2.2
Os dois subsistemas neuromusculares de controle do movimento e sua complexa estrutura cortical, mesencefálica e das estruturas inferiores como ponte, bulbo e medula espinhal. Note-se que os circuitos locais de controle são os que essencialmente recebem os impulsos de todas as estruturas mencionadas – incluindo o *feedback* da musculatura estriada e lisa (não mostrada). Esses neurônios se comunicam com o caminho final comum, os neurônios motores inferiores, e controlam seus impulsos para os músculos do corpo e da face. A fibra muscular envia impulsos para os neurônios sensitivos da medula espinhal e estes ativam os circuitos locais.

neurônios corticais superiores. Age como um servomecanismo, detectando as diferenças ou "erros motores" entre um movimento que o córtex frontal decidiu realizar e aquele movimento realmente efetuado. Essa complexa estrutura "fiscal" usa as informações sobre as discrepâncias entre decisão virtual e ação real e objetiva, com a finalidade de mediar tanto o tempo e espaço real como as reduções de longo termo, corrigindo qualquer desvio que porventura possa acontecer na conduta em direção aos alvos delimitados pela ação voluntária. Os principais delineamentos funcionais do cerebelo tiveram origem em avaliações clínicas de pacientes com doença ou lesões nessa estrutura, que exibiam condutas persistentemente desviadas ou com graus de erro incompatíveis com os objetivos desejados. Não sendo possível descrever a neuroarquitetura intrínseca do cerebelo, podemos apenas mencionar o circuito principal de que ele faz parte, avaliando os erros, corrigindo qualquer desvio e também mudanças de posição, de tono postural e muscular, deslocamentos bruscos e outras complexas cineses (Figura 2.3).

Cumpre ainda mencionar que o cerebelo é uma integração de três partes funcionais: *o cérebro-cerebelo*, onde o córtex motor e pré-motor notifica o cerebelo das suas intenções e execução, sendo imediatamente corrigido, como mostra o esquema da Figura 2.3. O *vestíbulo-cerebelo*, que fiscaliza, corrige

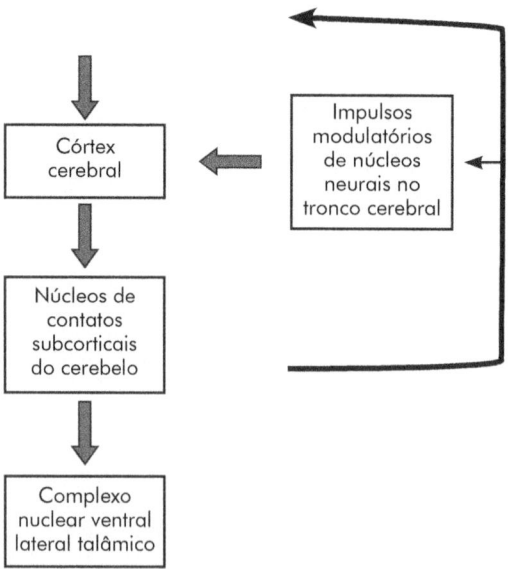

Figura 2.3
Esquema mostrando o circuito de controle do cerebelo sobre o córtex motor primário no cérebro. Os impulsos partem do córtex para executar movimentos voluntários. Continuam para o córtex cerebelar por meio do tronco cerebral. Deste eles vão para os núcleos subcorticais do cerebelo e, com relés no tálamo, voltam, já avaliados e corrigidos, para o próprio córtex motor, fechando o circuito.

e regula a postura e o equilíbrio. Como se sabe, os núcleos vestibulares do tronco cerebral possuem a função de equilibrar a pessoa. Sabe-se ser muito comum sua intoxicação por álcool, assim como sua degeneração em pessoas mais idosas, causando vertigem. Finalmente, o *espino-cerebelo*, com suas ligações de controle direto dos reflexos e movimentos involuntários corporais, que também devem ser equilibrados e corrigidos na sua expressão corporal. Há ainda uma enorme quantidade de funções de controle motor do cerebelo que não será mostrada aqui.

Na ilustração metafórica, o cerebelo seria como um computador de bordo do veículo que informa todos os desvios, os acidentes na estrada, os desníveis e as curvas. Evidentemente, o cérebro-cerebelo informa o córtex (que representa o motorista) sobre todas as manobras necessárias para manter o veículo deslizando harmonicamente. O vestíbulo-cerebelo indicaria os desníveis e acidentes na estrada, e o espino-cerebelo avisaria sobre os imprevistos que exigem rapidez e atitude automática do motorista. A todos esses sistemas, um piloto automático estaria associado à manutenção da velocidade uniforme, apesar de todas essas irregularidades. Portanto, a importância do cerebelo é inegável e essencial a qualquer movimento.

Um último sistema essencial é constituído pelos chamados "gânglios da base" que são formados pelo "estriado", que constitui o putâmen, o núcleo caudado e os globos pálidos interno e externo. Mais especificamente, o núcleo caudado e o putamen constituem o corpo estriado; e os globos pálidos o estriado límbico ou emocional. Apenas para ilustração, apresenta-se um corte transversal-frontal, mostrando como se dispõem no interior dos hemisférios cerebrais (Figura 2.4).

O tálamo é a estação intermediária entre os gânglios da base e o córtex cerebral; o núcleo subtalâmico faz parte dos gânglios da base, mas se constitui em um sistema mais complexo que, indiretamente, controla os movimentos, o que veremos a seguir. Essas estruturas, da mesma forma que o cerebelo, não se comunicam com os neurônios motores inferiores, mas influenciam diretamente o córtex cerebral. Elas modulam a ação de início, aceleração e fim de todos os movimentos que a musculatura esquelética voluntária proporciona. São estruturas amplas e funcionalmente diversas que se situam profundamente nos hemisférios cerebrais. Duas estruturas adicionais, a substância negra e o núcleo subtalâmico, já mencionado, são servomecanismos de apoio aos gânglios da base. Em conjunto, todas essas estruturas mencionadas fazem um complexo sistema de *looping* ou alça em circuito fechado, que liga a maioria das áreas do córtex cerebral motor e pré-motor, e têm ligação com os neurônios sensoriais das áreas parietais. Os neurônios que fazem parte de todo esse sistema respondem com antecipação aos movimentos voluntários eliciados pelo córtex motor e também durante o curso do movimento. Suas ações são necessárias para o curso normal de todas as condutas motoras que o córtex eliciar.

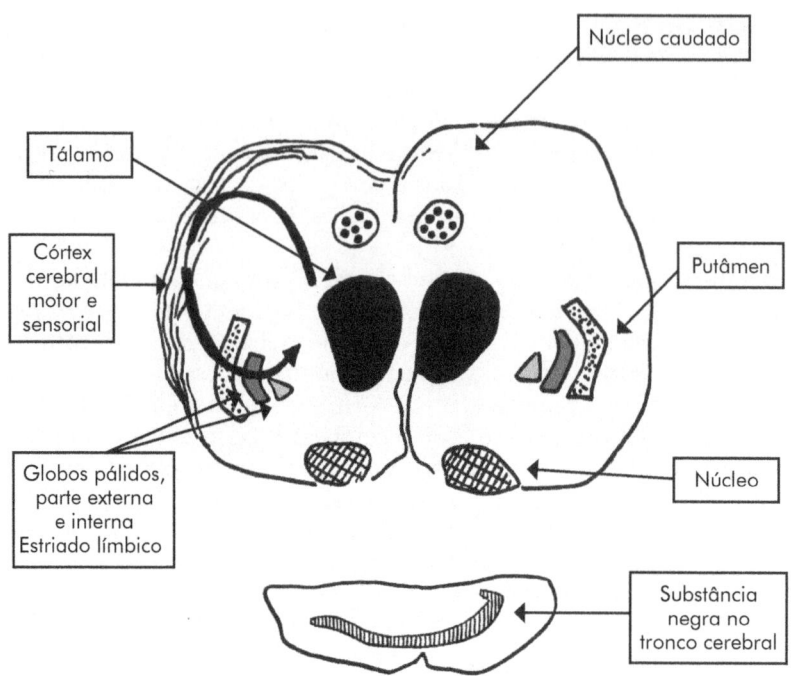

Figura 2.4
Esquema mostrando os gânglios da base e o tálamo junto com núcleos subtalâmicos (que são partes do sistema indireto de controle). Em cor preta é mostrado o *looping* ou circuito de controle motor córtico-ganglionar-tálamo-cortical. A substância negra, no tronco cerebral, é mostrada com listras verticais.

Quando há comprometimento ou lesão de um dos gânglios da base ou de todos eles, a pessoa não pode realizar movimentos harmonicamente e, fazer as necessárias variações de início e fim, aceleração e ritmo, de acordo com as variações do meio. Assim, os movimentos voluntários perdem o controle e o indivíduo passa a ter uma série de sintomas motores muito conhecidos no campo da psiquiatria e da psicogeriatria, em que medicações ou degeneração demencial lesionam ou inibem o controle dessas estruturas sobre o cérebro motor (ver sobre doença de Parkinson mais tarde).

Na nossa metáfora, para uma melhor compreensão, o esquema pode ser colocado nesses termos: o veículo automotor precisa iniciar, acelerar e estabilizar o movimento, dependendo da vontade (córtex) do condutor. Inversamente, é necessário desacelerar, estabilizar e parar o veículo no término de sua movimentação. A todo momento, portanto, um instrumental nesse veículo intermedia o comando do motorista para que ele possa realizar um deslocamento estabilizado e harmônico. Sem esse comando intermediário, a execução motora é dirigida diretamente aos eixos e rodas do veículo, originando movimentos bruscos, incontroláveis e sem o ritmo necessário. Sem dúvida, um acidente grave iria acontecer.

Já foi mencionado que dois outros sistemas ou servomecanismos totalmente integrados no sistema motor global complementam o imenso complexo funcional da conduta humana e animal. Faz-se uma referência resumida deles, recorrendo à ilustração figurada.

a) O primeiro deles é o sistema nervoso autônomo, que controla o movimento visceral e funciona independentemente da vontade. Fazem parte dele todos os complexos viscerais, tais como o sistema gastrointestinal, cardiovascular, pulmonar, endócrino, renal, etc. Esse sistema é complexo e se divide em dois tipos: o sistema simpático, que geralmente acelera os movimentos viscerais e funciona com o neurotransmissor conhecido como noradrenalina; e o sistema nervoso parassimpático, que geralmente inibe os movimentos e funciona por meio do neurotransmissor acetilcolina. É claro que sem essa motilidade involuntária inibida ou estimulada, conforme as circunstâncias que o organismo enfrenta, a morte certa sobrevém. Os neurônios controladores estão no tronco cerebral e são dirigidos especialmente pelo hipotálamo; estão muito ligados à emoção e à base da vida: o centro cardiorrespiratório, da alimentação, do controle da digestão, e assim por diante. Diríamos que o sistema nervoso autônomo se constitui em um sistema de funcionamento automático, sem que o motorista do veículo tenha acesso ou conhecimento dele: termostatos, bomba de gasolina, queima de combustível, resfriamento, diminuição dos atritos e resistências das engrenagens, e assim por diante. Pergunte a um mecânico o que aconteceria a um veículo e ao seu motorista se esses sistemas não funcionassem direito. A resposta já é por demais conhecida para nos alongarmos.
b) Finalmente, um último servomecanismo deve ser apenas citado: o controle dos movimentos oculares que está situado no tronco cerebral – o sistema oculomotor. Sem esse controle, certamente haveria uma colisão fatal com veículo em pauta. Também aqui não é possível um detalhamento. Portanto, somente mencionamos que, sem a adequação dos movimentos oculares ao movimento global, qualquer tentativa de alcançar objetivos estaria fadada ao fracasso, impossibilitando à pessoa deficiente nesse sentido um posicionamento adequado.

Todos os subsistemas serão resumidos em um esquema simples na Figura 2.5.

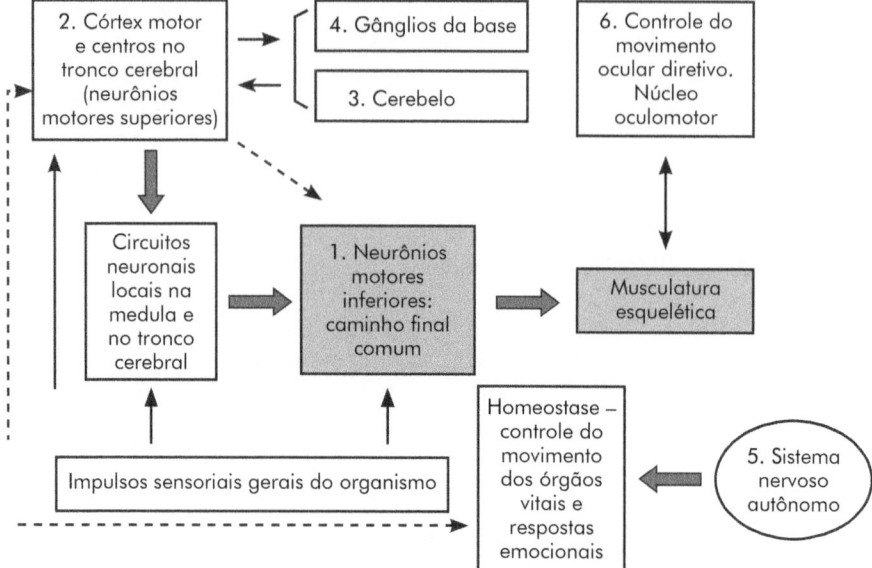

Figura 2.5
Esquema compreensivo dos sistemas neurais de controle motor.
1. O sistema motor inferior se constitui nos neurônios motores inferiores – o "caminho final comum" – e nos circuitos locais que intermediam os movimentos diretamente, sejam reflexos, voluntários, involuntários ou autônomos. Este sistema está localizado na medula espinhal e no tronco cerebral, em grupos neuronais distribuídos simétrica e organizadamente.
2. O sistema motor superior ou neurônios motores superiores, situado no córtex frontal motor e pré-motor – os principais neurônios de comando do movimento voluntário que fazem parte desse sistema são os neurônios piramidais e os neurônios situados nos núcleos motores do tronco cerebral.
3. O sistema cerebelar que faz *looping* com o córtex motor, com o sistema vestibular e com o sistema local da medula espinhal – esse sistema comanda o equilíbrio; avalia os erros possíveis da conduta motora; e corrige antecipadamente os desvios, a fim de que seja realizada uma conduta objetiva e focalizada na meta proposta pelos sistemas executivos do córtex frontal.
4. Sistema motor dos gânglios da base – estriado ou putâmen, globos pálidos, núcleo caudado, substância negra e núcleo subtalâmico. Esse complexo sistema controla o curso, a aceleração e a desaceleração, o início e o término dos movimentos voluntários e a harmonia do tono muscular durante o trajeto do movimento no espaço e no tempo.
5. O sistema nervoso autônomo promove a homeostase do organismo e controla os movimentos involuntários de todos os sistemas viscerais, a temperatura, o equilíbrio hormonal, hidreletrolítico, a fome e saciedade alimentar, etc., inibindo ou estimulando a movimentação visceral conforme as necessidades do organismo.
6. O sistema direcional visual subsidia os movimentos voluntários e mesmo reflexos, regulando o seu processo de curso e a entrada de iluminação necessária para essa movimentação.

PROCESSOS NEUROPSICOGERIÁTRICOS COM COMPROMETIMENTO MOTOR

Para chegarmos a uma compreensão da fenomenologia normal ou patológica no idoso em relação ao complexo conjunto de sistemas de controle motor é necessário um estudo prévio do sistema de neurotransmissão no sistema nervoso central que inclui não somente as substâncias neurotransmissoras, mas os seus receptores nas membranas neurais; o processo pelo qual esses neurotransmissores agem, comandados por uma verdadeira cascata bioelétrica chamada potenciais de ação; e, ainda, mesmo que de forma sumária, o sistema enzimático e a mecânica genética de síntese protéica. Evidentemente toda essa temática, que é objeto de pesquisa e de profundos estudos da neurociência, será aqui exposto de maneira sucinta.

No idoso, conforme estudos e pesquisas recentes, a grande maioria dos neurotransmissores – substâncias químicas de variado peso molecular e geralmente derivadas de aminoácidos – que intermediam o contato entre um e outro neurônio, obedecendo a potenciais de ação bioelétrica, se reduzem em concentração, especialmente nos terminais de contato chamados sinapses. As causas da queda desses neurotransmissores – especialmente noradrenalina, dopamina, acetilcolina, serotonina, ácido gama-aminobutírico (GABA) e ácido glutâmico ou glutamato – ainda é desconhecida. Mesmo sem qualquer processo patológico, essa queda na neurotransmissão se expressa fenomenologicamente nos chamados "declínios neurofuncionais do envelhecer" e acompanham vários outros processos de declínio do organismo.

As avaliações neuropsicológicas mais sofisticadas detectam tais declínios, especialmente aqueles de ordem cognitiva. Se passarem da categoria de "declínios da idade", tornando-se mais salientes, então começam a preocupar o psicogeriatra ou os gerontologistas, pois a deficiência cognitiva pode prenunciar neurodegeneração. Assim, a memória, a atenção, as orientações têmporo-espaciais, a capacidade de assimilação de novos conhecimentos em todas as áreas começam a declinar, impedindo uma vida de relação normal ou funcional.

Por outro lado – e este é o ponto que nos interessa mais de frente no momento –, os declínios de planejamento, execução, locomoção, funcionamento e controle neuromuscular e passam a acontecer com maior frequência e adicionam dificuldades e sintomas de movimento ao idoso. A locomoção e a marcha ficam mais lentas após os 65-70 anos; a força física, os reflexos, o equilíbrio, o controle do início e do término dos movimentos, a correção de erros em direção a um objetivo, a movimentação espacial e a execução dos programas planejados geralmente decrescem em intensidade e em temporalidade, dependendo isso de cada indivíduo em particular e da sua força física, estrutura corporal, habilidades, hábitos, história de vida, etc.

No entanto – e aqui está a dificuldade e a complexidade fenomenológica do processamento neuromotor –, seja em intensidade ou nas dimensões temporal e espacial dos processos de conduta e movimento, esse processamento não obedece apenas ao comando de áreas motoras e de subsídio sensitivo do encéfalo. Vários outros fatores influem no comando motor, dentre os quais se destaca o afetivo-emocional, geralmente situado no cérebro límbico, que inclui a amígdala, o giro cíngulo, o hipotálamo, o hipocampo e outros sistemas neurais mais complexos profundamente situados no tronco cerebral e nas áreas subcorticais.

Sem entrar na intimidade fisiopatológica e neuromolecular desses processos afetivos, podemos, não obstante, salientar a importância para o psicogeriatra de diferenciar e diagnosticar as deficiências motoras de origem afetiva, aquelas de origem direta proveniente de patologia nos seis sistemas motores mencionados e aquelas – evidentemente a maioria de casos – em que ambos os sistemas de funcionamento afetivo e motor estão comprometidos.

Um exemplo típico e usual pode ser aqui evidenciado facilmente: a depressão senil. Nesses casos, há uma tendência ao decréscimo de movimentos no paciente deprimido. Porém, essa diminuição motora não se deve ao comprometimento dos sistemas neuromotores descritos, diretamente; a motivação é o fator principal. Apatia, amotivação, sensação de tristeza, negatividade e uma angústia paralisante são os fatores principais. Em geral não há neurodegeneração ou outros tipos de patologia neurológica. Como as estruturas límbicas agem na motricidade, inibindo os programas executivos do córtex cerebral, este é um campo ainda não muito bem conhecido, estando os modelos neurofuncionais ou neuropatológicos ainda sem comprovação experimental suficiente.

No entanto, o oposto – a ação patológica direta nos sistemas motores – é mais bem conhecido pela neurociência. Por exemplo, um paciente com doença de Parkinson – que tem comprometimento dos feixes nigroestriados, com lesões nos gânglios da base – apresenta uma deficiência do neurotransmissor dopamina nesses núcleos neurais e tem um declínio funcional e um descontrole motor diretamente resultantes dessa patologia, como será especificado a seguir.

Uma terceira situação mais complexa e mais frequente é a simultaneidade do comprometimento motor e das disfunções neurais do sistema límbico ou cérebro emocional. É complexa porque a relação entre uma e outra patologia não é ainda bem conhecida; frequente porque é a fenomenologia mais comum na psicogeriatria ou neuropsiquiatria geriátrica. Na clínica se observa comumente que, quando os sistemas neuromotores são atingidos por disfunção ou neuropatologia, os processos afetivos se desregulam: pode haver depressão, ansiedade aguda ou crônica, euforia e mania, psicose ou exacerbação de neuroses crônicas.

Por outro lado, vários outros sistemas neurais influenciam indiretamente os processos afetivos, tais como as estruturas que controlam o desempenho cognitivo; as funções hormonais e outras. Um exemplo ilustrativo seria a doença de Alzheimer, em que o comprometimento do córtex frontal pré-motor também dificulta o planejamento e a execução de condutas, assim como a memória deficitária dificulta ações motoras aprendidas.

Dessa forma, evidencia-se a importância do conhecimento dos processos funcionais e disfuncionais motores no idoso e a necessidade de um diagnóstico apurado sobre qual o sistema afetado, a partir dos sintomas, sinais e dados de exames de neuroimagem. Essa avaliação diagnóstica é essencial para a compreensão de processos neuropatológicos que se desenvolvem no paciente e que não podem ser visualizados senão em situações cirúrgicas ou *post-mortem*, o que invalidaria em parte a situação terapêutica em andamento.

Serão expostas, a seguir, algumas patologias de importância neuropsicogeriátrica que atingem diretamente os seis sistemas motores anteriormente expostos. Em sequência, são mencionadas algumas entidades psiquiátricas que influenciam em ampla escala a conduta e a motivação, atingindo também a motricidade de forma indireta. Finalmente, será discutida a terceira forma de fenomenologia – já mencionada como sendo a mais frequente e como a forma usual de expressão sintomática: a interação dos processos patológicos que atingem os neurônios motores e dos processos neuropsiquiátricos que atingem toda a personalidade, incluindo a motivação e a conduta motriz. Este é um estudo extremamente complexo, mas que deverá ser exposto da forma mais simples possível.

Doença de Parkinson e as síndromes parkinsonianas

É a neuropsicopatologia geriátrica mais evidente no comprometimento direto da motricidade. A doença de Parkinson (DP) é um transtorno comum no idoso, afetando 1,5-2,5% dos indivíduos acima de 70 anos. É bastante rara em pessoas jovens, sendo que a maior parte dos pacientes desenvolve os primeiros sintomas entre 50 e 79 anos.

A duração da DP, sem o auxílio de levodopa ou derivados, varia de 8 a 10 anos. Com terapia pode levar à morte em 14 anos ou mais. A levodopa é um precursor químico da dopamina, o neurotransmissor que está deficiente nessa neuropatologia.

As manifestações clínicas da DP incluem tremor especialmente nos membros superiores em descanso; bradicinesia ou marcha curta, rigidez dos membros afetados como se fossem engrenagens; dificuldade de reflexos posturais e uma imediata resposta à substância precursora da dopamina – a levodopa, já mencionada. Esta, quando administrada, aumenta os níveis intraneurais e proporciona uma maior concentração de dopamina. Este neurotransmissor, cuja depleção se deve à degeneração da substância negra e dos núcleos da base na DP, é o principal agente funcional nesses neurônios.

O tremor típico da DP é um tremor nos membros superiores, durante o descanso, de quatro a oito ciclos por segundo, presente quando o paciente está alerta e desaparecendo no sono ou com a ação do membro afetado. As mãos são os membros mais atingidos, e às vezes a língua. Os membros inferiores podem frequentemente apresentar uma rigidez cérea ou em "cano de chumbo", levando o paciente a uma típica deambulação a passos curtos e em balanço, chamada bradicinesia, como já foi exposto. Frequentemente, há uma indecisão no início e no término de movimentos. Escrever, falar e caminhar podem se realizar com grande dificuldade, levando a uma aparência de aumento na velocidade dos movimentos. A aparência da marcha é típica com passos curtos. O parkinsoniano fala com voz bastante fraca, escreve extremamente mal com rabiscos às vezes indecifráveis – a micrografia – e arrasta os pés, como se estivesse caminhando com pantufas. Finalmente, adquire uma postura totalmente flexionada para frente e um olhar rígido com pouca movimentação da face e da cabeça.

O profissional médico – psiquiatra, neurologista ou psicogeriatra – que atende um paciente entre 70 e 75 anos e que se apresenta nas condições mencionadas não tem dúvidas de que se trata de DP ou de uma síndrome parkinsonisma originária de outras doenças relacionadas, tais como intoxicação neurodegenerativa, tumores, deformidades genéticas, paraefeitos medicamentosos e outras causas. Todas essas lesões ou efeitos, atingindo o sistema nigroestriado no tronco cerebral e nos gânglios da base, dão origem aos sintomas mencionados. Realmente, é difícil, somente com a observação sintomática, diferenciar a DP das síndromes parkinsonianas. O que diferencia são as causas, a história clínica e aspectos de ordem neurorradiológica.

No entanto, a marcha arrastada, a face rígida, os tremores dos membros superiores, a inclinação para a frente e a história de um início lento, progressivo e persistente conferem uma imagem clara dessa neuropatologia degenerativa.

Por outro lado, em torno de 50% dos pacientes com DP apresentam sintomas afetivos, especialmente depressão, ansiedade, agitação, alucinações, descontrole de condutas sociais e processos de declínio cognitivo leve ou mesmo grave. Isso significa que o sistema límbico está afetado, o que a neuropsiquiatria ainda não esclareceu de forma sólida.

É claro que avaliações mais acuradas poderão mudar o diagnóstico; mas, como a conclusão principal é clínica, uma confirmação terapêutica geralmente é o procedimento mais indicativo: o uso de levodopa com alívio quase imediato dos sintomas; neuroimagem demonstrativa de aspectos degenerativos nas áreas mencionadas; avaliação neuropsicológica coerente com o processo patológico.

Como passo seguinte, o especialista deve diferenciar a DP de outras síndromes parkinsonianas que, como foi mencionado, podem ser causadas por tumores, infecções, trauma, doença vascular cerebral, efeitos colaterais do uso de psicotrópicos, produtos químicos ou toxinas. E deve ainda diferenciar a DP de processos cerebrais ou síndromes não parkinsonianas, quando se manifestam sintomas do córtex motor piramidal; paralisia oculomotora; afasias; e outras que pertencem a outras doenças neurodegenerativas, mas que podem ser componentes diretos ou indiretos da DP. Finalmente, é necessário citar que a ressonância magnética, o PET (*positron emission tomography*) e o SPECT (*single photon emission computed tomography*), exames complementares muito úteis de caracterização diagnóstica.

Veremos agora quais os grupos de neurônios atingidos por esse processo neurodegenerativo. Primeiramente, as lesões com consequências motoras diretas. Em seguida será feita uma alusão de como os processos de lesão neural na DP ou nas síndromes parkinsonianas atingem indiretamente a personalidade, especialmente as dimensões afetiva e neuropsiquiátrica.

Atingindo especialmente os neurônios da substância negra e do corpo estriado (formado pelo putâmen e pelo núcleo caudado), lesionando aproximadamente 80% do total de células, as funções de controle do comando voluntário muscular realizado pelo córtex frontal e pré-frontal ficam muito reduzidas. A flexibilidade da ação muscular harmônica, a postura e os processos inibitórios quase desaparecem, passando o paciente a apresentar os sintomas musculares referidos, tais como os tremores, a marcha arrastada, etc. O controle da expressão facial fica anulado, e o parkinsonismo assume uma face rígida já descrita. Escrita, fala, leitura, processos de habilidade fina e especializada se tornam bastante defeituosas, a ponto de o interlocutor ou examinador não poder decifrar o que o paciente quer expressar.

Por outro lado, também o estriado límbico – especialmente o globo pálido – é atingido, incluindo-se aqui uma outra estrutura intimamente ligada e provavelmente a mais importante do conjunto: o núcleo amigdaloide, que se constitui na principal estrutura de comando das emoções. Também faz parte desse complexo o giro cíngulo, na parede medial do lobo frontal, uma estrutura cortical de grande funcionalidade na expressão emocional. Portanto, a DP atinge secundariamente várias estruturas de comando emocional, incluindo a memória de experiências afetivas. Dessa forma, os sintomas, que no início do distúrbio podem ser apenas motores, com o desenvolvimento do processo degenerativo aumentam visivelmente para o lado emocional: face rígida e sem caracteres afetivos; irritabilidade, ansiedade, depressão; dificuldades de expressão emocional no relacionamento pessoal – que diminui sensivelmente até o isolamento. Pode-se fazer um fluxograma e um esquema ilustrativo para uma compreensão apenas superficial.

Como já foi suficientemente relatado, as estruturas especialmente afetadas são o putâmen e o núcleo caudado, que fazem parte do corpo estriado ou estriado dorsal. Esse sistema motor já foi apresentado anteriormente como um todo que chamamos de gânglios da base e as estruturas citadas como o estriado límbico ou emocional.

Por que essa diferença? Na resposta a essa questão, mesmo de forma simples, é inevitável uma abordagem um pouco mais complexa. A razão dessa divisão é que o estriado límbico, além de mandar impulsos para o córtex frontal, sofre influência do sistema emocional – amígdala, núcleos septais, giro cíngulo, hipotálamo e hipocampo. Já o corpo estriado – núcleo caudado e putâmen – tem uma ação de controle motor. Assim podemos compreender como a DP provoca tanto um caos no sistema motor, já apresentado sumariamente, como uma síndrome emocional – depressão, ansiedade, psicose com alucinações e delírios, irritabilidade –, justamente os já conhecidos sintomas neuropsiquiátricos.

A substância negra, situada no tronco cerebral, é uma das estruturas principais cujos neurônios sintetizam dopamina, justamente o neurotransmissor que age nos sistemas motores. Já a dopamina sintetizada nas estruturas límbicas, embora seja o mesmo neurotransmissor, age na amígdala ou no núcleo amigdaloide em especial, influenciando na emoção, na motivação e na procura de significados, causando grande parte dos sintomas neuropsiquiátricos da DP.

Como é o sistema motor que nos interessa no momento, as ilustrações são destinadas à sua compreensão somente, mostrando algumas estruturas importantes.

O esquema da Figura 2.6 se mostra um pouco complexo, mas é imprescindível para compreender o circuito mencionado. Embora já tenha sido em parte apresentado, aqui é exposto um maior conjunto de estruturas neurais.

Note-se que os neurônios da substância negra (círculo preenchido da seta pontilhada) chegam ao putâmen e ao núcleo caudado (triângulos preenchidos da seta pontilhada representam terminais axonais). Esses núcleos também recebem neurônios do córtex cerebral motor (mesma representação nas setas duplas). Essas duas estruturas chamadas corpo estriado, ou estriado dorsal como já sabemos, mandam neurônios para o globos pálidos e para o tálamo (mesmos símbolos nas setas tracejadas). Finalmente, por meio da radiação talâmica, essa estrutura envia neurônios de volta para o córtex motor na região frontal pré-central (mesmos símbolos nas setas tracejado-pontilhadas). Nota-se que assim está formado o circuito de controle motor que os gânglios da base fazem sobre os movimentos voluntários iniciados no córtex cerebral. O sistema neural nigroestriado sintetiza dopamina, que é o neurotransmissor de quase todo esses sistemas. Na DP esse feixe está bastante prejudicado por neurodegeneração desses neurônios, especialmente da substância negra, desorganizando-se bastante a motricidade voluntária, o que se expressa pela síndrome parkinsoniana, já mencionada.

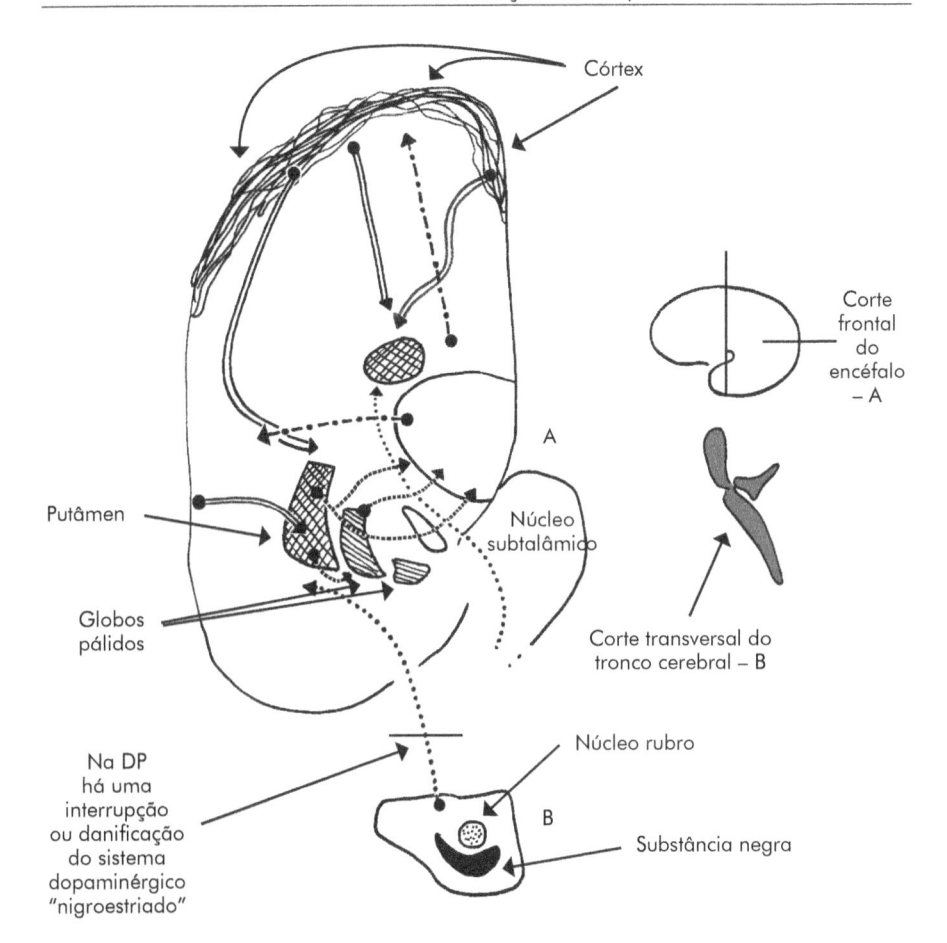

Figura 2.6
As principais estruturas neurais que compõem o sistema dopaminérgico motor, que controla o neurônio motor superior na movimentação voluntária. Na doença de Parkinson este sistema está comprometido por neurodegeneração, que atinge principalmente o sistema nigroestriado, que se compõe de neurônios originários da substância negra e do putâmen e núcleo caudado. Daqui, através do estriado límbico – globos pálidos –, os neurônios vão até o córtex cerebral motor e, deste, se encaminham para o putâmen, fechando um dos circuitos que constitui o sistema "nigroestriado-límbico-cortical-estriado". Portanto, na DP encontramos uma síndrome motora predominante, mas que se acompanha quase sempre por outra síndrome neuropsiquiátrica, uma vez que amígdala (não mostrada) e estriado límbico são comprometidos pela neurodegeneração neural.

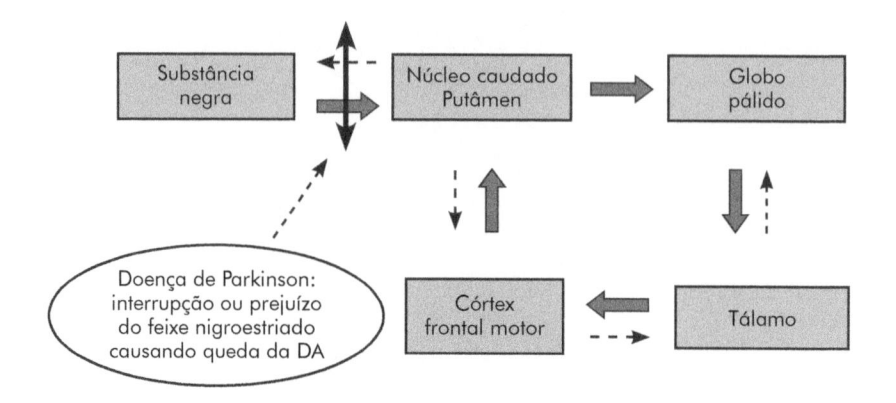

Figura 2.7
Fluxograma que mostra o circuito "nigroestriado-talâmico-córtico-estriado". Note-se que as flechas pontilhadas em sentido oposto mostram que sempre, ou quase sempre, há reciprocidade de comunicação neural, embora predomine uma ou outra.

Demência vascular

Demência vascular é a segunda categoria de patologias neuropsicogeriátricas que será apresentada devido à importante relação com o processamento motor no idoso. É uma neuropatologia muito frequente, constituindo-se em uma síndrome das mais características nessa faixa etária. Há alguns anos era chamada demência multi-infarto, no DSM-III, devido aos sintomas agudos que a morte por infarto de áreas cerebrais ocasiona. No entanto, o atual DSM-IV menciona como mais apropriado o termo demência vascular. É, também, uma entidade clínica e neurodegenerativa bastante complexa, com manifestações cognitivas, comportamentais, motoras e emocionais que resultam de lesões isquêmicas (deficiência de aporte sanguíneo) ou hemorrágicas no cérebro ou cerebelo e no tronco cerebral. O curso da enfermidade é progressivo, tipicamente acontecendo episódios agudos ou subagudos com pausas de remissão e períodos de recrudescimento. A associação da doença cerebrovascular com a doença de Alzheimer ou com a doença de Parkinson é muito comum, surgindo uma sintomatologia mais complexa ainda e com difícil diagnóstico em relação ao controle motor. A demência vascular aparece sob várias formas clínicas, que dependem, em última análise, das variadas localizações das lesões isquêmicas no sistema nervoso central. Tais lesões podem ocorrer no córtex cerebral, cerebelar, na substância branca ou nos núcleos neuronais subcorticais tais como os gânglios da base, o tálamo, o hipotálamo, a amígdala e vários outros agrupamentos celulares. Em adição, a substância branca subcortical pode ser atingida, complicando mais o quadro clínico.

Simultânea ou sequencialmente os processos isquêmicos ou hemorrágicos vão se formando devido a uma patologia vascular aterosclerótica ou arteriosclerótica (placas de gordura calcificada nos vasos cerebrais), dando origem a uma série enorme de sintomas neuropsiquiátricos e a diferentes quadros clínicos. Portanto, a demência vascular pode ser causa comum de prejuízos cognitivos que compõem uma síndrome demencial; de sintomas emocionais e mentais, compondo uma síndrome neuropsiquiátrica de depressão, ansiedade, psicose, parafrenias, catatonias, agitação, etc; e também de uma síndrome motora. O mais comum é que essas síndromes se desenvolvam simultaneamente, predominando um ou outro sintoma ou grupo de sintomas que progressivamente incapacitam o paciente.

Aqui nos restringiremos aos sinais e sintomas motores que surgem especialmente quando a lesão isquêmica irrompe abruptamente e de forma focal em áreas corticais e subcorticais que comandam a motricidade voluntária e nos gânglios da base que controlam a harmonia desses movimentos. É o que se conhece por AVC – acidentes vasculares cerebrais. Em relação a todo o sistema nervoso central (SNC) – que pode ser indistintamente atingido dependendo das artérias comprometidas –, essas áreas motoras são mais restritas. Nesses casos, quando as lesões se formam no córtex motor ou nos gânglios da base, disfunções da motricidade são muito comuns. Observamos quase sempre uma perturbação da marcha que se torna hesitante, diminuída na amplitude e na altura dos passos. Os membros inferiores podem ficar paralisados parcial ou totalmente, dependendo da profundidade das lesões. Poderão ser os dois membros, mas comumente é o membro inferior contralateral ao hemisfério cerebral lesionado que é atingido. Os movimentos da face e dos membros superiores são geralmente poupados, mas a face pode ficar paralisada do mesmo lado da lesão, sendo comum que a boca fique puxada para o outro lado, por falta de tono muscular na bochecha atingida. Essa é a síndrome piramidal contralateral, assim chamada porque o feixe motor, que é composto de axônios dos neurônios motores superiores que se localizam na camada piramidal do córtex e cruzam no tronco cerebral, é interrompido na sua condução da sinalização neural, devido às mencionadas lesões isquêmicas.

Podemos dizer ainda que os reflexos musculares ficam exagerados porque os neurônios motores inferiores e seus circuitos locais auxiliares se desinibem por falta de controle voluntário piramidal. E mais: se os gânglios da base são atingidos, o processo se complica, havendo movimentos involuntários, tremores, descontrole da harmonia motora, aumento do tono muscular, reflexo plantar extensor (sinal de Babinski) e dificuldades de deglutição. Ainda mais complexa fica a patologia motora quando o hemisfério cerebral esquerdo é atingido no córtex frontotemporo-parietal. Nesse caso, também comum, a linguagem afásica complementa o quadro, o que já extrapola nosso propósito. O psicogeriatra deve diferenciar a demência vascular da doença de Parkinson e da doença de Alzheimer. Isso sem falar nas degenerações frontotemporais que serão vistas mais adiante. Em geral, a tríade de sintomas motores, demência e incontinência urinária é indicativa de processos vasculares cerebrais generalizados, em que a substância branca e as áreas corticais são amplamente envolvidas, ficando atingido o sistema nervoso autônomo também.

Finalmente, a demência vascular ocasiona uma série de sintomas neuropsiquiátricos já mencionados, o que traduz o real sofrimento de uma pessoa idosa com essa trágica neuropatologia vascular. Embora nesses casos o comprometimento motor que os acompanha seja direto ou indireto – o que ainda é um ponto de interrogação para a neurociência –, sabe-se que a amígdala, que é contígua aos gânglios da base, é atingida. Isso sem falar em outras estruturas do sistema límbico. Mais adiante veremos, de forma um pouco mais detalhada, simples e objetiva, como o sistema límbico – por excelência de funções emocionais – pode atingir as áreas motoras.

Na Figura 2.8 a seguir será mostrado um esquema simples para compreensão de como os processos isquêmicos ou hemorrágicos podem atingir os feixes piramidais ou corticoespinais e de como eles impedem o controle que os neurônios motores superiores do córtex cerebral exercem sobre os neurônios da medula espinhal e os circuitos locais complementares. Ainda se mostrará, nesse mesmo esquema, como os gânglios da base assumem a função motriz, agora sem harmonia, sem plenitude voluntária nem limites de início e término da ação muscular. Esclarece-se que a ilustração esquemática está longe de mostrar a complexidade do processo patológico e da simultaneidade de disfunções e contingências resultantes da pluripatologia neural que não fica localizada nos grupos, áreas ou núcleos específicos; ao contrário, ela invade áreas de função completamente diversa, de forma imprevisível para o clínico.

Degeneração lobar frontotemporal

A degeneração lobar frontotemporal (LFT) um distúrbio neurológico progressivo que produz uma síndrome de demência atípica em que se observam mais frequentemente sintomas neuropsiquiátricos e afasia, uma vez que, como o nome já designa, as áreas atingidas – os lobos frontal e temporal – são a sede da linguagem, das funções executivas e dos processos emocionais do indivíduo. Os sintomas aparecem mais cedo que na doença de Parkinson, na demência vascular e na doença de Alzheimer, como será visto adiante. Portanto, uma pessoa que começa a apresentar já aos 40 ou 50 anos transtornos de personalidade, desinibição de conduta social e pessoal problemas de linguagem – especialmente afasias – pode estar no início de uma das mais graves categorias de demência que se conhece. Isso porque a evolução da doença é progressiva, resultando em um tempo de vida curto, levando de 5 a 10 anos em média para incapacitar irreversivelmente o paciente. Pode haver sintomas motores secundários a uma neuropatologia frontal nas regiões do neurônio

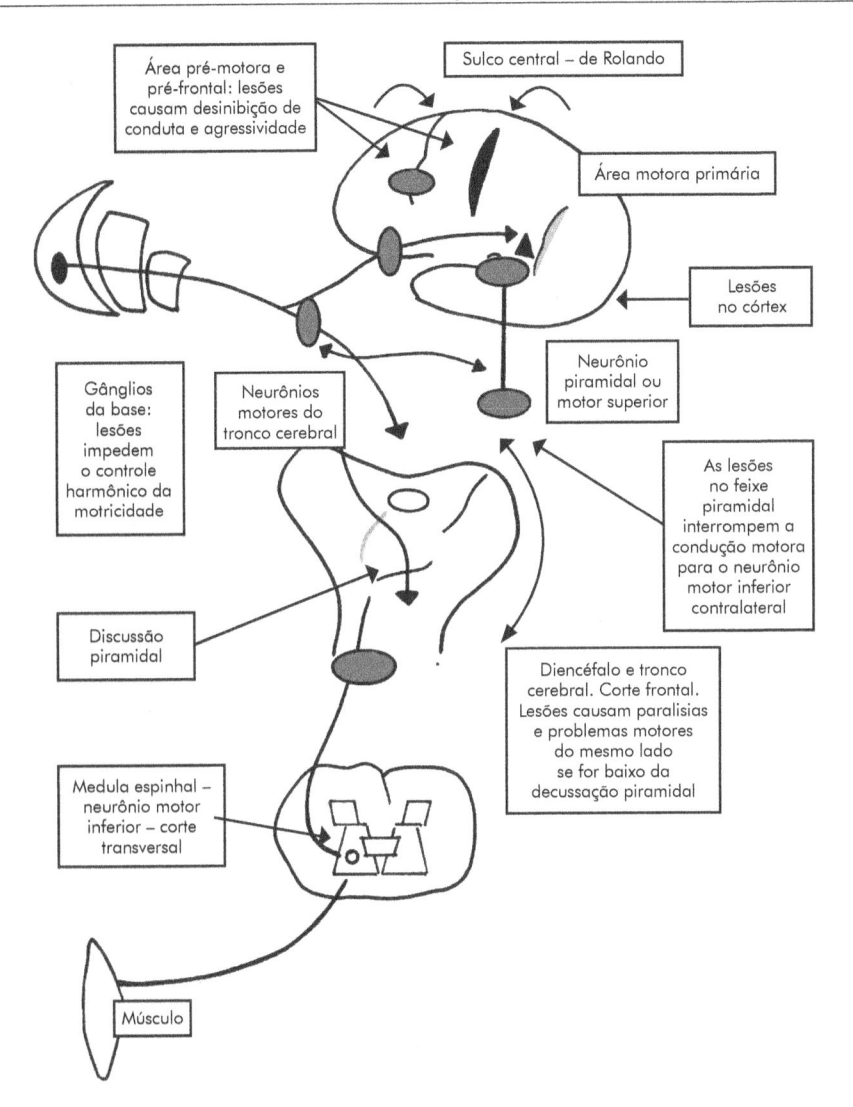

Figura 2.8
Esquema mostrando como a demência vascular pode atingir a motricidade. As várias lesões que podem aparecer simultânea ou sequencialmente (elipses em cinza) vão atingindo um número imprevisto de áreas. Por exemplo, se a área motora piramidal é atingida (neurônio motor superior), o feixe piramidal fica comprometido, havendo paralisias na musculatura dos membros do lado oposto. Porém, é muito comum serem atingidos os gânglios da base, havendo total desarmonia dos movimentos. Outras lesões podem ser na decussação piramidal, no tronco cerebral abaixo dela, no diencéfalo ou na substância branca (mostra-se uma lesão na cápsula interna). Como consequência, o neurônio motor inferior fica incapacitado para uma movimentação voluntária harmônica e adequada.

motor superior especialmente; porém, essa não é a característica principal da demência frontotemporal.

No passado essa síndrome se chamava doença de Pick, por apresentar corpos de Pick – uma inclusão intracitoplasmática composta de neurofilamentos e neurotúbulos em decomposição – no exame microscópico do tecido cerebral. Mas se viu que o processo é muito complexo e apenas 20% dessas demências são características da "doença de Pick".

A DLFT tem uma conotação familiar muito importante, já que 50% dos parentes de primeiro grau apresentam história de demência. A demência frontotemporal é a mais frequente forma de DLFT. Há uma mudança de caráter e desordens da conduta social muito cedo no início da doença. Outros dois tipos de DFLT são a afasia progressiva não fluente, quando a degeneração atinge o lobo frontal, provavelmente na área de Broca. E, finalmente, a demência semântica, que apresenta um quadro de incompreensão progressiva das percepções auditivas significantes correspondentes ao córtex temporal súpero-posterior – geralmente a área de Wernicke, região em que a linguagem é compreendida nos seus significados. Em geral os sintomas se superpõem, e o psicogeriatra tem dificuldades para o diagnóstico, tornando-se um quadro dos mais complexos e que somente se clareia quando sintomas de liberação frontal, tais como condutas aberrantes e socialmente desviantes, predominam sobre outros em fase ainda inicial. E, evidentemente, quando a neuroimagem mostra lesões nessas áreas, especialmente atrofia frontal e temporal.

Aqui nos deteremos apenas na demência frontotemporal – DFT –, que é a síndrome mais dramática dessa doença neurodegenerativa. Geralmente a DFT inicia cedo com perturbação da conduta pessoal e social, manifestações neuropsiquiátricas que devem ser notadas precocemente pelo profissional ou cuidador. Portanto, este tipo de demência não apresenta sintomas motores primários no início. No entanto, dentro de pouco tempo aparecem sintomas motores aberrantes e sem coordenação, ao lado de uma indiferença emocional e perda da autorreflexão. A rigidez, a acinesia (dificuldades de locomoção) e os tremores aparecem bem depois, o que diferencia da doença de Parkinson. Não há perda de memória ou desorientação espacial e temporal no início, esses sintomas aparecem e se agravam tardiamente. Isso diferencia da doença de Alzheimer, que inicia com amnésia e desorientação. Enfim, a DFT somente mostra sintomas do neurônio motor superior quando já atingiu o lobo frontal de forma grave, comprometendo o giro pré-central ou pré-rolândico. Como a degeneração é nas porções anteriores do lobo frontal, o que predomina é a desinibição de conduta e o comprometimento social e pessoal. Os movimentos aberrantes não são muitas vezes originários do processo motor, mas da desinibição da conduta. Há também diferenças quanto aos hemisférios que são atingidos, mas essa sintomatologia não pode ser aqui detalhada. Na Figura 2.9 mostramos um esquema para clarificação.

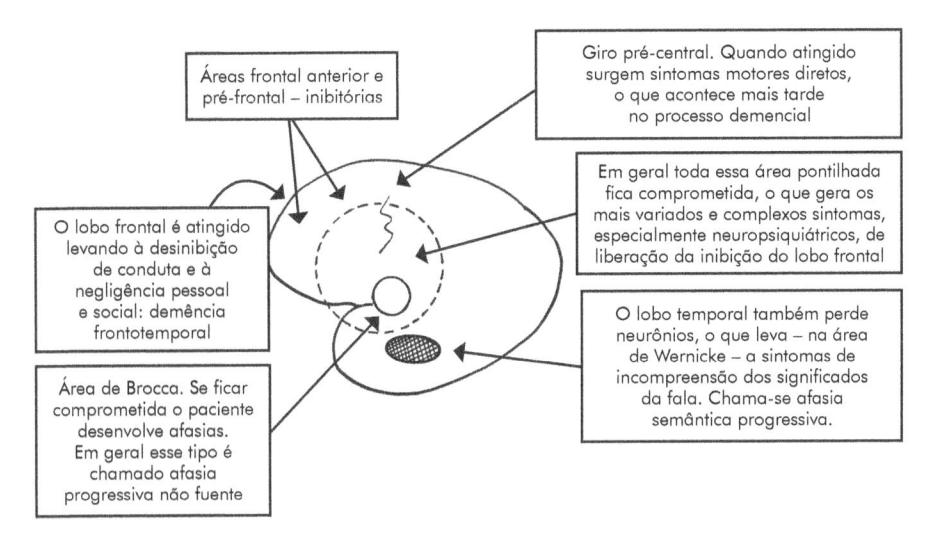

Figura 2.9
Degeneração lobar frontotemporal (DLFT) mostrando os principais grupos corticais que são comprometidos. Não são mostradas lesões subcorticais nem os danos mediais que causam indiferença emocional e outros sintomas, como parkinsonismo, rigidez, acinesia, fasciculações, etc. Foram mais evidenciadas lesões que causam afasia e sintomas motores. Os sintomas correspontentes à liberação do lobo frontal surgem quando os córtices frontal anterior e pré-frontal são atingidos pela neurodegeneração.

Doença de Alzheimer

A doença de Alzheimer (DA) é o tipo de demência mais frequente que se conhece, tanto que era chamada muitas vezes "demência senil". Isso significava que, quando uma pessoa idosa passasse a ter problemas cognitivos de forma persistente e progressiva, chegando à incapacidade parcial ou total, os neurologistas acreditavam que o cérebro, devido à senilidade apenas, ficava deficiente em termos mentais, cognitivos e emocionais. Embora alguns médicos geriatras ainda tenham costume de usar esse termo, isso se revelou totalmente fora de propósito, pois a doença de Alzheimer é uma neuropatologia bem definida e parcialmente elucidada pela neurociência e pela neuropsicofarmacologia.

O idoso normal pode desenvolver apenas um declínio cognitivo mínimo pertinente ao longo envelhecer, assim como todos os outros declínios orgânicos e de sistemas, tais como a diminuição do metabolismo básico; a perda moderada de força física; a diminuição das funções cardíaca, pulmonar, renal, sexual e assim por diante. Porém, isso não é doença; é um lento e insidioso declínio que pode desembocar em incapacidade mais cedo ou mais tarde, fenômeno que a ciência médica ainda não pode explicar.

A doença de Alzheimer se constitui em um processo de demência que, embora aumente em prevalência com o aumento da idade, não é absolutamente um processo senil normal. Aos 65 anos, apenas de 3 a 5% dos idosos são acometidos, e somente aqueles com mais de 80-85 anos possuem um alto risco, em torno de 35 a 45%, de serem atingidos por essa demência. Hoje no Brasil estima-se, não com certeza devido aos vieses estatísticos, que existam em torno de 1,5 milhão de idosos com DA, o que já caracteriza um problema de saúde pública.

Seguindo nosso propósito de analisar a problemática motora das principais fenomenologias de causa neurodegenerativa das demências, questionamos os seguintes aspectos clínicos: quais os sintomas iniciais que nos permitem fazer um diagnóstico precoce? Quais as estruturas motoras que estão comprometidas? E, finalmente: qual a progressão clínica da DA que nos auxilia no reconhecimento dos sintomas motores como consequência inicial ou tardia dessa demência?

Em primeiro lugar, deve ser mencionado que a DA é uma demência progressiva e insidiosa que pode durar de 2 a 20 anos, conforme cada caso, e que ela dificilmente se inicia com sintomas motores claros. O que se poderia dizer é que em 30% dos casos a DA começa com depressão, o que, sem dúvida, aparece como apatia, desmotivação e tristeza persistente, isolamento e pensamentos negativos e de culpa e fracasso. Porém, mesmo dentro dessa síndrome depressiva – que atinge indiretamente a área motora pela tendência do paciente em ter uma motricidade reduzida, fadiga e conduta lenta em todos os processos sociais, apetitivos e interpessoais –, *são os sintomas cognitivos de esquecimento ou amnésia de curto prazo e sintomas leves da fala* aqueles que predominam. Nos outros 70% de pacientes a depressão poderá se manifestar mais tarde ou nunca; talvez porque o paciente decline rapidamente de tal forma sob o ponto de vista cognitivo que ela não é detectada ou passa a ser secundária, embora deva sempre ser tratada. Porém, o que é a marca registrada da DA é o esquecimento de acontecimentos recentes, de nomes complexos, de lugares e obrigações sociais e laborativas, sintomas que começam a preocupar as pessoas em volta quando tudo isso fica evidente e impede as atividades da vida diária do paciente.

Esses sintomas surgem porque uma estrutura do córtex cerebral, profundamente enraizada no lobo temporal – o hipocampo –, geralmente é a primeira a ser atingida pelo processo neurodegenerativo. Em torno de 50% dos casos esses sintomas são tão insidiosos e leves, e ficam estacionados por um tempo tão longo, que uma síndrome hoje chamada *declínio cognitivo leve* é reconhecida pelo DSM-IV. Muitos pacientes não saem dessa fase, podendo, até o fim da vida, exercer sua autonomia de forma igual ou quase igual aos idosos normais. Estes, como já se disse, também podem apresentar mínimas diminuições cognitivas normais para a idade.

É bastante conhecido pela neurociência que os neurônios hipocampais têm um enorme número de conexões com outras estruturas, especialmente a amígdala, a estrutura neural que comanda as respostas afetivas e do humor; o hipotálamo, uma série de grupos de neurônios ligados aos sistemas endócrinos, viscerais e afetivos, e o córtex cerebral, que armazena as aquisições de memória, tanto afetivas, como declarativas e operacionais. Assim, uma atrofia hipocampal geneticamente determinada – ou por quaisquer outras causas – sem dúvida afeta o processo mnemônico de uma ou outra forma que não cabe aqui detalhar. E a DA é basicamente isso: uma atrofia do hipocampo e do lobo temporal que o circunda, que se espraia para as estruturas límbicas e corticais mencionadas, devido à morte de neurônios que sofrem degeneração chamada amiloide. Mais ainda: é uma patologia que não respeita limites ou áreas do encéfalo, corticais ou subcorticais, em sua irreversível e progressiva neurodegeneração. Isso quer dizer que quaisquer dos seis sistemas motores mencionados na primeira parte deste capítulo – talvez com exceção do sistema motor inferior – são cedo ou tarde atingidos.

O que se deduz no contexto da DA é que este tipo de demência se caracteriza inicialmente, sob o ponto de vista motor, por uma ausência de distúrbios do movimento, mesmo com esquecimento intenso. Mas, já no final da primeira fase – a fase inicial ou amnésica e de problemas de linguagem – ou nas duas fases seguintes, que são bem mais graves e causadoras de incapacidade social, os sintomas do movimento já são bastante visíveis, tais como liberação de condutas que são inibidas pelo lobo frontal; aumento dos reflexos de preensão e sucção; bradicinesia ou marcha curta e desequilibrada; sinais extrapiramidais como rigidez, movimentos involuntários, tremores intensos e outros bem característicos da lesão cortical do neurônio superior, como diminuição da força muscular, reflexo plantar de Babinski, que representa dano cortical piramidal e outros. Nesse estágio já os sintomas emocionais e neuropsiquiátricos, como depressão, irritabilidade, alucinações, delírios, processos paranóides e maníacos, aparecem com intensidade preocupante, pois o sistema límbico, especialmente o hipocampo, a amígdala, o giro cíngulo e o núcleo *accumbens* – uma pequena estrutura neural situada logo acima da amígdala –, já está comprometido usualmente.

Portanto, além da falta de memória, prejuízo leve ou moderado de toda a emocionalidade, amnésia emocional, amotivação, depressão e psicose surgem já na primeira fase da doença, embora não inicialmente. É a partir da segunda fase, quando os sintomas neuropsiquiátricos passam a predominar, que os cuidadores da família ou contratados não mais aguentam a manutenção doméstica dos pacientes e pensam seriamente em institucionalização. Realmente, essa tríade de sintomas cognitivos graves, distúrbios do movimento e síndrome neuropsiquiátrica se constituem na mais grave e desgastante psicopatologia, que quase anula as manobras terapêuticas da psicogeriatria.

Isso significa que quase todas as estruturas neurais estão tomadas pelos marcadores da DA, que são placas senis formadas por degeneração "amiloide", emaranhados neurofibrilares e apolipoproteínas provenientes de alelos patogênicos que sintetizam em maior porcentagem a APOe4 – uma apolipoproteína que tem sido evidenciada como uma etiologia importante da DA, em contraste com as APOe3 e APOe2, que são protetoras celulares. Este tema não é pertinente à nossa exposição; portanto só mencionamos que a patologia amilóide é uma das principais lesões que se deposita no citoplasma celular e leva os neurônios à morte.

A seguir mostramos um esquema muito simples e apenas ilustrativo, de como a DA pode destruir um cérebro em pouco ou muito tempo, dependendo da velocidade de progressão, situação que ainda a neurociência ou a clínica psicogeriátrica não puderam elucidar.

Apresentamos na Figura 2.10 uma imagem compreensiva e esquemática com os principais pontos atingidos pela DA, tanto na porção medial como na

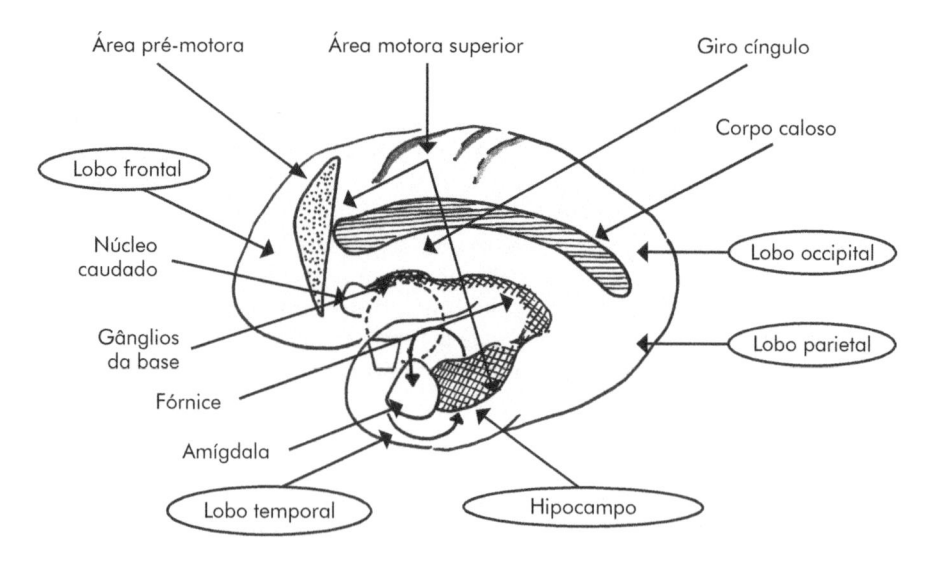

Figura 2.10
Esquema mostrando as estruturas que são afetadas na doença de Alzheimer. Em geral começa no lobo temporal e no hipocampo com atrofia progressiva, causando amnésia. O córtex frontal e a amígdala são comprometidos concomitante ou sequencialmente, advindo daí sintomas afetivos, motores e afásicos. Em alguns anos, o sistema límbico, os gânglios da base e o hipocampo, além do neocórtex em diversas áreas, poderão estar com grande deficiência neural, causando uma enorme gama de sintomas que, dependendo da progressão da doença, levarão o paciente irreversivelmente a uma vida vegetativa ou à morte.

área lateral do encéfalo, no hemisfério esquerdo. No entanto, não são discriminados sintomas característicos desse hemisfério nem do hemisfério direito. Note-se que o hipocampo, onde geralmente se inicia a neurodegeneração da DA, tem uma ligação com os diversos sistemas neurais: amígdala, hipotálamo, núcleos da base, córtex motor e pré-motor, córtex temporal, parietal e occipital. Isso explica por que em primeiro lugar surge o esquecimento e após isso os sintomas afásicos. Posterior ou mesmo concomitantemente, os sintomas motores, práxicos e neuropsiquiátricos afetivos e psicóticos aparecem e complicam extremamente o processo patológico, levando, geralmente em três a cinco anos, à incapacidade social e autoadministrativa do portador. O núcleo *accumbens* e o tálamo não aparecem na figura. Os gânglios da base são mostrados apenas por uma elipse pontilhada. O corpo do núcleo caudado também fica invisível atrás do fórnice.

Outras demências são bastante conhecidas na psicogeriatria, especialmente a demência dos corpos de Lewy (DCL), um dos processos neurodegenerativos mais frequentes que se conhece, com exceção da doença de Alzheimer e talvez da demência vascular; a doença de Creutzfeldt-Jakob e outras desordens causadas por príons ou "proteínas que se reproduzem" – sendo que uma das variantes é conhecida como "doença da vaca louca" – e outras de menor prevalência. No entanto, não é possível sua exposição neste curto e breve capítulo.

As psicoses e as síndromes emocionais

Finalmente, passaremos por alto os processos neuropsiquiátricos como as psicoses e a depressão no idoso, que atingem a motivação social e emocional, os pensamentos, a percepção, a linguagem e a conduta. Direta ou indiretamente as psicoses, especialmente a esquizofrenia de início tardio, provocam distúrbios e síndromes motoras das mais variadas, evidentemente acompanhadas de estados delirantes e/ou alucinatórios, agitação, catatonia, amotivação ou mania.

Até três ou quatro décadas atrás, aproximadamente, acreditava-se que a esquizofrenia e outros processos mentais e emocionais não eram devidos a lesões, deformidades ou processos neurobiológicos no cérebro, mas sim a processos dinamicamente influenciados ou com etiologia nas relações interpessoais perturbadas. No entanto, a neurociência atualmente vem progressivamente demonstrando que o cérebro sofre sim alterações nos processos mentais e emocionais. E, mesmo, que tais alterações sejam a etiologia dos processos dinâmicos e interpessoais observados pela psiquiatria clássica. Isso por uma razão bem lógica: se no cérebro é que se elaboram os processos motores, cognitivos, emocionais, perceptivos e comportamentais, evidentemente alterações, quaisquer que sejam – bioquímicas, estruturais, celulares e moleculares –, causarão distúrbios naquelas funções cerebrais superiores.

Em realidade, a compreensão, do ponto de vista neurocientífico, clínico, biomolecular e genético, dessas alterações ainda está longe de elucidar os mecanismos e processos neuroanatômicos, fisiológicos e/ou patológicos responsáveis. No entanto, um enorme avanço tem sido promovido, especialmente por exames de neuroimagem e do metabolismo cerebral.

Somente poderemos citar que o sistema límbico – especialmente a estrutura que já conhecemos com o nome de amígdala ou núcleo amigdaloide, o hipocampo, o giro cíngulo, os núcleos septais, o hipotálamo e outros aglomerados neurais profundamente situados no lobo temporal e no tronco cerebral – tem uma influência extrema no sistema estriado (gânglios da base – estriado límbico predominantemente) e no lobo frontal, nas áreas motoras, pré-motoras e na área motora suplementar. Dessa forma, as ligações do cérebro emocional (límbico) com o neocórtex frontal, em casos de lesões, de deficiência ou de excesso de neurotransmissores (tais como a dopamina, a serotonina, a acetilcolina) ou de desvios estruturais e enzimáticos geneticamente determinados, provoca uma série de distúrbios executivos, de pensamento, motores e outros sintomas observados nesses processos neuropsiquiátricos. A neuroimagem – ressonância magnética funcional, tomografia computadorizada, tomografia por emissão de pósitrons (PET), tomografia por emissão de prótons específicos (SPECT), e outros processos ainda mais avançados – tem comprovado que na esquizofrenia um grande número de casos estudados apresenta atrofia do núcleo amigdaloide, hipometabolismo e atrofia do neocórtex frontal e pré-frontal e aumento dos ventrículos laterais do encéfalo, e mesmo distorções nos gânglios da base. Já na depressão de longo prazo tem-se comprovado um aumento crônico de cortisol – o mais abundante glicocorticoide no homem – e atrofia do hipocampo em aproximadamente 30 a 40% dos casos.

Nas psicoses são conhecidos os sintomas catatônicos, as síndromes obsessivo-compulsivas, as estereotipias motoras, a amotivação e o desinteresse ou rigidez afetiva, as alucinações, o isolamento social, as ideias paranóides e outros transtornos. O que se nota é a simultaneidade dos sintomas cognitivos, motores, sociais e emocionais, tanto nas depressões como nas psicoses. Isso indica um comprometimento conjunto de estruturas límbicas, dos gânglios da base e dos lobos frontais predominantemente, mas que pode estender-se para outras áreas do neocórtex.

Um esquema compreensivo e explicativo será mostrado na tentativa de ilustrar as estruturas que se supõem estar comprometidas nas psicoses e nas depressões. No entanto, a neurociência e a psiquiatria ainda estão longe de fazer a correlação mente/cérebro nessas entidades; apesar disso, muito progresso já foi feito.

A Figura 2.11 a seguir, um pouco mais complexa, mas de maneira alguma completa e nem de perto expressiva da realidade neuroanatômica, pode nos mostrar como o sistema límbico é importante para o ser humano e, sem

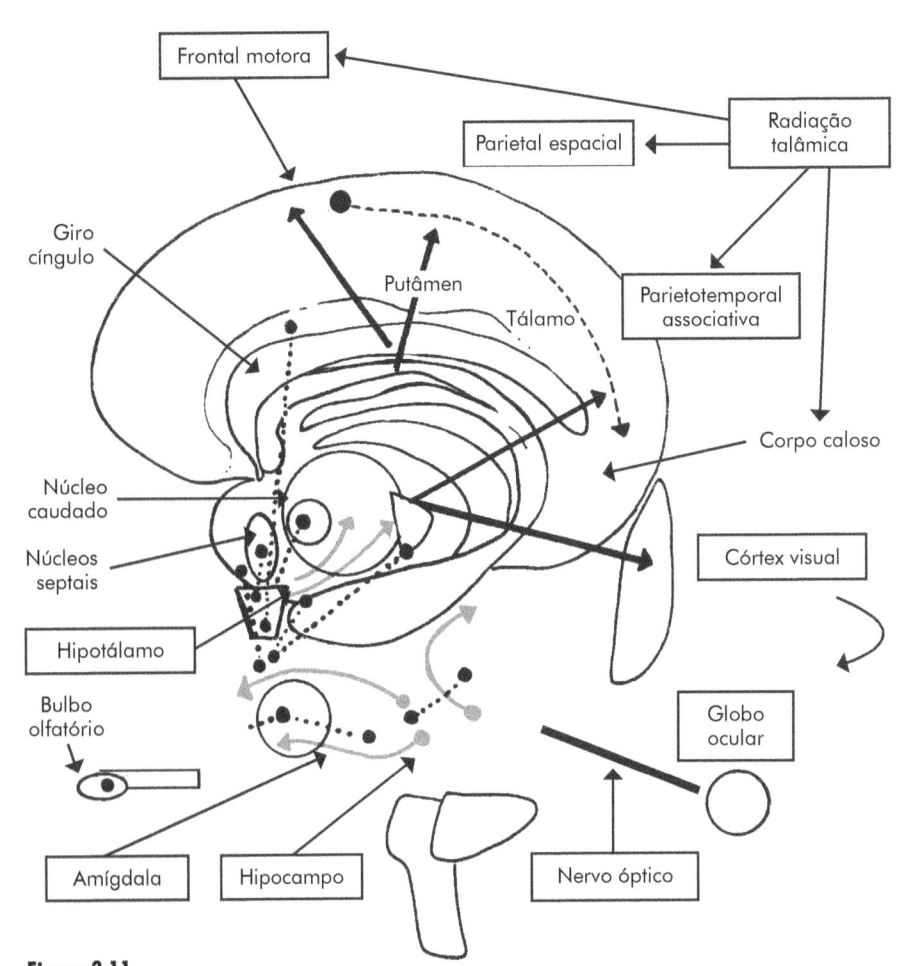

Figura 2.11
Sistema límbico mostrando as principais estruturas, especialmente o hipocampo, amígdala e o hipotálamo e suas ligações com os outros aglomerados neurais. Note-se a profunda e intensa ligação da amígdala com hipotálamo e hipocampo, estriado, núcleos septais, cíngulo e neocórtex. Esse complexo sistema forma um contínuo de neurônios e feixes axonais que perfazem um circuito ou *looping*, que é responsável pela tríade sintomática: emocional, motora e congitivo-perceptiva. Damos um exemplo de como a visão, a partir do olho humano, percorre um caminho que do córtex visual passa para o sistema límbico – amígdala, hipocampo, gânglios da base, tálamo, córtex frontal – e volta ao córtex visual por áreas associativas. É possível aqui sugerir como as alucinações visuais podem ocorrer, quando há uma disfunção ou lesão estrutural em alguns ou em muitos desses agrupamentos neurais. O *looping* é mostrado pelas setas mais claras (córtex visual, hipocampo, amígdala, hipotálamo, núcleos da base); as setas pretas mais grossas (do tálamo ao neocórtex pelas radiações talâmicas); e, finalmente em setas pontilhadas (do córtex frontal ao visual). As tracejadas mostram as ligações da amígdala com um grande número de estruturas.

dúvida, para todos os organismos superiores. Note-se que a amígdala – o núcleo por excelência das emoções e da inteligência emocional – tem ligações com praticamente todas as estruturas afetivas e motoras, inclusive o córtex frontal motor, os córtices temporal, parietal e occipital. O hipocampo e os núcleos da base formam com a amígdala um verdadeiro complexo neural que influi e é influenciado pelas áreas corticais (não mostradas na figura, com exceção do cíngulo, que é uma estrutura cortical participante do sistema límbico). No nosso caso são focadas as áreas motoras.

Para a compreensão de como as psicoses ou neuroses e depressões influenciam ou causam uma "pane" no sistema motor, é necessário mostrar sumariamente como funcionam essas estruturas no complexo conjunto neural – mais propriamente denominado cérebro emocional. Em outras palavras:

> Como o cérebro emocional com lesões ou disfunções de caráter patológico nas psicoses e depressão causa a mencionada disfunção ou incapacidade do funcionamento motor?
>
> (Rodrigues, 1985)

Na Figura 2.11 o exemplo ilustrativo é mostrado por meio do sistema visual. Como observamos, o olho humano percebe um acontecimento qualquer no meio externo através do globo ocular. Este é ativado na retina e encaminha os estímulos vários do evento observado pelo nervo óptico e por circuitos do feixe óptico (não mostrado na figura), para o córtex visual, no lobo occipital do encéfalo. O córtex visual codifica o evento e necessita analisá-lo. Isso é feito pelo hipocampo, que ativa a atenção e a percepção e permite a seleção e a filtragem daquilo que importa, uma vez que essa estrutura tem a função de codificar o evento em um conjunto de elementos, baseado na comparação mnemônica atual com as memórias visuais de longo curso. Ainda, o hipocampo dirige a focalização espacial e inicia uma memorização de curto prazo que será necessária para os momentos seguintes, como veremos. Como o hipocampo tem uma forte ligação com a amígdala, mostrada na figura, ele transmite todo o evento para essa estrutura. Aqui começa o processo emocional, pois a amígdala analisa a significância do evento, ou seja: se ele tem importância para a pessoa que o observa.

Geralmente essa importância tem características extremamente variadas: pode ser um alimento que satisfará a fome ou a sede que a pessoa pode ter no momento. Note-se que, se a pessoa não tem fome ou sede, o evento passa a ser insignificante e não tramita para as outras estruturas. Pode ser um evento atrativo: um amigo, o pagamento do salário, uma pessoa sexualmente atrativa, etc. Nesse caso, a amígdala é estimulada e "motiva" (emociona) a pessoa, pois esses eventos ou quaisquer outros que possam acontecer são significantes e importantes.

A amígdala tem uma forte ligação com o *hipotálamo* por meio do fórnice e de outros feixes cerebrais, não mostrados na Figura 2.11 (a ligação é evidenciada pela linha tracejada, assim como todas as outras ligações dessa estrutura). Ela pode estimular ou inibir o hipotálamo, dependendo dos neurotransmissores e dos processos de sinalização intra e interneurais. Por sua vez, o hipotálamo possui uma "força" enorme – ele é a chamada "energia psíquica", também conhecida como o *id* freudiano. É por meio dele que a amígdala desencadeia uma verdadeira cascata de acontecimentos no cérebro e em todo o organismo, tendo em vista que o hipotálamo controla os hormônios que agem nas glândulas endócrinas, em todos os sistemas viscerais e nos impulsos e instintos para a conservação da vida.

Os estímulos vão dessa estrutura para os gânglios da base, para o tálamo e, por meio das radiações talâmicas, para o córtex cerebral. Na região motora o córtex frontal planeja, inibe ou controla os impulsos hipotalâmicos; encaminha os estímulos motores para os gânglios da base a fim de serem regulados e controlados na sua execução; e, por meio das áreas de associação, os impulsos seguem e se difundem por todo o cérebro, a fim de serem analisados e implementados ou inibidos. Note-se que os impulsos ocasionados pelo nosso evento original retornam também para a área ocular, fechando o circuito. Isso é óbvio, pois se o evento for importante e significante a pessoa continua observando os acontecimentos e vai elaborando e executando comportamentos que produzem a sua aproximação.

Se o evento for aversivo, essa pessoa, pelos mesmos mecanismos citados, vai elaborando e realizando comportamentos que produzem rejeição ou afastamento. Note-se ainda que, se o evento observado ameaçar a vida, o processo de luta ou fuga imediata acontece: o hipotálamo dispara, o pré-hormônio ou fator córticotrófico aumenta em concentração neural e estimula o eixo hipotálamo-hipófise-suprarrenal. Cortisol, noradrenalina e outros neurotransmissores estimulam o sistema nervoso autônomo ou motor visceral; a musculatura externa se ativa; e a pessoa se defende lutando ou fugindo. A aproximação para um evento atrativo também se realiza por esses mesmos mecanismos, mas outras estruturas e hormônios são ativados.

Agora, se algumas estruturas límbicas, especialmente a amígdala, estiverem lesionadas ou disfuncionais, ou se o córtex frontal e outras estruturas subcorticais por onde trafegam os estímulos visuais também estiverem comprometidos, então um sintoma muito frequente nas psicoses pode acontecer: as alucinações ou delírios a partir da visão de eventos externos. Como isso acontece ainda não está esclarecido, mas é bastante provável que estruturas límbicas e corticais estejam com sua arquitetura neural ou com os processos neurotransmissores em déficit ou em excesso funcional ou lesão celular.

Mesmo que o funcionamento dessas estruturas não tenha sido explicitado completamente, senão apenas ilustrado superficialmente, o importante é enfatizar o papel central da amígdala nesses processos emocionais. Se a emoção não funcionar ou ficar neutra, inibida, diminuída, extremamente excitada e estimulada ou ausente – o que, diga-se de passagem, é o que acontece em parte nas psicoses e depressões graves –, a pessoa agirá de forma patológica, seja para mais ou para menos.

Portanto, as psicoses, a depressão, a ansiedade, as ideias paranoides e outras síndromes neuropsiquiátricas têm suas origens nessas estruturas – mostradas na Figura 2.11 e já denominadas diretamente nela. Mais ainda: como as áreas motoras – núcleos da base, lobos frontais, tronco cerebral e cerebelo (essas duas últimas estruturas não aparecem na Figura 2.11) – também possuem uma ligação muito densa com o hipocampo e com a amígdala, o que se nota nas doenças mentais é um paralelismo entre processos motores e neuropsiquiátricos, emocionais e cognitivos, tais como a clínica psiquiátrica mostra claramente. Provavelmente, a neuroarquitetura, processos de neurotransmissão dopaminérgica especialmente, ou lesões ainda não demonstradas na neuroimagem por serem demasiado circunscritas ou microscópicas, provocam uma disfunção ou disparo dessas estruturas límbicas e estriadas e frontais – estas últimas deficitárias e permitindo uma desinibição das funções emocionais, cognitivas, motoras e comportamentais.

Na esquizofrenia podem-se observar frequentemente sintomas catatônicos quando o paciente fica imóvel, da mesma forma que os animais aterrorizados por predadores ficam paralisados, como mortos, a fim de despistar a ameaça de serem aniquilados. Também são muito comuns as estereotipias motoras, a marcha atípica, a apatia, a motivação e a rigidez afetiva, as alucinações e os delírios, a agitação e os movimentos aberrantes. Nas neuroses obsessivo-compulsivas a atuação motora repetitiva é acompanhada de extrema ansiedade e pensamentos contínuos sobre temas dos mais variados.

Já a depressão mostra uma total apatia e desmotivação, atingindo não somente os pensamentos que se tornam negativos, mas o afeto e o humor, que se torna ruinoso e triste com sensação de vazio total na vida. A motricidade fica extremamente lenta e pesada, havendo em vários pacientes uma quase total imobilidade. Por outro lado, o estado maníaco (quando o idoso é acometido por transtorno bipolar, mais raro) leva a uma agitação incontrolável. Propõe-se que o transtorno depressivo seja uma consequência da deficiência ou de desvios da neurotransmissão justamente nas áreas e regiões límbicas e frontais, especialmente de noradrenalina, serotonina e dopamina.

Qualquer outra ilustração ou exemplificação poderá ser acessada pelo leitor interessado em inúmeros compêndios de psiquiatria, neurologia, psicologia, neurociência e mesmo de neuropsiquiatria atualizada. Algumas obras são indicadas em referências complementares.

Concluiremos com um esquema simples porém útil na prática de profissionais que lidam com pessoas idosas e se proponham a observar os processos motores, justamente os que mais aparecem para aqueles não versados em psicogeriatria clínica. Assim, em coerência com as avaliações motoras e outras abordagens mostradas nesta obra, acreditamos que essa exposição poderá ser útil para uma identificação dos processos de demência e síndromes neuropsiquiátricas pelas quais o idoso com transtornos mentais possa estar passando, ou se, como na maioria das vezes acontece, são declínios ou distúrbios leves/mínimos compatíveis com uma qualidade excelente de vida social e de saúde física. A seguir finalizamos com a exposição desse modelo de sintomatologia motora.

1. *Declínio motor mínimo/leve* generalizado: compatível com os idosos sem sinais clínicos importantes ou pessoas que tenham um processo demencial ou neuropsiquiátrico muito no início e subclínico.
2. *Sintomas motores iniciais*, referentes aos gânglios da base e ao sistema nigroestriado, tais como rigidez dos membros, tremores contínuos, face apática, marcha diminuída: compatível com o idoso que pode estar iniciando um processo demencial da doença de Parkinson, especialmente entre 50 e 70 anos.
3. *Sintomas de perda de memória de curto termo* especialmente e fala perturbada e modificada com progressão lenta, mas irreversível. Esses sintomas podem estar acompanhados de processo motor apático inicialmente em referência à depressão, que em 30% dos casos precede a demência. Os sintomas motores aparecem mais tardiamente – de um a cinco anos. Compatível com doença de Alzheimer inicial em uma pessoa idosa de mais de 65 anos em geral.
4. *Sintomas motores progressivos simultâneos a comportamento motor aberrante de início precoce*. Sintomas de liberação dos lobos frontais, com conduta anti-social e perda de memória tardiamente. Compatível com degeneração lobar frontotemporal, especialmente demência frontotemporal em uma pessoa entre 40 e 60 anos.
5. *Sintomas motores de início abrupto, mas progressivos e persistentes com surtos vários*. Os episódios são consequentes a comprometimento cortical e subcortical, sendo alternados com períodos de calmaria (em saltos ou "escada"). Podem ser do neurônio motor superior ou do sistema dos gânglios da base, face e/ou membros. A perda de memória e/ou afasia podem ser iniciais ou tardias. Compatível com demência vascular em pessoa que tem um acidente vascular cerebral ou aterosclerose cerebral, com idade entre 40 e 70 anos.
6. *Sintomas motores relativos ao sistema límbico ou emocional* predominantemente. Envolvimento da amígdala. Apatia, catatonia, movimentos motores estereotipados, marcha perturbada e sem objetivo, trejeitos, tiques. Acompanhados por sintomas emocionais e cognitivos simultaneamente. Compatível com psicose quando houver desinteresse, alucinações ou pensamentos fora da realidade

e outros sintomas neuropsiquiátricos de início tardio em pessoa de 65 anos ou mais.
7. *Motricidade lenta, desmotivada*. Imobilidade parcial ou apatia. Acompanhada de humor triste e ideias ruinosas. Isolamento e desconfiança. Ansiedade. Os sintomas geralmente são de desenvolvimento rápido. História de depressões anteriores ou tendências apenas. Pode ser um precursor de demência. Compatível com depressão de início tardio em pessoa com mais de 60 anos.

REFERÊNCIAS

BEAR, M. F; BARRY, W. C.; PARADISO, M. A. *Neurociências*: desvendando o sistema nervoso. Porto Alegre: Artmed, 2002.

BURST, J. C. M. *A prática da neurociência*. Rio de Janeiro: Reichmann & Affonso, 2000.

FORLENZA, O. V.; CRAMELLI, P. *Neuropsiquiatria geriátrica*. Rio de Janeiro: Atheneu, 2002.

GRAEFF, F.G.; BRANDÃO, M.L. (Ed.). *Neurobiologia das doenças mentais*. São Paulo: Lemos, 1997.

HIKOSAKA, O.; WURTZ, R. H. The basal ganglia. In: WURTZ, R. H.; GOLDBERG, M. E. (Ed.). *The neurobiology of saccadic eye movements: reviews of oculomotor research*. New York: Elsevier, 1989. v. 2, p. 257-285.

INSTITUTO LUNDBECK. *Tendências no tratamento das demências*. Rio de Janeiro, 2004.

JOSEPH, R. *Neuropsychiatry, neuropsychology, and clinical neuroscience*. Baltimore: Williams and Wilkins, 1996.

KANDEL, E.; SCHWARTZ, J. H.; JESSEL, T. M. *Principles of neural science*. New York: McGraw-Hill, 2000.

KAPLAN, H. I.; SADOCK, B. *Tratado de psiquiatria clínica*. Porto Alegre: Artmed, 2000.

LEDOUX, J. E. Emotion circuits in the brain. *Annu. Rev. Neurosci.*, v.23, p. 155-184, 2000.

LENT, R. *Cem bilhões de neurônios*: conceitos fundamentais de neurociência. São Paulo: Atheneu, 2002.

MARTIN, JOHN H. *Neuroanatomia:* texto e atlas. São Paulo: Artes Médicas, 1994.

MCKITTRICK, C. R. et al. Chronic social stress decreases binding to serotonin transporters sites and reduces dendritic arbors in CA3 of hippocampus. *Abstr. Soc. Neurosci.*, v.22,2060, n.809.18.

NATIONAL INSTITUTE OF HEALTH. Consensus. Development conference statement: differential diagnosis of dementing diseases. Bethesda: US Dept of Health and Human Services, 1987. p. 1-27.

PORTER, N. M.; LANDFIELD, P. W. Stress hormones and brain aging: adding injury to insult? *Nat. Neurosci.*, v. 1, n. 1, p. 2-4, 1998.

PORTER, R.; LEMON, R. *Corticospinal function and voluntary movement*. Oxford: Oxford University, 1993.

PURVES, D. et al. *Neuroscience*. Sunderland: Sinauer, 2004.

RODRIGUES, R. *Psicanálise e neurociência*. Porto Alegre: Luzzatto, 1985.

ROLLS, E.T. *The brain and emotion*. Oxford: Oxford University, 1999.

SALZMAN, C. *Clinical geriatric psychopharmacology.* 3rd ed. Baltimore: Williams & Wilkins, 1998.

SAPOLSKI, R. *Stress, the aging brain and the mechanisms of neuron death.* Cambridge: MIT, 1992. v. 1, n. 423.

SAVADOY, J. et al. *Comprehensive textbook of geriatric psychiatry.* New York: W.W. Norton, 2004.

JUNG, R.; SOLOMON, K. Psychiatric manifestations of Pick's disease. *Int. Psychogeriatr.*, v. 5, n. 2, p. 187-202, 1993.

SULTZER. D.L. et al. A comparison of psychiatric symptoms in vascular dementia and Alzheimer's disease. *Am. J. Psychiatry,* v. 150, n. 12, p. 1806-1812, 1993.

Referências recomendadas

DOMINGUES DE OLIVEIRA, M. A. *Neurofisiologia do comportamento.* 3. ed. Canoas: Ed. ULBRA, 1999.

EYSENCK, M. W.; KEANE, M. T. *Psicologia cognitiva:* um manual introdutório. Porto Alegre: Artmed, 1994.

KOLB, B.; WHISHAW, I. Q. *Fundamentals of human neuropsychology.* New York: W.H. Freeman, 1996.

LURIA, A. R. *Fundamentos de neuropsicologia.* Rio de Janeiro: Livros Técnicos e Científicos, 1981.

SQUIRE, L. R.; BLOOM, F. E.; McCONNEL, S. K. (Ed.). *Fundamental neuroscience.* Boston: Academic Press, 2003.

TALBOT, J.; HALES, R.; YUDOFSKI, S. *Tratado de psiquiatria.* Porto Alegre: Artmed, 1998.

YUDOFSKI, S. C. *Compêndio de neuropsiquiatria.* Porto Alegre: Artmed, 1998.

3

Aspectos psicológicos e neuropsicológicos do idoso
Rachel Schlindwein-Zanini

INTRODUÇÃO

É crescente a atenção dada ao idoso. A World Health Organization – WHO (Organização Mundial da Saúde – OMS) estabelece a idade de 65 anos como início da senescência, para os países desenvolvidos, e 60, para os em desenvolvimento (Cançado, 1994). Proporcionalmente, a faixa de 60 anos para cima é a que mais cresce. As projeções estatísticas da WHO destacam que o número dos idosos brasileiros, no período de 1950 a 2025, terá aumentado em quinze vezes, enquanto o restante da população, em cinco, embora essa mudança nem sempre seja acompanhada de uma melhora na qualidade de vida (Cerqueira e Oliveira, 2002). Como consequência dessa realidade, manifesta-se uma crescente preocupação dos profissionais da área da saúde com a qualidade de vida (QV) de seus pacientes (Schlindwein-Zanini, 2007).

Os problemas de saúde dos idosos são graves. Referem-se a prejuízos, principalmente de visão e de audição, e a demência; estas, por sua vez, podem comprometer seriamente a autonomia dos indivíduos (WHO, 1997).

Ressalte-se ainda que o envelhecimento desencadeia mudanças, tanto no indivíduo (em seus aspectos psicológicos, sociais, físicos e neuropsicológicos) como no ambiente que o cerca.

ASPECTOS PSICOLÓGICOS

O envelhecimento é um processo progressivo, com modificações morfológicas, fisiológicas, bioquímicas e psicológicas que determinam a perda progressiva da capacidade de adaptação do indivíduo ao meio ambiente, ocasionando maior incidência de processos patológicos, que terminam conduzindo-o à morte (Borgonovi e Papaleo Netto, 2002).

De acordo com Aranha (2003), o homem envelhece de modo conforme àquele com que tenha vivido cada etapa anterior de sua vida e reage às angústias e dificuldades de cada uma delas geralmente da mesma forma, valendo-se dos mesmos recursos. Para Brandão e colaboradores (2002), as características psicológicas estão relacionadas com a hereditariedade, com a história e com a atitude de cada indivíduo ao longo de sua vida. Assim, pessoas mais saudáveis e otimistas apresentam melhores condições de adaptação às transformações trazidas pelo envelhecimento.

Frequentemente, a identidade é construída a partir do corpo. A identidade do idoso origina-se do corpo simbólico, que encontra suporte no corpo real. À medida que o corpo real começa a sofrer modificações importantes, pode acontecer um progressivo comprometimento da identidade, com risco de conflitos e dificuldades, que poderão ser tão mais importantes quanto tenha a pessoa desenvolvido sua personalidade baseada na imagem do seu corpo real. A relação com o corpo é uma expressão reveladora do relacionamento do indivíduo consigo mesmo (Cavalcante, 2002). Assim, o "eu físico" pode ser um referencial importante da própria identidade da pessoa (Alberto, 1998).

Aspecto a ser também considerado é a vivência da sexualidade pelo idoso. A sexualidade, forma de expressão pessoal, tem relevância na senescência e não deve ser vista como restrita entre a puberdade e a andropausa/menopausa (Cançado, 1994). Para os idosos, ela tem um grande significado psicoemocional. A satisfação na experiência sexual corresponde a uma boa qualidade de vida. Consequentemente, colabora com a intimidade e a comunicação entre homens e mulheres idosos (Weissbach-Rieger, 1987).

A dimensão econômica tem uma importância significativa na estabilidade psíquica do idoso. Nela se apóiam, em grande parte, o conceito de liberdade e o direito de expressão – muito importantes para ele – que poderão manter e alimentar sua independência e autonomia. O idoso normal não quer o isolamento, mas o círculo de amizades vai-se restringindo e as perdas são relevantes. A primeira grande redução do campo social é a aposentadoria, principalmente para o idoso do sexo masculino (Cavalcante, 2002).

Segundo Oliveira, Pasian e Jacquemin (2001), no intuito de superar obstáculos, o idoso reorganiza sua existência às custas de determinados mecanismos defensivos, objetivando o alcance de uma nova adaptação psicossocial. Sobre esses mecanismos, Keyes, Shmotkin e Ryff (2002) comentam que a consciência do indivíduo da existência de um processo de constante deslocamento de metas em relação a objetivos mais elevados, favorece seu ajustamento e maturidade individual.

Queroz e Neri (2005) estudaram a relações entre bem-estar psicológico e inteligência emocional em idosos, notando as influências de idade e nível de escolaridade nas combinações de bem-estar. Idosos com alto nível de escolaridade são provavelmente mais prósperos na vida e têm melhor percepção da qualidade de sua vida.

O termo maturidade, no contexto do desenvolvimento do adulto e do idoso, é usado principalmente com três sentidos: cumprimento de normas etárias de que o grupo dispõe para essas idades; alcance de uma qualidade ou virtude do ego; e indicador de saúde mental na meia-idade e na senescência (Neri, 2002). Por outro lado, há outras manifestações na faixa etária idosa. Blay (1989) diz que a minoria dos indivíduos tem um envelhecimento patológico. Os estudos indicaram uma prevalência de 15 a 30% dos transtornos mentais nos idosos. Zimerman (2000) afirma que as alterações psicológicas podem ter como consequência:

- dificuldade na adaptação a novos papéis;
- falta de motivação e dificuldade de planejar o futuro;
- necessidade de trabalhar as perdas orgânicas, afetivas e sociais;
- dificuldade na adaptação às mudanças rápidas;
- alterações psicológicas que exigem tratamento;
- baixa autoestima e autoimagem distorcida;
- depressão, hipocondria, somatização, paranoia, suicídio.

A depressão é uma doença de alta incidência no idoso, devido à própria percepção de sua crescente incapacidade física, do enfraquecimento de seus poderes cognitivos (especialmente o da memória) e das perdas concretas, como amigos, parentes, condição econômica e possibilidades de trabalho (Izquierdo, 2002).

Diversos fatores contribuem para a dificuldade na identificação de casos de transtornos de humor em pessoas idosas, já que a depressão pode ser mascarada por alguma doença física ou até mesmo pela depressão grave/"pseudodemência". Algumas queixas mais frequentes são atribuídas ao envelhecimento, e compõem os sintomas depressivos.

Izquierdo (2002) adverte sobre da necessidade de se extremarem as precauções para um diagnóstico correto da depressão nos idosos e não confundi-la com o simples comprometimento cognitivo leve amnéstico (CCL amnéstico) ou com as fases iniciais de uma demência. No idoso a depressão pode associar-se a outras doenças, como o transtorno de ansiedade generalizada (TAG). A prevalência desse transtorno é alta entre os idosos acima de 80 anos. Ocorre comumente em associação com os sintomas depressivos, além de se relacionar a um pior padrão de qualidade de vida relativa à saúde (Xavier et al., 2001).

Um estudo apontou que uma parte considerável das idosas (44%) apresenta indicativos de depressão, fato que merece a atenção de profissionais de saúde, em especial de psicólogos. A avaliação de idosos no contexto hospitalar-ambulatorial deve incorporar dimensões não estritamente médicas, e sim dados significativos da história de vida, como mortes e perdas, rede social, ocupação, atividades de lazer, que possibilitam melhor compreensão dos seus mecanismos de adoecimento e enfrentamento de dificuldades (Linhares, 2003). Convém recomendar que tal postura profissional, que visa à compreensão global, deve ser estendida, inclusive, ao consultório privado e às demais instituições, tendo em vista sua importância.

O aumento da expectativa de vida reflete desafios antes desconhecidos no âmbito dos relacionamentos nas relações familiares. Parece existir um senso comum de que os pais têm deveres para com os filhos, mas não quando o cuidado muda de direção. Havendo a inversão de papéis, essa função parece ser desempenhada como uma retribuição ao que se recebeu dos mais velhos (Brandão et al., 2002). O registro de maus-tratos endereçados a idosos evidencia outra face do desafio a ser vencido; esses maus tratos resultam em distúrbios emocionais, como depressão, sentimento de inadequação e baixa autoestima, além de dificuldades cognitivas, disfunções imunológicas e aumento da mortalidade. Reconhece-se que os maus-tratos transformam-se em importante fator na qualidade de vida dos idosos (Vandeweerd, Paveza e Fulmer, 2006).

É válido destacar que a qualidade de vida do idoso não depende apenas de sua idade, mas também da atitude das pessoas que o cercam, isto é, da estrutura emocional proporcionada a ele. Duarte e Santos (2004) explicam que a ocupação e a sociabilidade influem na percepção do cuidado do idoso, apontando a família, os programas comunitários e religiosos como as principais redes de suporte psicossocial. É válida uma intervenção psicoterapêutica que objetive ajustar as relações sociais dos idosos com familiares e amigos, possibilitando a formação de novas relações e atendendo à necessidade de aprendizagem de um novo estilo de vida para que as perdas sejam minimizadas (Brandão et al., 2002). Nesse sentido, são de suma importância iniciativas que levem o idoso a perceber que a senescência deve ser vivida plenamente. Confiança e segurança são fundamentais para o equilíbrio psicológico do idoso, a fim de que ele possa sentir-se útil e amado, integrando um grupo social sólido e solidário (Cavalcante, 2002). Já que atitudes vinculadas ao bem-estar do idoso estimulam autopreocupação, a autonomia, a autoestima e a sociabilidade, constituem práticas sociais preventivas em saúde mental (Duarte e Santos, 2004).

ASPECTOS NEUROPSICOLÓGICOS

O ingresso na faixa etária considerada idosa traz muitas mudanças no ser humano. No caso do cérebro, ocorrem modificações morfológicas. O cérebro do indivíduo idoso, em média, é menor e tem menos peso do que o de uma pessoa jovem. Alguns giros são mais finos e separados por sulcos mais profundos e abertos, resultando em menor espessura das regiões corticais. Nota-se diminuição do número de neurônios e sinapses, além da existência de sintomas psicológicos e físicos, como lapsos de memória, menor velocidade de raciocínio, episódios passageiros de confusão, tremor, dificuldade de locomoção, insônia noturna com sonolência diurna e falta de equilíbrio (Lent, 2001).

A demência é uma síndrome que se caracteriza pelo declínio da memória associado a déficit de, pelo menos, uma outra função cognitiva (linguagem, gnosias, praxias ou funções executivas) com intensidade suficiente para interferir no desempenho social ou profissional do indivíduo (American Psychiatric Association, 1994).

Frequentemente, as manifestações iniciais do comprometimento cognitivo leve amnéstico (CCL amnéstico) consistem em disfunção da memória de trabalho, geralmente leve, e em diminuição da capacidade de memória de curta duração. A redução da memória de trabalho obedece a perdas neuronais no córtex pré-frontal; e a diminuição da capacidade de memória de curta duração, a perdas neuronais no hipocampo, no córtex entorrinal ou eventualmente parietal. É importante lembrar que não se deve confundir amnésia senil com a tendência das pessoas idosas a relembrar memórias antigas em detrimento das mais recentes, já que há, muitas vezes, a preferência por evocar fatos da infância ou juventude, em que sentiam-se mais fortes, felizes e belos (Izquierdo, 2002). Entretanto deve-se considerar o fato de o sistema límbico, com suas memórias mais recentes, ser uma das regiões mais afetadas pelo envelhecimento.

Caramelli e Barbosa (2002) apontam várias causas de demência, cujo diagnóstico específico depende de conhecimento das diferentes manifestações clínicas e de uma sequência específica e obrigatória de exames complementares. As quatro causas mais frequentes de demência são: a doença de Alzheimer (DA), a demência vascular (DV), a demência com corpos de Lewy (DCL) e a demência frontotemporal (DFT).

O primeiro sintoma da DA é o declínio da memória, sobretudo para fatos recentes (memória episódica), e a desorientação espacial, aspectos cognitivos em boa parte dependentes da formação hipocampal. A instalação desses sintomas é insidiosa, com piora lentamente progressiva, apesar de que períodos de relativa estabilidade clínica possam ocorrer. A partir da evolução do quadro, há o aparecimento de alterações de linguagem (destaca-se a anomia), distúrbios de planejamento (funções executivas) e de habilidades visuoespaciais (Kertesz e Mohs, 2001). A DA é caracterizada por processo degenerativo que acomete inicialmente a formação hipocampal, com posterior comprometimento de áreas corticais associativas e relativa preservação dos córtices primários. Tal distribuição patológica faz com que o quadro clínico da DA seja caracterizado por alterações cognitivas e comportamentais, com preservação do funcionamento motor e sensorial até as fases mais avançadas da doença. Na faixa pré-senil (antes dos 65 anos), os distúrbios de linguagem podem ser a manifestação predominante do processo demencial, enquanto a sintomatologia psicótica (como ideias delirantes, especialmente de caráter persecutório, e alucinações) é mais frequente em pessoas mais idosas (Caramelli e Barbosa, 2002).

O termo "demência vascular" (DV) refere-se aos quadros causados pela presença de doença cerebrovascular (DCV). É mais utilizado quando associado aos efeitos de grandes lesões tromboembólicas (demência por múltiplos infartos), mas inclui também os estados lacunares e as lesões únicas em locais estratégicos (tálamo, giro angular esquerdo, núcleo caudado), demência associada a lesões extensas da substância branca (doença de Binswanger), angiopatia amilóide e demência por acidentes vasculares cerebrais hemorrágicos (Roman et al., 1993).

A DCL indica a ocorrência de um quadro demencial com flutuação dos déficits cognitivos em questão de minutos ou horas, alucinações visuais detalhadas, vívidas e recorrentes e sintomas parkinsonianos, geralmente do tipo rígido-acinético, de distribuição simétrica. Duas manifestações são necessárias para o diagnóstico de DCL provável (McKeith et al., 1996). A maior predominância ocorre no sexo masculino, tendo manifestações comportamentais importantes, como, por exemplo, alucinações (auditivas, visuais), delírio de identidade e distúrbios de memória (Gil, 2002). A DCL tem um declínio cognitivo progressivo e interfere na capacidade funcional do indivíduo (funções executivas, capacidade de resolução de problemas e atividades de vida diária). A atenção, as funções executivas e as habilidades visuoespaciais são os domínios cognitivos mais comprometidos nas fases iniciais, com relativa preservação da memória. Provavelmente, este fator é o de maior relevância para o diagnóstico diferencial com a DA (Mesulam, 2000).

O quadro clínico característico da DFT inclui alterações precoces de personalidade, de comportamento, de alterações de linguagem (redução da fluência verbal, estereotipias e ecolalia), tendo início insidioso e caráter progressivo. A memória e as habilidades visuoespaciais ficam relativamente preservadas. As alterações de comportamento podem mostrar-se por meio de isolamento social, apatia, perda de crítica, desinibição, impulsividade, irritabilidade, inflexibilidade mental, sinais de hiperoralidade e descuido da higiene pessoal (Brun et al., 1994). Sintomas depressivos, preocupações somáticas bizarras e estereotipias motoras podem ocorrer (Caramelli e Barbosa, 2002), além da manifestação de desinteresse pelas atividades e pessoas habituais, manutenção de condutas rituais ou colecionismo, deambulações inadaptadas, apatia, desinibição e hipermotividade com ansiedade (Gil, 2002).

É importante destacar a importância do diagnóstico diferencial e da avaliação neuropsicológica, já que algumas alterações podem ser confundidas com doenças psiquiátricas/neurológicas (Schlindwein-Zanini, Portuguez, Da Costa, 2007).

AVALIAÇÃO PSICOLÓGICA E NEUROPSICOLÓGICA DO IDOSO

Reconhecidas as muitas mudanças que o ser humano sofre na senescência, destaca-se o declínio das funções cognitivas. Algumas delas são altamente resistentes ao longo do tempo, como habilidades práticas e motoras, fatos profissionais, informações autobiográficas e conhecimento semântico (vocabulário, leitura oral, compreensão da linguagem), enquanto outras, como aprendizado de informações não familiares, expressão da linguagem (nomeação), conteúdo abstrato e "lembrar de recordar", deterioram-se mais rapidamente com a idade (Portuguez, 2002).

O diagnóstico etiológico da demência é baseado em exames laboratoriais e de neuroimagem, além da constatação de perfil neuropsicológico característico. Esse aspecto é particularmente importante para o diagnóstico diferencial das demências degenerativas, grupo do qual fazem parte a DA, a DCL e a DFT (Caramelli e Barbosa, 2002). Portuguez (2002) cita ainda o diagnóstico diferencial da síndrome demencial. Este inclui, principalmente, transtornos depressivos, *delirium* e lesão cerebral focal. A avaliação neuropsicológica detalhada é recomendada especialmente nos estágios iniciais de demência em que os testes breves podem ser normais ou apresentar resultado limítrofe. Além disso, este procedimento fornece dados relativos ao perfil das alterações cognitivas, especialmente úteis para o diagnóstico diferencial de algumas formas de demência (Caramelli e Barbosa, 2002).

Segundo Portuguez (2002), o diagnóstico de demência exige a constatação de deterioração ou declínio intelectual em relação à condição prévia do indivíduo. A comprovação do diagnóstico de demência depende de avaliação objetiva das funções cognitivas. A princípio, um exame abreviado e global é utilizado e, caso seja detectada alguma alteração, testes mais específicos para cada habilidade cognitiva são empregados.

A avaliação neuropsicológica abreviada é constituída dos seguintes testes:

- Miniexame do estado mental (MMSE) – inclui itens variados que rapidamente possibilitam examinar orientação temporal e espacial, memória, atenção e cálculo, linguagem, praxias e habilidades construtivas, ajudando na identificação de pacientes que devam ser submetidos à avaliação mais detalhada.
- Desenho do relógio – avalia as funções visuoespaciais, linguagem, capacidade de planejamento e praxia.
- Teste de fluência verbal – verifica a existência de prejuízo de memória semântica e nas estratégias de busca relacionadas à função executiva.

- Questionário de atividades funcionais (Pfeffer) – detecta algum comprometimento nas tarefas diárias, sendo feito pela família do paciente.
- Escala geriátrica para depressão – visa à exclusão de quadro depressivo.

Em associação, é possível a utilização de outros testes, como o subteste "Span de dígitos" da escala de inteligência de adultos de Wechsler (WAIS), teste da reprodução visual de figuras da escala de memória de Wechsler (Xavier et al., 2001).

A aplicação da bateria WAIS-III é indicada. Nesse caso, com a finalidade primordial da avaliação da memória e da inteligência de pessoas com DA, medindo o grau de deterioração em relação a uma linha de base de capacidade cognitiva pré-mórbida (Wechsler, 2004).

A citada avaliação neuropsicológica pode ser integrada por diversas baterias, como o CERAD (*Consortium to establish a registry for Alzheimer's disease*) (Morris, Heyman, Mohs, 1989), CAMDEX (*Cambridge mental disorders of the elderly examination*) (Roth et al., 1986) e SIDAM (*Structured interview for the diagnosis of dementia of Alzheimer's type, multiinfarct dementia*) (Zaudig, Mittlhammer, 1991), além de testes como o de fluência verbal categoria animais (que dispõe de dados normativos no Brasil) (Brucki et al., 1997) e o do desenho do relógio (que se mostrou um bom teste para diferenciar indivíduos idosos normais brasileiros daqueles com DA e com DCL) (Okamoto, 2001).

Visando identificar e separar distúrbios de memória em idosos sadios dos déficits associados à demência, há critérios para o seu diagnóstico, conforme Portuguez (2002):

1. idade superior a 50 anos;
2. queixas de memória evidentes nas atividades da vida diária;
3. função intelectual preservada (QI na média ou acima);
4. ausência de demência, pontuada pelo exame resumido do estado mental.

Xavier e colaboradores (2001) relatam que o estado emocional dos idosos também pode ser avaliado por meio do índice de satisfação com a vida de Neugarten e Havighurst (1961) e com o *medical outcomes study 36-item short-form* – SF36 (Ware e Sherbourne, 1992). Podem, ainda, ser empregadas outras escalas de qualidade de vida, como a WHOQOL da WHO, validada no Brasil, e de testes psicológicos projetivos.

A escala de desenvolvimento pessoal (EDEP), apresenta 30 itens de 5 pontos. Destes, 18 fazem referência às dimensões de relações positivas com outros, autonomia, propósito de vida, crescimento pessoal, autoaceitação, domínio do ambiente, e 12 ao conceito de geratividade e suas dimensões em criar, manter e oferecer. Outro instrumento indicado por Queroz e Neri (2005) é a *medida de inteligência emocional* (MIE), de Siqueira e colaboradores (1999), com 59 itens escalares, com quatro pontos cada um, que avaliam cinco dimensões fatoriais: empatia, sociabilidade, automotivação, autocontrole e autoconsciência.

Independentemente do enfoque a ser atuado na reabilitação de doenças degenerativas, um denominador comum é o conhecimento que o terapeuta deverá ter sobre a doença e o processo no qual está inserido (Abrisqueta-Gomez, 2002).

Apesar dos recursos diagnósticos disponíveis, convém destacar o valor do interesse e da sensibilidade do profissional de saúde, virtudes essas de suma importância, e, às vezes, esquecidas na vida moderna.

CONSIDERAÇÕES FINAIS

Referir-se à senescência é considerar a importância de muitos aspectos:

- Mudanças vivenciadas pelo indivíduo nessa idade.
- Indicação de acompanhamento profissional: psicólogo / neuropsicólogo, médico, fisioterapeuta, educador físico, nutricionista e profissional da enfermagem, que, em equipe, promovem melhorias de modo interdisciplinar.
- Necessidade de procedimentos em saúde mental, como: psicoterapia (tratamento psicológico), psicodiagnóstico (diagnóstico psicológico), avaliação neuropsicológica e reabilitação cognitiva / neuropsicológica, orientação aos familiares, atendimento psiquiátrico e neurológico.
- Atenção a fatores (médicos/físicos, farmacológicos) que devem ser excluídos ou considerados em exames referentes à psicologia/neuropsicologia.
- Consideração, especialmente, aos aspectos relacionados a depressão, autoestima, identidade, déficits de memória, qualidade de vida, influências culturais e contexto em que o indivíduo está inserido.

A avaliação neuropsicológica é o exame das funções cognitivas do indivíduo, orientação, memória, linguagem, atenção, raciocínio, por meio de procedimentos e testes padronizados. Ela pode ser utilizada na identificação de declínio cognitivo no idoso, avaliação dos prejuízos de áreas cerebrais em alterações neurológicas (traumatismo cranioencefálico, epilepsia, acidente vascular cerebral), diferenciação de síndrome psicológica e neurológica, como a depressão e a demência (além de considerar exames anteriores, como tomografia axial computadorizada, ressonância magnética, eletroencefalograma e consultas neurológicas, psicológicas e psiquiátricas). Essa avaliação deve, preferencialmente, utilizar instrumentos validados que contemplem o paciente e as influências do seu ambiente. Tendo em vista o resultado do exame neuropsicológico, é possível considerar uma intervenção reabilitadora.

A reabilitação cognitiva foca-se nas funções cognitivas deficitárias e visa à melhoria da condição do paciente, tanto no âmbito neuropsicológico como em sua qualidade de vida. Considere-se que a senescência traz um conjunto de mudanças neuropsicológicas, morfológicas, fisiológicas, bioquímicas, psicológicas, sociais e culturais à vida do indivíduo e que o ingresso nessa faixa etária é um processo dinâmico que pede ao idoso a prática de sua capacidade de adaptação a este processo e ao meio em que está inserido.

Cabe ao idoso, às pessoas com quem convive e aos profissionais da área da saúde, fazer também dessa fase um momento agradável, possibilitando-lhe novas vivências e sentimentos de realização.

REFERÊNCIAS

ABRISQUETA-GOMEZ, J. Programa de reabilitação neuropsicológica dirigido ao idoso com déficit cognitivo e demência. In: MACEDO, E. C. et al. *Tecnologia em (re)habilitação cognitiva 2002:* um novo olhar para avaliação e intervenção. São Paulo: Ed. Centro Universitário São Camilo, 2002. p. 351-359.

ALBERTO, E. A psicologia do idoso hospitalizado: resgate de uma vida esquecida. In: ANGERAMI-CAMON, V. et al. *Urgências psicológicas no hospital.* São Paulo: Pioneira, 1998. p. 123-170.

AMERICAN PSYCHIATRIC ASSOCIATION (APA). *Diagnostic and statistical manual of mental disorders (DSM-IV)*. 4th.ed. Washington, 1994. p. 143-147.

ARANHA, V. C. *A representação social do envelhecimento e os determinantes afetivo-emocionais:* semelhanças e conflitos entre idosos e não idosos usuários do Hospital das Clínicas da FMUSP. 2003. 220 f. Dissertação (Mestrado) – Faculdade de Saúde Pública, Universidade de São Paulo, São Paulo, 2003.

BLAY, S. L. Distúrbios psiquiátricos no idoso: extensão do problema, fatores associados e questões assistenciais. *J. Bras. Psiquiatr.*, v. 38, n. 2, p. 53-54, mar./abr. 1989.

BORGONOVI, N.; PAPALEO NETTO, M. Biologia e teorias do envelhecimento. In: PAPALEO NETTO, M. *Gerontologia:* a velhice e o envelhecimento em visão global. São Paulo: Atheneu, 2002. p. 44-59.

BRANDÃO, C. L. C. et al. A imagem corporal do idoso com câncer atendido no ambulatório de cuidados paliativos do ICHC- FMUSP. *Psicologia Hospitalar*, São Paulo, v. 2, n. 2, p.0-0, dez. 2002.

BRUCKI, S. M. D. et al. Dados normativos para o uso do teste de fluência verbal categoria animais em nosso meio. *Arq. Neuropsiquiatr.*, v. 55, p. 56-61, 1997.

BRUN, A. et al. Consensus statement: clinical and neuropathological criteria for frontotemporal dementia: the Lund and Manchester groups. *J. Neurol., Neurosurg. Psychiatry*, v. 57, n. 4, p. 416-418, 1994.

CARAMELLI, P.; BARBOSA, M. T. Como diagnosticar as quatro causas mais frequentes de demência? *Rev. Bras. Psiquiatr.*, v. 24, p. 7-10, abr. 2002. Supl. 1.

CANÇADO, F. A. X. *Noções práticas de geriatria*. Belo Horizonte: Coopmed, 1994.

CAVALCANTE, A. M. A psicologia do idoso. *Psychiatry On-line Brazil*, n. 6, maio 2002. Disponível em: <http://www.polbr.med.br/arquivo/mour0502.htm>.

CERQUEIRA, A. T. A. R.; OLIVEIRA, N. I. L. Programa de apoio a cuidadores: uma ação terapêutica e preventiva na atenção à saúde dos idosos. *Psicologia – USP*, v. 13, n. 1, p. 133-150, 2002.

DUARTE, C. V.; SANTOS, M. A. "E agora... de quem cuidarei?" O cuidar na percepção de idosas institucionalizadas e não institucionalizadas. *Psicologia*: Ciência e profissão, v. 24, n. 1, p. 2-13, 2004.

GIL, R. *Neuropsicologia*. São Paulo: Santos, 2002.

GROBER, E.; BUSCHKE, H. Genuine memory deficits in dementia. *Developmental Neuropsychology*, v. 13, p. 13-36, 1987.

HERRERA JR., E.; CARAMELLI, P.; NITRINI, R. Estudo epidemiológico populacional de demência na cidade de Catanduva, Estado de São Paulo. *Rev.Psiquiatr. Clin.*, v. 25, n. 2, p. 70-73, 1998.

HUGHES, C. P. et al. A new clinical scale for the staging of dementia. *Br. J. Psychiatry*, v. 140, p. 566-572, 1982.

IZQUIERDO, I. *Memória*. Porto Alegre: Artmed, 2002.

JOHNS, M. W. A new method for measuring daytime sleepiness: the Epworth sleepiness scale. *Sleep*, v. 14, n. 6, p. 540-545, 1991.

KERTESZ, A.; MOHS, R. C. Cognition. In: GAUTHIER, S. (Ed.). *Clinical diagnosis and management of Alzheimer´s disease*. 2nd.ed. London: Martin Dunitz, 2001. p. 179-196.

KEYES, C. L.; SHMOTKIN, D.; RYFF, C. D. Optimizing well-being: the empirical encounter of two traditions. *J. Pers. Soc. Psychol.*, v. 82, n.6, p. 1007-1022, 2002.

LENT, R. *Cem bilhões de neurônios:* conceitos fundamentais de neurociências. Rio de Janeiro: Atheneu, 2001.

LINHARES, C. R. C. et al. Perfil da clientela de um ambulatório de geriatria do Distrito Federal. *Psicol. Reflex. Crit.*, v. 16, n. 2, p.319-326, 2003.

MCKEITH, I. G. et al. Consensus guidelines for the clinical and pathologic diagnosis of dementia with Lewy bodies (DLB): report of the consortium on DLB international workshop. *Neurology*, v. 47, n. 5, p. 1113-1124, 1996.

MESULAM, M.-M. Aging, Alzheimer´s disease and dementia: clinical and neurobiological perspectives. In: _____ . (Ed.). *Principles of behavioral and cognitive neurology*. 2nd·ed. Oxford: Oxford University, 2000. p. 439-522.

MORRIS, J.C. et al. The Consortium to Establish a Registry for Alzheimer´s Disease (CERAD). Part I: Clinical and neuropsychological assessment for Alzheimer´s disease. *Neurology*, v. 39, p. 1159-1165, 1989.

NERI, A. L. Bienestar subjetivo en la vida adulta y en la vejez: hacia uma psicologia positiva en la América Latina. *Rev. Latinoam. Psicol.*, v. 34, p. 55-74, 2002.

NEUGARTEN, B. L.; HAVIGHURST, R. J.; TOBIN, S. S. The measurement of life satisfaction. *J. Gerontol.*, v. 16, p. 134-143, 1961.

OLIVEIRA, E. A.; PASIAN, S. R.; JACQUEMIN, A. A. Vivência afetiva em idosos. *Psicologia:* Ciência e Profissão, v. 21, n. 1, p. 68-83, 2001.

OKAMOTO, I. H. *Aspectos cognitivos da doença de Alzheimer no teste do relógio:* avaliação de amostra da população brasileira. 2001. Tese (Doutorado em Neurologia) – Escola Paulista de Medicina, Universidade Federal de São Paulo, São Paulo, 2001.

PORTUGUEZ, M. W. Demências. In: NUNES, M. L.; MARRONE, A. C. H. (Org.). *Semiologia neurológica*. Porto Alegre: EDIPUCRS, 2002.

QUEROZ, N. C.; NERI, A. L. Bem-estar psicológico e inteligência emocional entre homens e mulheres na meia-idade e na velhice. *Psicol. Reflex. Crit.*, v. 18, n. 2, p. 292-299, 2005.

ROMAN, G. C. et al. Vascular dementia: diagnostic criteria for research studies: report of the NINDS-AIREN International Workshop. *Neurology*, v. 43, n. 2, p. 250-260, 1993.

ROTH, M. et al. CAMDEX: a standardised instrument for the diagnosis of mental disorder in the elderly with special reference to the early detection of dementia. *Br. J. Psychiatry*, v. 149, p. 698-709, 1986.

SCHLINDWEIN-ZANINI, R. *Qualidade de vida da criança com epilepsia e de seu cuidador*. 2007. 115 f. Tese (Doutorado em Neurociências) – Programa de Pós-graduação em Medicina e Ciências da Saúde, Pontifícia Universidade Católica do Rio Grande do Sul, Porto Alegre, 2007.

SCHLINDWEIN-ZANINI, R.; PORTUGUEZ, M. W.; COSTA, J. C. Epilepsia do lobo frontal na infância: aspectos

VANDEWEERD, C.; PAVEZA, G. J.; FULMER, T. Abuse and neglect in older adults with Alzheimer's disease. *Nurs. Clin. North Am.*, Philadelphia, v. 41, n. 1, p. 43-55, v-vi, Mar. 2006.

WARE JR., J. E.; SHERBOURNE, C. D. The MOS 36-item short-form health survey (SF-36). I. Conceptual framework and item selection. *Med. Care*, Minneapolis, v. 30, n. 6, p. 473-483, June 1992.

WECHSLER, D. *Escala de Inteligência Wechsler para Adultos (WAIS): manual técnico*. 3. ed. São Paulo: Casa do Psicólogo, 2004.

WEISSBACH-RIEGER, A. Partnership relations, sexuality and sexual behavior in elderly females and males after age 55. I. Partnership relations and sexuality from the social gynecologic and sociological viewpoint *ZFA*, Stuttgart, v. 42, n. 4, p. 203-205, July/Aug. 1987.

WORLD HEALTH ORGANIZATION. *World Health Report*. Geneva, 1997.

XAVIER, F. M. F. et al. Transtorno de ansiedade generalizada em idosos com oitenta anos ou mais. *Rev. Saúde Pública*, São Paulo, v. 35, n. 3, p. 294-302, jun. 2001.

ZAUDIG, M. et al. SIDAM: a structured interview for the diagnosis of dementia of the Alzheimer´s type, multi-infarct dementia and dementias of the other etiology according to ICD-10 and DSM-III-R. *Psychol. Med.*, v. 21, p. 225-236, 1991.

ZIMERMAN, G. I. *Velhice:* aspectos biopsicossociais. Porto Alegre: Artmed, 2000.

4

Atividade física, envelhecimento e avaliação

Giovana Zarpellon Mazo

Estamos próximos de viver até os 150 anos. Um marco decisivo na história do homem foi o dia 4 de agosto de 1997, quando Jeanne Calment, francesa, tinha 122 anos, 5 meses e 14 dias. Antes de falecer ela ainda tinha as lembranças do seu passado.

Esse fato nos reporta ao aumento da expectativa de vida dos seres humanos e dos aspectos epidemiológicos e demográficos do envelhecimento populacional.

O processo de envelhecimento populacional está acontecendo na maioria dos países do mundo. Essa alteração demográfica ocorre principalmente pela redução da mortalidade (com a Revolução Industrial) e pela queda da fecundidade e sua consequente baixa natalidade (número de nascidos vivos por mil habitantes).

O crescimento proporcional de pessoas com 60 anos ou mais é mais rápido do qualquer outra faixa etária. Espera-se no mundo um crescimento de 223%, ou em torno de 694 milhões, no número de pessoas mais velhas entre 1970 e 2025. Em 2025, existirá um total de aproximadamente 1,2 bilhão de pessoas com mais de 60 anos. Até 2050 haverá 2 bilhões, sendo 80% nos países em desenvolvimento (OMS, 2002).

Enquanto o processo de envelhecimento populacional nos países desenvolvidos vem ocorrendo há longo tempo, acompanhado de um crescimento socioeconômico com acúmulo de riquezas durante muitas décadas, nos países em desenvolvimento ele está sendo acelerado, sem ter um aumento substancial em sua riqueza (OMS, 2002). O Brasil é um exemplo disso. Estima-se que o país passará de 4% de idosos em 1940 para 14,7% em 2020, ou seja, em 80 anos esse grupo etário triplicará. O Brasil será em 2025 o sexto país do mundo, em números absolutos, com mais de 30 milhões de idosos (IBGE, 2001).

A população idosa no Brasil apresenta algumas características estruturais: maior concentração de idosos vivendo na cidade (meio urbano); mais da metade da população cor branca; baixa escolaridade e analfabetismo; baixo poder aquisitivo (2,5 salários-mínimos mensais) advindo das aposentadorias e pensões; retorno ao mercado de trabalho, ou a permanência no mercado informal, com atividades mal remuneradas e extensas jornadas de trabalho; elevado número de mulheres em relação ao de homens; maioria viúva de idosas, que mora na casa dos filhos, chefia famílias ou mora sozinha; presença de doenças crônico-degenerativas; maior proporção de idosos hospitalizados em unidades clínicas e aumento de reinternações; dificuldades no suporte informal provido por membro da família; aumento de demanda por instituições de longa permanência (asilos, clínicas geriátricas...) e da necessidade de prestação de serviços formais e de tratamento em instituições especiais; gradativo aumento do número de idosos portadores de deficiências de necessidades especiais; prevalência da inatividade física; aumento de incapacidade (Chaimowicz, 1998; Berquó, 1999; IBGE, 2001, Veras, 2002).

A partir da compreensão das características estruturais do processo de envelhecimento brasileiro, podem-se propor meios adequados e intervenções mais efetivas na sociedade.

Quanto à prevalência da inatividade física pelos idosos, questiona-se como ajudar as pessoas a permanecer independentes e ativas à medida que envelhecem? Como encorajar a promoção de saúde e as políticas de prevenção para os idosos?

A Organização Mundial da Saúde (OMS) diz que os países podem custear o envelhecimento se os governos, a sociedade civil e as organizações internacionais implementarem políticas e programas de "envelhecimento ativo" que melhorem a saúde, a participação e a segurança dos cidadãos e cidadãs mais velhos (OMS, 2002; OPAS, 2002).

O envelhecimento ativo, conforme a OMS (2002), é o processo de otimização das oportunidades para a saúde, a participação e a segurança, com o objetivo de melhorar a qualidade de vida à medida que as pessoas envelhecem. Ele permite que as pessoas percebam o seu potencial para o bem-estar físico, social e mental ao longo do curso da vida, e permite que essas pessoas participem da sociedade de acordo com suas necessidades, desejos e capacidades, protegendo-as e providenciando segurança e cuidados quando necessários. O envelhecimento ativo aplica-se tanto a indivíduos quanto a grupos populacionais.

A palavra "ativo" não se refere apenas à capacidade de estar fisicamente ativo ou de fazer parte da força de trabalho, mas também à participação contínua nas questões sociais, econômicas, culturais, espirituais e civis. Como exemplo, as pessoas mais velhas que se aposentam e aquelas que apresentam alguma doença ou vivem com alguma necessidade especial podem continuar a contribuir ativamente para seus familiares, companheiros, comunidades e nações (OMS, 2002).

Algumas intervenções para um envelhecimento ativo são propostas pela OMS e pela OPAS (2002):

Nível individual:

- promover orientação e capacitação grupal e individual;
- proporcionar educação em saúde e intervenção de comportamento cognitivo para o paciente;
- orientar grupos de auto-ajuda e de apoio e promover educação em saúde para esses grupos.

Nível comunitário:

- criar programas de promoção e intervenção na atenção primária que cheguem a toda a população idosa;
- criar e implementar programas de capacitação para trabalhadores de atenção primária acerca de como prescrever atividade física para os idosos;
- implementar programas de atividade física nos centros de convivência de idosos, clubes e associações;
- orientar programas de promoção de saúde e programas de prevenção de doenças para os idosos. Exemplo: passeios, viagens, eventos culturais, jogos.

Nível nacional e governamental:

- desenvolver campanhas nacionais de educação pública em meios de comunicação com imagens de idosos ativos e com a mensagem "nunca é tarde para começar fazer atividade física";
- criar políticas que reduzam o mercado e aumento de impostos sobre o cigarro e outros produtos que causam danos à saúde;
- elaborar e implementar programas de capacitação para os promotores comunitários de saúde para dirigir programas de exercício físico para os idosos;
- comprometer o governo local e os líderes comunitários na defesa de espaços e oportunidades para a atividade física intergeracional.

Também as estratégicas e prioridades para apoiar uma mudança de atitude cultural em face do envelhecimento e para promovê-lo por meio de um estilo de vida ativo é necessário, mediante o compromisso e o esforço multissetorial; colaboração e formação de alianças entre os órgãos públicos e o setor privado; colaboração entre os países a respeito da investigação, da publicação e da difusão de informação; e participação dos idosos no planejamento, na execução e no acompanhamento de programas (OMS, 2002; OPAS, 2002).

Neste contexto, observa-se a importância da implantação/implementação de programas de atividade física para idosos como meio de promoção de saúde e de qualidade de vida. Em relação aos programas mundiais de promoção de saúde, os cientistas enfatizam cada vez mais a necessidade da atividade física como parte fundamental, pois, neste novo milênio, a inatividade física é considerada o principal problema de saúde pública (Matsudo, 2001; Blair, 2002). Existem evidências epidemiológicas que sustentam o efeito positivo de um estilo de vida ativo e/ou do envolvimento dos indivíduos em programas de atividade física ou de exercício na prevenção e minimização dos efeitos deletérios do envelhecimento (ACSM, 2000).

Atualmente existe uma preocupação com o envelhecimento ativo, como a luta contra o sedentarismo. Observa-se um crescente número de programas de atividade física para a terceira idade nos diferentes segmentos da comunidade brasileira, como, por exemplo, os Grupos de Convivência de Idosos, o Serviço Social do Comércio – SESC –, as universidades, os centros comunitários, clubes, academias e outros lugares. Também nos estados e cidades brasileiras observa-se um número cada vez maior de pessoas idosas nas praças, ruas, parques, praias, academias de ginástica, clubes, piscinas fazendo alguma atividade física.

Estamos vivenciando um número cada vez maior de instituições governamentais e não-governamentais que estão investindo em programas de atividade física com vistas a sensibilizar as populações, ou parte delas, para uma vida ativa. Isso reflete em avanços sociais que repercutirão em novos costumes e estilos de vida dos idosos.

Diante disso, cada vez mais profissionais da área da saúde e de outras áreas estão se qualificando e aprofundando conhecimentos relacionados ao idoso. Entre eles destacamos o profissional de educação física que, ao planejar e executar um programa de atividade física deve levar em conta a avaliação do idoso. Esses profissionais, muitas vezes, não têm a compreensão clara com relação às questões básicas, como o que avaliar ou porque avaliar.

A avaliação deve ser um instrumento auxiliar no planejamento e no processo de ensino-aprendizagem; ela terá sentido se for acompanhada por uma mudança de atitude. O processo avaliativo não pode estar desvinculado do planejamento, e vice-versa. A avaliação pode ser vista como produto e como processo. Como produto só é valorizado o resultado, ou seja, avaliação como controle, em que são considerados somente os momentos avaliativos, representados por um teste físico, por exemplo. Como processo, os resultados são avaliados no decorrer dele, em uma interação entre avaliador e avaliado (Melchior, 1994).

A avaliação é necessária e deve ser realizada de forma eficiente e eficaz, para auxiliar no planejamento e na execução do programa de atividade física e no processo de ensino-aprendizagem.

A avaliação inicial do idoso deve começar com um exame médico realizado por um médico. Este, ao fornecer um atestado médico a uma pessoa idosa, deve realizar estratificação de risco, levando em consideração o exame clínico por meio da anamnese, do exame físico e de exames laboratoriais (verificação da pressão arterial, análise do perfil sanguíneo, função pulmonar). O atestado médico deve dizer que o idoso "está apto para realizar atividades físicas". Também deverá conter informações adicionais sobre o paciente, como contraindicações de exercícios, doenças, etc. Isso tudo para que os profissionais de educação física possam atuar com segurança (Mazo, Lopes e Benedetti, 2004). De posse do atestado médico, o profissional de educação física deve fazer uma avaliação para planejar o programa de atividade física, que pode ser, de acordo com o objetivo, uma avaliação física, funcional, psicossocial e pedagógica do idoso.

Os objetivos principais das avaliações, conforme ACSM (2000), Matsudo (2004) e Mazo, Lopes e Benedetti (2004), para os idosos são os seguintes:

- Diagnosticar e verificar a eficiência dos programas quanto a aptidão física, capacidade funcional, aspectos psicossociais, nível de atividade física, processo de ensino-aprendizagem.
- Verificar a evolução da aptidão física e da capacidade funcional em relação ao processo de envelhecimento.
- Verificar as associações existentes nos aspectos antropométricos, neuromotores e metabólicos da aptidão física e da capacidade funcional, e nos aspectos psicossociais e nutricionais dos idosos.
- Determinar as variáveis que devem ser priorizadas na elaboração dos programas de intervenção (atividades físicas, exercício ou treinamento).
- Avaliar o processo de ensino-aprendizagem do aluno, como produto ou processo, conforme a proposta pedagógica do professor.
- Identificar e excluir os indivíduos com contra-indicações clínicas para os exercícios.
- Detectar os sintomas e os fatores de risco das doenças.
- Identificar os indivíduos que necessitam de supervisão médica durante os programas de exercícios.
- Diagnosticar outros problemas entre os praticantes de exercícios físicos.

A avaliação do idoso pode ser realizada por diferentes testes ou medidas de avaliação. Rikli e Jones (1999) fazem algumas recomendações na sua aplicação:

- aplicar em grandes grupos de idosos;
- utilizar os testes que possuam boa reprodutibilidade e validade;
- aplicar por profissionais, ou voluntários previamente treinados;
- estar de posse dos recursos necessários (recurso humano, espaço e materiais);
- constar os elementos que representam os principais componentes da aptidão física e da capacidade funcional, conforme os objetivos propostos;
- ser seguros.

Na literatura (Washburn, 2000; Rikli, 2000; Matsudo, 2004), encontramos vários instrumentos de medidas que podem ser utilizados, conforme o objetivo do profissional em relação ao trabalho com a atividade física para o idoso. Os instrumentos de medidas apresentam técnicas laboratoriais ou de campo, que apresentam vantagens e desvantagens, conforme Quadro 4.1.

As técnicas e instrumentos também apresentam vantagens e desvantagens entre si. Entre as técnicas de campo, encontram-se as seguintes limitações (Laporte e Montoye, 1985; Melanson e Freedson, 1996; Tudor-Locke e Myers, 2001; Wilcox, Tudor-Locke e Ainsworth, 2002):

- *Observação direta* – período de tempo prolongado, inviabilidade de aplicação em grandes amostras, grande esforço, elevado custo financeiro e influência no comportamento dos sujeitos avaliados pela presença do observador.
- *Diário* – relutância dos indivíduos em registrar todas as atividades, dificuldade no registro e dificuldade na recordação das atividades físicas quando aplicado em crianças e idosos.
- *Questionário* – quando auto-aplicado, há a interferência do nível de escolaridade na interpretação dos termos acerca da AF, como leve, moderada e vigorosa, tempo de lazer e outros.

Também entre as técnicas laboratoriais existem limitações, principalmente quando os sujeitos de pesquisa são idosos, pois apresentam uma diminuição na capacidade visual, auditiva, cognitiva e motora, e devido a isso poderão ter dificuldades em realizar os testes laboratoriais.

Nos estudos de base populacional utilizam-se principalmente as técnicas de campo mais simples, como os questionários, diários, observações e sensores de movimento (Mazo, Lopes e Benedetti, 2004). O questionário aplicado em forma de entrevista face a face é mais indicado para os idosos, pois ameniza a dificuldade na assimilação das ideias contidas no questionário e o baixo nível de escolaridade, além de proporcionar uma melhor interação entre o entrevistador e o entrevistado (Veras, 1994).

Em relação à avaliação da capacidade funcional dos idosos, ou seja, da capacidade de realizar as atividades da vida diária de forma independente,

Quadro 4.1
Vantagens e desvantagens dos métodos e das técnicas/instrumentos de avaliação da atividade física

Métodos	Vantagens	Desvantagens	Técnicas/instrumentos
Laboratorial	– informações mais precisas; – processos de análise mais completos, mediante equipamentos mais sofisticados; – medida de critério para a validação de outros procedimentos de avaliação de campo.	– elevados custos financeiros; – dificuldade na aplicação de grandes levantamentos de dados.	Calorimetria direta ou indireta. Marcadores Fisiológicos: Doubly Labeled Water (DLW). Biomecânica: plataformas de força, filmagens ou fotografias. Sensores de movimento: pedômetros e acelerômetros. Monitores de frequência cardíaca (FC) e do consumo máximo de oxigênio (VO2máx).
De campo	– aplicação em estudos de base populacional; – simplicidade na aplicação; – baixos custos financeiros; – mensuração de atividades físicas realizadas em contexto real (atividades da vida diária); – capacidade de recolher uma variedade de informações.	Limitações em alguns instrumentos resultantes de: – informações menos precisas, devido à distorção da recordação ou memória; – falta de um processo adequado de construção e validação dos instrumentos.	Questionários: auto-administrados ou entrevistas (frente a frente e/ou por telefone). Diários: registro da atividade física (AF) em formulários. Observação (direta ou filmagens): registro contínuo das atividades do sujeito.

existem diferentes instrumentos de medidas como escala de KATZ, escala de OARS (*older americans resources and services*), modelo GERONTE, questionário sênior de atividades físicas – QSAP de Farinatti, Vanfraechem e Clemen (1998) e outros.

Também encontram-se algumas baterias de testes. A mais antiga bateria de testes utilizada para avaliar a aptidão funcional dos idosos *functional fitness test* foi desenvolvida pela American Alliance for Health, Physical Education, Recreation and Dance – AAHPERD (Osness et al., 1990). Essa bateria foi adaptada e validada por Rikli e Jones (1999). Ela é composta pelos seguintes itens: força de membros inferiores (levantar e sentar na cadeira); força de membros superiores (flexão do antebraço); resistência cardiovascular (andar 6 minutos e/ou 2 minutos de *step* no próprio lugar); flexibilidade inferior (sentar-alcançar); flexibilidade superior (alcançar atrás das costas); velocidade, agilidade e equilíbrio dinâmico (sentar, caminhar 2,44 metros e voltar a sentar); estado nutricional (índice de massa corporal – IMC).

No Brasil, Andreotti e Okuma (1999) apresentam uma bateria de testes motores que mensuram a capacidade funcional dos idosos. Os testes são caminhar ou correr 800 metros; sentar-se e levantar-se da cadeira; locomover-se pela casa; subir degraus; subir escadas; levantar-se do solo; demonstrar habilidades manuais; calçar meias; e utilizar uma escala de autopercepção do desempenho em atividades da vida diária.

Além das baterias já citadas, encontra-se a Escala Motora para Terceira Idade (EMTI), desenvolvida por Rosa Neto (2002), que tem como objetivo avaliar o desenvolvimento motor por meio da idade cronológica, das idades motoras e dos quocientes motores. Ela avalia seis áreas motoras: motricidade fina, motricidade global, equilíbrio, esquema corporal, organização espacial e temporal e lateralidade (mão, olhos e pés). Essa escala está sendo utilizada para avaliar idosos.

Além dos instrumentos citados são indicados outros testes específicos de cada elemento da aptidão física. Para Mazo, Lopes e Benedetti (2004), os testes mais utilizados com idosos são os seguintes:

- *Testes para verificar a capacidade cardiorrespiratória*: para os testes ergométricos são utilizados preferencialmente os testes submáximos. Também podem ser utilizados vários ergômetros, tais como os realizados em pista da milha, de Cooper – andar e correr em 12 minutos –, a caminhada de 3 quilômetros e a de 800 metros proposto por Osness e colaboradores (1990), esteira, bicicleta – protocolos de esforço submáximo – e banco – protocolos de Banco de Balke e Nagle.
- *Teste de força e resistência muscular* – força abdominal (*curl-up* test); flexão e extensão dos braços (apoio de frente no solo); força de preensão manual; e força dorsal e membros inferiores.
- *Testes para mensurar a flexibilidade* – sentar e alcançar; flexibilidade de ombros; flexiteste; goniômetros; flexômetro de Leighotn.
- *Testes de equilíbrio* – equilíbrio estático (Spirduso, 1995), flamingo (Marins e Giannichi, 1998) e o equilíbrio dinâmico e agilidade (Osness et al., 1990) entre outros.
- *Dados antropométricos* – incluem medidas de estatura corporal, massa corporal, altura, comprimento, perímetro, diâmetro e dobras cutâneas. Para verificar a composição corporal e o percentual de gordura são necessárias as medidas da massa corporal, estatura, dobras cutâneas e circunferências. A avaliação do percentual de gordura nos idosos pode ser mensurada pelas dobras cutâneas ou pela bioimpedância. Na avaliação do percentual de gordura com idosos pela mensuração

das dobras cutâneas, foi observado que é preferível avaliar o índice de massa corporal (IMC) para amenizar as dificuldades encontradas na avaliação principalmente evitando erros inter-avaliadores e intra-avaliadores.

- *Relação cintura/quadril* – correlaciona-se fortemente com a predisposição individual a doenças, principalmente cardiovasculares e diabete.
- *Circunferência do braço* – esta medida é prática e útil na monitorização do estado nutricional, principalmente dos idosos.
- *Cintura* – não há parâmetros específicos para idosos. A OMS indica risco aumentado para problemas cardíacos em mulheres com circunferência da cintura com 80cm ou mais e em homens com 94cm ou mais.

Em relação à mensuração do nível de AF dos idosos, diversas técnicas podem ser utilizadas, como sensores de movimento, monitoramento da frequência cardíaca, diários de atividade física, água duplamente marcada e questionários de atividade física.

Quanto aos questionários de atividade física para idosos tem-se os seguintes: *modified Baecke questionnaire for older adults* (questionário de Baecke modificado para idosos); *physical activity scale for the elderly* – PASE (escala de atividades físicas para idosos); *CHAMP physical activity questionnaire* (questionário de atividade física do programa CHAMPS); *Zutphen physical activity questionnaire* (questionário de atividade física de Zutphen); *YALE physical activity survey* – YPAS (questionário de atividade física de YALE) (Montoye et al., 1996; Stewart et al., 1999).

Os questionários de AF para idosos – Baecke modificado para idosos, PASE, Zutphen e YPAS – foram analisados por Washburn (2000), que chegou à seguinte conclusão: cada um dos instrumentos varia em relação ao tempo de administração, aos componentes de AF (combinações de lazer/recreação, atividade doméstica, atividades profissionais, desporto e exercício), ao modo de administração (entrevistado ou auto-administrado) e à produção (resultado/categoria, gasto de energia e/ou tempo ativo). Para o autor, cada instrumento apresenta vantagens e desvantagens, que dependem, em parte, da amostra estudada, sendo que nenhum deles é apropriado a todas as circunstâncias e a todas as populações de idosos.

Nos questionários as diferenças fundamentais existentes consistem na maneira como são feitas as perguntas e no tempo referente a elas, no tempo de administração e no tipo de escalas que são utilizadas para determinar a hierarquia dos sujeitos e estimar o seu gasto energético (Laporte e Montoye, 1985; Washburn e Montoye, 1986).

Outro aspecto importante em relação aos questionários é a sua tradução, reprodutibilidade e validade para outros contextos culturais. Os instrumentos normalmente são construídos para a utilização em populações e situações específicas. A aplicação em um contexto cultural e/ou social diferente exige a realização de estudos prévios visando determinar o grau de validade e de fidedignidade (reprodutibilidade e objetividade) do instrumento. A elaboração de versões (ou traduções) de instrumentos já existentes não suprime a necessidade de realizar estudos para avaliar a qualidade da versão, em termos de precisão e consistência de medidas, dentre outros aspectos (Mazo, 2003).

No Brasil, foi realizada a validação e a reprodutibilidade do questionário de Baecke modificado para idosos em mulheres idosas, residentes em Florianópolis, Santa Catarina, onde apresentou uma reprodutibilidade de R=0,89 e uma validade de R=0,26 (Mazo et al., 2001). Outro instrumento cuja a validade e fidedignidade para idoso foi avaliado foi o *international physical activity questionnaire* (IPAQ – versão 8, forma longa, semana usual), que apresentou bom nível de reprodutibilidade e nível moderado de validade concorrente contra as medidas de referência adotadas (Benedetti, Mazo e Barros, 2004).

Além dos instrumentos para verificar o nível de atividade física dos idosos, encontram-se diversas medidas psicossociais, entre elas o questionário para avaliar a autoestima e a autoimagem dos idosos proposto por Steglich (1978) e a escala com nove figuras com diferentes imagens corporais para avaliar a autopercepção da imagem corporal de Sorensen e Stunkard (1993).

Quanto à avaliação pedagógica existem várias técnicas. A observação é uma técnica de avaliação que pode ser informal ou ocasional e formal ou sistematizada, em que o professor acompanha o desenvolvimento do aluno. Os instrumentos de registro de observações são anedotário (instrumento organizado para registrar, por escrito, a conduta do aluno observado, em determinadas situações e durante certo período de tempo) e lista de verificação, que contém uma lista de desempenho, previamente estabelecido, e um espaço para registro da ocorrência ou ausência da atitude observada. Outra técnica é do teste prático, em que o professor coloca o aluno em situação de execução de uma tarefa e a avalia. Também há a técnica do teste objetivo, em que são avaliados o conhecimento intelectual e as habilidades do aluno, a partir de questões objetivas sobre determinado assunto. Além dessas técnicas encontra-se a autoavaliação, em que o próprio aluno avalia o seu desempenho nas atividades propostas (Melchior, 1994).

A partir dos diferentes tipos de avaliação citados, observa-se que os pesquisadores, de maneira geral, estão em busca de um protocolo ideal para idosos. Porém, a partir da correta interpretação dos testes apresentados, pode-se acreditar que, para realizar uma boa prescrição de exercícios, deve ser levado em consideração o tipo, a intensidade, a duração e a frequência dos exercícios, além do nível de aptidão física em que se encontra o idoso (Mazo; Lopes; Benedetti, 2004).

Há uma tendência atual para a avaliação da aptidão física e do nível de atividade física dos idosos deixando de lado, muitas vezes, o aspecto pedagógico e avaliação do processo de ensino-aprendizagem de determinada atividade física.

Também se verifica a necessidade de instrumentos que avaliem a AF em grande escala e nos diferentes estratos etários da população, e que apresentem as seguintes características: clareza na definição conceitual de AF; parâmetros objetivos e/ou subjetivos; método de aplicação flexível (auto-administrado, administrado por um entrevistador, ou por telefone); propriedades psicométricas avaliadas; disseminado e validado em diferentes contextos – adaptação transcultural; processo de tradução cientificamente padronizado, usando amostras nacionais representativas; fácil aplicação; tempo de aplicação adequado ao grupo pesquisado; possibilidade de comparações nacionais e internacionais (Mazo, 2003). Além disso, deve ser considerado um bom instrumento genérico ou específico de AF.

Assim, a avaliação do idoso deve ser um instrumento auxiliar no planejamento e no processo de ensino-aprendizagem de um programa de atividade física, que deve estar comprometido com a mudança de atitude para um estilo de vida ativo, que avance em propostas de intervenções sociais, políticas e econômicas para um envelhecimento ativo e saudável.

REFERÊNCIAS

AMERICAN COLLEGE OS SPORTS MEDICINE (ACSM). *Teste de esforço e prescrição de exercício*. 5. ed. Rio de Janeiro: Revinter, 2000.

ANDREOTTI, R. A.; OKUMA, S. S. Validação de uma bateria de testes de atividades da vida diária para idosos fisicamente independentes. *Rev. Paul. Educ. Fis.*, v. 13, p. 46-66, 1999.

BENEDETTI, T. B., MAZO, G. Z.; BARROS, M. V. G. Aplicação do Questionário Internacional de Atividades Físicas para avaliação do nível de atividades físicas de mulheres idosas: validade concorrente e reprodutibilidade teste-reteste. *Rev. Bras. Cienc. Mov.*, v. 12, n. 1, jan./mar., 2004, p. 25-33.

BERQUÓ, E. Considerações sobre o envelhecimento da população no Brasil. In: NERI, A. L.; DEBERT, G. G. *Velhice e sociedade*. Campinas: Papirus, 1999. p. 11-40.

CHAIMOWICZ, F. *Os idosos brasileiros no século XXI*: demografia, saúde e sociedade. Belo Horizonte: Postgraduate, 1998.

FARINATTI, P. T. V.; VANFRAECHEM, J. H. P.; CLEMEN, D. Descrição e construção do Questionário Senior de Atividades Físicas para Idosos (QSAP). *Rev. Bras. Med. Esportiva*, v. 4, n. 2, mar./abr. 1998. p. 45-54.

INSTITUTO BRASILEIRO DE GEOGRAFIA E ESTATÍSTICA (IBGE). *Síntese de Indicadores Social, 2000*. Rio de Janeiro, IBGE, 2001.

LAPORTE, R. E.; MONTOYE, H. J. Assessment of physical activity in epidemiological research: problems and prospects. *Public Health Rep.*, v. 100, p. 131-148, 1985.

MARINS, J. C. B.; GIANNICHI, R. S. *Avaliação e prescrição de atividade física*. 2. ed. Rio de Janeiro: Shape, 1998.

MATSUDO, S. M. M. *Avaliação do idoso*: física & funcional. 2. ed. Londrina: Midiograf, 2004.

_____. *Envelhecimento & atividade física*. Londrina: Midiograf, 2001.

MAZO, G. Z. *Atividade física e qualidade de vida de mulheres idosas*. Tese (Doutorado) – Faculdade de Ciências do Desporto e de Educação Física, Universidade do Porto, Porto, 2003. p. 203.

MAZO, G. Z.; LOPES, M. A.; BENEDETTI, T. B. *Atividade física e o idoso*: concepção gerontológica. 2. ed. Porto Alegre: Sulina, 2004.

MAZO, G. Z. et al. Validade concorrente e reprodutibilidade teste-reteste do Questionário de Baecke modificado para idosos. *Rev. Bras. Ativ. Fis. Saúde*, v. 6, n. 1, p. 5-11, 2001.

MELANSON JR., E. L.; FREEDSON, P. S. Physical activity assessment: a review of methods. *Crit. Rev. Food Sci. Nutr.*, v. 36, n. 5, p. 385-396, 1996.

MELCHIOR, M. C. *Avaliação pedagógica*: função e necessidade. Porto Alegre: Mercado Aberto, 1994.

MONTOYE, H. J. et al. *Measuring physical activity and energy expenditure*. Champaign: Human Kinetics, 1996.

ORGANIZAÇÃO MUNDIAL DE SAÚDE (OMS). *Informe sobre o envelhecimento no mundo, 2002*. Disponível em: www.who.int.

ORGANIZAÇÃO PANAMERICANA DE SAÚDE (OPAS). *Actividad física para un envelhejecimiento activo*: guía para la promoción de la actividad física, 2002.

OSNESS, W. H. et al. *Functional fitness assessment for adults over 60 years*. The American Alliance For Health, Physical Education, Recreation and Dance. Association For Research, Administration, Professional Councils, and Societies. Council On Aging and Adult Development.1900 Association Drive. Reston, VA 22091, 1990.

RIKLI, R. E. Reliability, validity, and methodological issues in assessing physical activity in older adults. *Res. Q. Exerc. Sport.*, v. 71, n. 2, p. 89-96, 2000. Suppl.

RIKLI, R. E.; JONES, C. J. Development and validation of functional fitness test for community-residing older adults. *J. Aging Phys. Act.*, v. 7, n. 2, p. 129-181, 1999.

ROSA NETO, F. *Manual de avaliação motora*. Porto Alegre: Artmed, 2002.

SORENSEN, T. I. A.; STUNKARD, A. J. Does obesity run in families because of genes? An adoption study using silhouettes as a measure of obesity. *Acta Psychiatr. Scand.*, v. 370, p. 67-72, 1993. Suppl.

STEGLICH, L. A. *Terceira idade, aposentadoria, auto-imagem e auto-estima*. 1978. 242 f. Dissertação (Mestrado em Educação) – Universidade Federal do Rio Grande do Sul, Porto Alegre, 1978.

STEWART, A. L. et al. The CHAMPS physical activity questionnaire for older adults: an outcome measure. In: MEASUREMENT of physical activity: conference series. Program and Abstract Book. Dallas, Texas: Cooper Institute, 36, Abstract.1999.

TUDOR-LOCKE, C. E.; MYERS, A. M. Challenges and opportunities for measuring physical activity in sedentary adults. *Sports Med.*, v. 31, n. 2, p.91-100, 2001.

VERAS, R. P. O custo hospitalar crescente no setor público: consequência do envelhecimento populacional. In: _____. *Terceira idade*: gestão contemporânea em saúde. Rio de Janeiro: UnATI, 2002. p. 81-96.

_____. *País jovem com cabelos brancos*: a saúde do idoso no Brasil. 2. ed. Rio de Janeiro: Relume Dumará, 1994.

WASHBURN, R. A. Assessment of physical activity in older adults. *Res. Q. Exerc. Sport.*, v. 71, n. 2, p. 79-88, 2000. Suppl.

WASHBURN, R. A.; MONTOYE, H. J. The assessment of physical activity by questionnaire. *Am. J. Epidemiol.*, v. 123, p. 563-576, 1986.

WILCOX, S.; TUDOR-LOCKE, C. E.; AINSWORTH, B. E. Physical activity patterns, assessment, and motivation in older adults. In: SHEPAHARD, R. J. (Ed.). *Gender, physical activity, and aging*. Boca Raton: CRC, 2002. p. 13-39.

5

Avaliação funcional do idoso portador de doença neurológica

Augusto Cesinando de Carvalho
Tânia Cristina Bofi

O envelhecimento implica em uma série de alterações no ser humano. O declínio dos sistemas orgânicos é variável, gradual, individual e sofre influência da base genética e de fatores como hábitos pessoais, tipo de alimentação e meio ambiente. Como a probabilidade de adoecer aumenta com a idade e como o tempo de sobrevida tem aumentado cada vez mais, observa-se o aumento do número de incapacitados na população de idosos. Dentre eles destacam-se os portadores de sequelas devido a lesão do sistema nervoso, como o acidente vascular cerebral (AVC), que é um sinal clínico de rápido desenvolvimento da perturbação focal da função cerebral, de suposta origem vascular e com mais de 24 horas de duração (Durward, Baer e Wade, 2000). A gravidade de um AVC, seja embólico, trombótico ou hemorrágico, está diretamente relacionada com o tamanho e a localização da lesão e a quantidade de fluxo sanguíneo colateral (Ryerson, 1994; Ekman, 2000).

O AVC é uma das três maiores causas de morte no mundo, em conjunto com as cardiopatias em geral e o câncer. A incidência de AVC é alta, e é a primeira causa da condição de restrição ao leito. Por essas razões, o AVC pode ser colocado como um importante fator de interesse médico, social e econômico no século XXI (Kobayashi et al., 2000; Suyama et al., 2004; Paula et al., 1998).

A hemiplegia é um sinal clássico do AVC e se caracteriza por perda dos movimentos voluntários em um hemicorpo e alterações do tono postural, que pode estar aumentado ou diminuído (Ryerson, 1994; Cash, 1976). Embora a hemiplegia seja o sinal mais evidente, outros comprometimentos resultantes do AVC são igualmente incapacitantes, como a disfunção sensorial, distúrbios da fala e audição, déficit visual, acometimento mental e intelectual. Esses comprometimentos podem determinar dificuldades ou incapacidades em realizar diversas tarefas da vida diária e podem também interromper atividades de extrema importância na realização pessoal do indivíduo, como lazer, vida profissional, social e sexual (Ryerson, 1994; Davies, 1996).

Após uma lesão cerebral ocorre um estado de hipotonia com diminuição ou abolição dos reflexos profundos. A duração desse estado varia desde um pequeno intervalo até um período de semanas ou meses, evoluindo para um quadro de paralisia espástica e reflexos exacerbados como o clono e o sinal de Babinski (Ryerson, 1994; Lianza, 1985). A espasticidade pode ser definida como a resistência, dependente da velocidade, ao estiramento passivo de um músculo com reflexos tendinosos exagerados (Sanvito, 2000; Stokes, 2000).

Após uma lesão neurológica é muito importante restabelecer um plano de vida e buscar condições de tentar realizá-lo, objetivando manter uma boa qualidade de vida, que pode ser entendida como o grau de satisfação do indivíduo com sua nova realidade. A partir disso inicia-se um processo de ações a serem desenvolvidas no sentido de melhorar a qualidade de vida, buscando recuperar tanto a condição física quanto a psicossocial.

Tanto os indivíduos portadores de sequelas como seus familiares tornam-se vítimas da doença quando se inicia a reiteração social, uma fase difícil, porque a sociedade ainda não está completamente adaptada para recepcionar indivíduos com padrão de comportamento fora do seu contexto. A falta de receptividade social tem sido uma das queixas de pessoas portadoras de lesão cerebral. Os profissionais precisam ajudar seus pacientes a alterar esse desajuste social encorajando-os ao enfrentamento das barreiras, elaborando terapêuticas para reensinar as habilidades de interação social. A participação dos familiares nesse processo é muito importante, pois devem estimular a motivação do paciente para a reestruturação da vida.

A história da humanidade mostra que as pessoas portadoras de deficiências sempre foram tratadas de modo diferente, pois a sociedade estabelece atributos que determinam o que e como o ser humano deve ser, tanto nas perspectivas intelectual e moral como na física. Dessa forma o ser humano diferente, por não se adequar corporalmente aos conceitos e às funções estabelecidas pela sociedade em geral, pode ser discriminado. Ainda no início do século XXI, grande parte da população ainda carrega consigo essas ideias e esses valores depreciativos sobre a pessoa classificada como deficiente. Entretanto, antes de quaisquer julgamentos e atributos de valores dados às pessoas que fogem aos padrões estabelecidos pela sociedade, não podemos esquecer de que essas pessoas são seres humanos que pensam, sentem, têm vontades e prazeres (Porto, 2001).

A patologia pode desencadear tensões e conflitos na família e no trabalho devido à pobreza das relações interpessoais e afetivas prévias ou mesmo pregressas associada à inexperiência com a doença e ao estresse que ela desenvolve em todos aqueles que convivem no mesmo espaço. Os aspectos psicoemocionais parecem ter uma relação direta entre a qualidade de vida e a qualidade das relações que se consegue manter com as outras pessoas (Silva, 1996).

Muitos idosos tornam-se menos comunicativos e isolados socialmente, o que se grava ainda mais com a doença. Além disso, passam a apresentar pouca disponibilidade em aprender coisas novas e diminuem a capacidade de concentração. Portanto, as orientações e mudanças de atitudes devem ser propostas de forma clara e objetiva, e o profissional precisa estar disponível para observar e avaliar as propostas estabelecidas. As limitações físicas e funcionais podem ampliar as dificuldades pré-existentes. A deficiência desencadeia inúmeras dificuldades na realização de atividades anteriormente muito simples, podendo agravar os sentimentos de frustração e baixa autoestima.

As incapacidades físicas facilitam a solidão que ocorre em decorrência de fatores como a dificuldade de locomoção, o afastamento dos amigos e familiares, além da dificuldade de manter as relações estabelecidas socialmente e muitas vezes a não aceitação da condição funcional pela família. Portanto, a convivência em grupos terapêuticos é uma oportunidade para os idosos mudarem seus hábitos, qualificando melhor suas vidas. A convivência com outros idosos dá a oportunidade para avaliarem e reeducarem seus hábitos, além da troca de experiências.

O treinamento físico de pacientes hemiplégicos tende a melhorar sua performance motora. Nesse sentido são utilizados vários métodos para reabilitação física e funcional de pacientes portadores de hemiplegia. Dentre estes destacam-se o método Bobath, o método Brunnstrom, o método Knott e Voss – facilitação neuromuscular proprioceptiva, o método Rood (Stokes, 2000) e a terapia em grupo (Guanaes e Japur, 2001; Carvalho, Zanelato e Freitas, 2001; Nawa e Carvalho, 2002).

A maioria das pessoas com sequelas de AVC está afastada da prática da atividade física regular para manutenção da sua saúde ou da sua condição orgânica. Programas padronizados de reabilitação podem melhorar as capacidades de pessoas comprometidas pela doença; cerca de 80% dos pacientes retornam ao convívio na comunidade (André, 1999).

Houve um avanço do desenvolvimento científico da reabilitação a partir do momento em que os profissionais começaram expressar os resultados da reabilitação e das avaliações motoras funcionais de uma maneira uniforme e objetiva, utilizando métodos de mensuração. Além disso, observa-se uma tendência mundial de contenção de gastos, em que o Estado e as companhias de seguros começam a exigir, antes de destinar recursos, uma evidência objetiva da eficácia dos tratamentos. Na reabilitação, onde com frequência não é possível falar em cura, demonstrar aumentos do nível funcional, mediante escalas, pode ser a única alternativa válida (Garcia, 1994).

Os protocolos de avaliação traduzem a informação clínica em uma linguagem objetiva e proporcionam uma base científica para uma melhor comunicação entre os vários profissionais; entretanto as avaliações clássicas revelam aspectos que esses protocolos são incapazes de detectar e, portanto, entende-se que os profissionais precisam unir os dois procedimentos para melhorar a qualidade da avaliação do paciente, qualificando ainda mais a terapêutica a ser utilizada.

As pessoas que apresentam uma lesão no sistema nervoso cursam de evolução clínica e funcional diferentes, ainda que acometidos pela mesma patologia. A individualidade biológica, a área e a extensão da lesão e o tratamento precoce podem justificar as diferenças na recuperação do paciente. Por esse motivo não podemos esperar uma resposta homogênea em indivíduos frente à aplicação de escalas de avaliação.

Quando recebemos um paciente para uma avaliação, iniciamos um processo de reconhecimento das suas potencialidades e das suas dificuldades de uma forma qualitativa, pois é muito importante entendermos as suas necessidades antes de mensurá-las. Observamos, durante a fase inicial, como e quando ocorreu a lesão e o processo diagnóstico e terapêutico hospitalar e pós-hospitalar. Uma análise do processo de retorno ao lar e ao trabalho e de suas dificuldades pode tornear os objetivos do trabalho terapêutico a ser desenvolvido e o início das discussões sobre o prognóstico funcional.

Os pacientes chegam aos ambulatórios e aos centros terapêuticos normalmente com grandes dúvidas e dificuldades de entendimento sobre a patologia, os cuidados a serem tomados na residência e principalmente sobre o prognóstico. Os sinais e sintomas desencadeados pela patologia devem ser esclarecidos para que o paciente não crie fantasma sobre si mesmo, aumentando ainda mais as dificuldades. Alterações motoras e sensitivas no tronco, na face e nos membros superior e inferior, muitas vezes negligenciados durante as atividades de vida diária, traz um desconforto ao paciente e aos familiares, pois muitos desconhecem completamente as alterações desencadeadas por uma doença neurológica.

Muitos pacientes descrevem sensações e sentimentos e, afirmando que são incapazes de realizar atividades pela falta de movimento de um membro, além disso relatam a falta de necessidade de exercer a função, pois é mais fácil pedir para um familiar do que fazê-la. Muitas vezes uma função torna-se morosa e pouco eficiente, deixando o paciente mais descomprometido com as atividades de vida diária (AVDs). A falta de esclarecimento e de adaptações reforça esses comportamentos. É importante não esquecer de estabelecer ao paciente e a seus familiares os limites existentes devido à condição físico-funcional em que se encontram e deixar claro que a limitação não é geral, e que uma vida sedentária pode trazer ainda outras complicações. A debilidade motora não impede que muitas AVDs sejam realizadas; no entanto, cuidados com a segurança devem ser adotados. Portanto, a fase inicial da avaliação é um processo de descoberta da nova realidade do indivíduo e requer uma completa dedicação profissional.

A avaliação de um paciente neurológico inicia-se com a anamnese, que deve ser conduzida com paciência, e o terapeuta deve se manter muito atento e disponível para ouvir e entender as dificuldades apresentadas pelo paciente e seus familiares. Cada informação coletada pode ser útil na determinação da terapêutica e, portanto, devem-se valorizar as descrições das sintomatologias, das dificuldades funcionais e a falta de informação que o paciente e sua família tem sobre a sua patologia. A história da moléstia atual e pregressa revela o início da patologia, seus sinais iniciais e principalmente o grau de fatores de riscos a que o paciente estava exposto antes da patologia. Dentre os fatores de riscos destacam-se o fumo, o álcool, o sedentarismo, o diabete, que corroboram na etiologia de várias doenças neurológicas, principalmente as cerebrovasculares. Deve-se verificar a presença de fatores de riscos após a patologia e deve-se informar as suas consequências. O encaminhamento ao médico é fundamental e indispensável para o controle de alguns fatores de riscos.

O exame físico do paciente deve ser detalhado em todas as regiões corporais ainda que a patologia tenha acometido somente um segmento, tendo em vista a inter-relação da biomecânica corporal. A inspeção geral como parte do exame físico revela as alterações de pele, o trofismo muscular, as deformidades que alteram a função que será avaliada por meio de testes específicos durante o exame físico. A inspeção deve ser realizada nas posições sentada, deitada e em pé para que se possa visualizar o comportamento do corpo frente à patologia nas diferentes posições, pois deve-se considerar que utilizamos diferentes grupos musculares em cada posição; além disso, os mecanismos posturais atuam diferentemente em cada uma dessas posições. O entendimento das posturas em cada posição fundamenta os procedimentos da reeducação postural e funcional. Nesses procedimentos incluem-se posturas ou posicionamentos para inibir um padrão postural patológico, movimentações passivas, ativas assistidas e facilitação da mobilidade de complexos articulares. As adaptações ergonômicas e a prescrição de órteses de inibição de padrões posturais devem ser pensadas desde o início para evitar contraturas e retrações músculo-tendíneas.

Após a inspeção do paciente deve-se iniciar a análise da mobilidade articular segmentar para se identificar o comprometido ou a adaptação de cada articulação frente à doença neurológica. Essa análise poderá ocorrer por meio da mobilidade articular passiva ou ativa. Na mobilidade passiva deve-se movimentar cada articulação respeitando os eixos de movimentos e os graus de amplitude articular; dessa forma pode-se observar as restrições articulares e o grau de tensão dos músculos periarticulares com seus tendões e fáscias. Além disso, podemos obter informações acerca de processos dolorosos desencadeados por essas estruturas articulares que poderão exacerbar durante a mobilidade passiva e também na movimentação ativa.

Durante a mobilidade articular passiva podemos detectar que muitos padrões posturais são passíveis de serem modificados com posicionamento adequado e ou alongamentos das estruturas músculo-tendíneas envolvidas com a articulação. As alterações tônicas influenciam o grau de mobilidade de uma articulação e, portanto, os indivíduos hipertônicos poderão apresentar uma perda de mobilidade, enquanto os hipotônicos poderão apresentar hipermobilidade. Os graus de amplitude articular podem ser influenciados pela dor em estruturas periarticulares decorrentes de diferentes etiologias. Dentre elas destaca-se a subluxação da articulação do ombro do paciente hemiplégico devido à hipotonia dos músculos coaptadores da cabeça do úmero na fossa glenoide, o que acarreta uma incongruência articular tensionando cápsula, tendões musculares e ligamentos, desencadeando um processo doloroso importante tanto durante a mobilização passiva quanto a ativa; portanto, durante a mobilidade passiva, detectam-se as amplitudes articular, a rigidez ou flacidez muscular, os encurtamentos e contraturas de estruturas moles e os processos dolorosos.

Durante a investigação da mobilidade ativa, solicita-se ao paciente que realize os movimentos em todas as articulações em diferentes posições respeitando os movimentos da cada articulação e suas amplitudes. O examinador deve ter clareza da interligação entre as articulações e, portanto a avaliação localizada pode revelar a extensão da debilidade em regiões distantes. A exemplo disso devemos lembrar que um pé equino varo pode desencadear alterações nas curvaturas da coluna vertebral, causando inclusive processos dolorosos importantes. O AVC desencadeia a alteração de tono muscular, o que por sua vez altera a mobilidade articular passiva e ativa. Por isso podemos observar que muitos pacientes apresentam perda de mobilidade funcional devido à hipertonia muscular, e outros à hipotonia. A imobilidade articular independente da origem desencadeia um processo de perda de força muscular.

A mensuração da amplitude articular por meio da goniometria não é usual na reabilitação neurológica; é uma prática bastante usual na reabilitação de pacientes portadores de patologias reumatológicas, ortopédicas e traumáticas, mas as terapêuticas utilizadas visam melhorar as amplitudes que se encontram fora do padrão de normalidade. A sua utilização não é contraindicada, mas durante a utilização devem ser consideradas as origens da incapacidade do movimento. A goniometria pode ser utilizada, por exemplo, para identificar o grau de flexão plantar de um pé equino de um paciente hemiplégico e quantificar a evolução da amplitude articular diante de uma determinada terapêutica.

A força muscular é uma propriedade muscular mensurável. Podem-se utilizar provas para testar as ações de músculos isolados (Kendall, 1999) e/ou de grupos musculares classificando-os como nulos, fracos, regulares, bons ou normais, ou ainda com números (0 a 5) ou porcentagens (0 a 100%). A avaliação muscular é utilizada e recomendada para indivíduos cuja patologia não alterou a relação entre o sistema nervoso e o sistema muscular.

Pacientes portadores de déficits de movimentos por traumatismos raquimedulares, lesão de plexo braquial, normalmente são submetidos à avaliação muscular com objetivo de identificar os músculos remanescentes à lesão e o grau de força que eles apresentam. Durante essas avaliações o paciente deve permanecer em posições adequadas para análise da capacidade do músculo e também para a aplicação de resistência ao movimento a ser executado, qualificando ainda mais as ações de um músculo ou grupo muscular. A exemplo disso podemos analisar a prova do músculo iliopsoas, em que o indivíduo permanece em decúbito dorsal com o quadril flexionado e em rotação externa e o joelho estendido. Neste caso a gravidade é a resistência. Se o paciente conseguir se manter nessa posição, o músculo será classificado como regular, para que o músculo seja classificado com bom ou normal, o indivíduo deverá mantê-lo nessa mesma posição com uma resistência na face interna da perna no sentido da extensão e abdução do quadril. A intensidade da resistência diferenciará músculo o bom do normal.

A avaliação de músculos isolados em pacientes hemiplégicos não identificam a debilidade, pois essas patologias prejudicam a relação entre o sistema nervoso central e o sistema músculo-tendíneo, alterando a relação agonista-antagonista. Esses pacientes apresentam déficit na seletividade de movimentos e, portanto, não conseguem realizar movimentos dissociados; além disso, têm dificuldade de permanecer em uma posição para testarmos isoladamente um músculo. A exemplo disso, podemos citar que, para testarmos as fibras anteriores do deltoide do braço necessitamos posicionar o paciente em flexão do ombro com discreta rotação externa, mantendo o cotovelo semifletido, o que é impossibilitado na presença de espasticidade. Quando solicitamos o movimento de flexão de ombro podemos desencadear um padrão sinérgico flexor; diante disso não se recomendam provas musculares isoladas. A avaliação muscular é substituída por provas funcionais e, diante da debilidade, o terapeuta avalia os grupos musculares atuantes na função solicitada.

Para complementar a avaliação da mobilidade voluntária podem-se utilizar manobras deficitárias descritas em livros de propeudêutica neurológica. São formas de avaliação que revelam déficits funcionais de músculos ou grupos musculares afetados pelas diversas patologias existentes. Dentre várias podem-se citar a manobra de Mingazzini (Sanvito, 2000), em que o paciente na posição de decúbito dorsal flexiona os joelhos e os quadris em ângulo reto; em caso de déficit na força ou coordenação do músculos quadríceps e iliopsoas, o paciente não manterá essa posição. Observa-se que essas manobras, como as demais, são formas de testar a mobilidade funcional e podem ser utilizadas; entretanto o número de manobras não contempla os movimentos que um indivíduo é capaz de realizar, tornando muito importante a avaliação da mobilidade de cada articulação.

A atividade motora funcional harmônica e coordenada exige uma completa sintonia entre o sistema nervoso, em particular o cerebelo, e o sistema musculoesquelético e, portanto, patologias que alteram essa relação estarão alterando a qualidade da coordenação do movimento. Os distúrbios de coordenação são classificados de um modo geral como ataxias que podem ser avaliadas de forma estática ou dinâmica. As provas índex-nariz, índex-índex, calcanhar-joelho (Sanvito, 2000) são exemplos de avaliações de coordenação em que o paciente necessita de uma organização motora adequada para realizar o contato de um dedo ao nariz de forma harmônica. A coordenação entre os pés e as oscilações dos membros superiores durante a marcha deve ser analisada. Provas incoordenadas são frequentemente observadas em doenças como polineuropatia, afecções cerebelares, dentre outras.

A complexidade do equilíbrio corporal é semelhante à coordenação e também requer mecanismos múltiplos. A manutenção do equilíbrio estático ou dinâmico depende da integridade do sistema motor (estruturas articulares adequadas, força muscular), das vias sensitivas proprioceptivas, do sistema vestibular, da visão e do cerebelo. A avaliação do equilíbrio é realizada nas posições em pé e sentada (equilíbrio estático) e durante a marcha (equilíbrio dinâmico). O equilíbrio é mantido pela constante adaptação da atividade muscular devido à mudança do centro de gravidade em relação à base de sustentação.

A marcha é uma atividade motora automática dependente de múltiplos mecanismos neuromusculares. O seu exame é complexo e a sua análise tem sido objetivo de vários centros de pesquisas no mundo inteiro há algumas décadas. Entretanto, alguns princípios básicos devem ser analisados pelo profissional no intuito de verificar distúrbios que possam contribuir com o máximo do reestabelecimento funcional. O exame deve ser realizado em um espaço amplo e o paciente deve estar com roupas que facilitem a visualização de seu corpo. Deve-se solicitar ao paciente que caminhe normalmente no ambiente possibilitando ao examinador uma análise da segurança do paciente a cada passada, analisando os períodos de apoio e balanço de cada membro. Deve observar no período de apoio se o paciente é capaz de transferir o seu peso em ambos os membros e no período de balanço se é capaz de elevar os membros do chão de forma semelhante. A oscilação dos membros superiores alternados com inferiores, os movimentos da pelve e da coluna vertebral também devem ser observados durante a marcha.

A avaliação da marcha pode levar ao entendimento dos músculos e das articulações comprometidas. A exemplo disso pode-se observar, durante a marcha de um hemiplégico, a redução do comprimento do passo e a velocidade de oscilação do membro no lado plégico. O período de apoio do lado sadio foi mais longo do que o período de apoio do lado plégico. No quadril, do lado plégico, observou-se uma insuficiência da extensão durante o período de apoio e de flexão durante o período de oscilação, ao passo que no joelho plégico observou-se a insuficiência da flexão, no período de apoio, e de flexão no período de oscilação. No tornozelo plégico, notou-se insuficiência de dorso-flexão durante o tempo de apoio, e excesso de flexão plantar no início da oscilação. Cada patologia altera a biomecânica de forma particular, e por isso a análise cuidadosa revela as devidas alterações. Os testes como o de caminhada de seis minutos (Steffen, Hacker e Mollinger, 2002), e o *time get up and go* (Arnadottir e Mercer, 2000; Bennie et al., 2003; Podsiadlo e Richardson, 1991) revelam a performance da marcha, mas não demonstram os fatores limitantes, reforçando a necessidade de uma avaliação detalhada.

As avaliações sistematizadas servem de parâmetro para avaliar as condições funcionais de pacientes e podem revelar o grau da função e de evolução. Muitas vezes a falta de evolução funcional é um grande progresso, pois muitas doenças neurológicas apresentam um processo de incapacitação progressiva que determina grandes prejuízos funcionais. O esclarecimento dos métodos de avaliação ao paciente torna-o co-responsável pela sua evolução clínica.

A avaliação e o tratamento devem estar intimamente relacionados. Uma avaliação completa dos problemas de cada paciente, individualmente, é uma necessidade básica; quando se deseja obter os melhores resultados com o tratamento, os dois não podem ser considerados como entidades distintas. O tratamento deve ser planejado e continuado com base em avaliações frequentes e cuidadosas (Bobath, 1978).

As capacidades motoras podem ser quantificadas por escalas e índices. Esses instrumentos pontuam as atividades que podem ser reavaliadas, dando ao terapeuta a condição de analisar a eficácia do processo terapêutico. Dentre vários destacamos aqueles que temos utilizado durantes nossas avaliações: o índice de Barthel modificado – IBm – e o índice de mobilidade de Rivermead – IMR – (Garcia, 1994; Carrilo, Garcia e Blanco, 1994; Chagas 1999), a ascala de Ashworth modificada (Tsai et al., 2001) e o *time get up and go test* – TUG (Arnadottir e Mercer, 2000; Bennie et al., 2003; Podsiadlo e Richardson, 1991).

A mobilidade é definida como a habilidade do indivíduo de movimentar-se de maneira eficaz no seu ambiente. O IMR foi desenvolvido para avaliar vários movimentos habituais de pacientes acometidos por um AVC, durante o período de internação e após a alta hospitalar (Lincoln e Leadbitter, 1979; Hsieh, Hsugh e Mao, 2000). Essa escala tem sido usada em vários estudos de pacientes com distúrbios neurológicos e pode aumentar a sensibilidade de observação clínica e então permitir melhor avaliação da evolução da mobilidade após um ano do AVC (Gainotti et al., 2001; Lincoln e Leadbitter, 1979; Paolucci et al., 2001).

O IMR é composto por três sessões. A primeira sessão avalia as capacidades de membro inferior e tronco, e é composta por 10 itens (Quadro 5.1). A segunda avalia as funções do membro superior, e é formada por 15 itens (Quadro 5.2). A terceira sessão é reproduzida em forma de questionário, que mede a capacidade dos pacientes, em 15 questões relacionadas às atividades de vida diária (Quadro 5.3). São conferidos valores de 0 (quando o paciente não realiza a atividade adequadamente) a 1 (quando o paciente realiza a atividade de acordo com as instruções específicas do item em questão), de acordo com a realização da atividade.

Quadro 5.1
Primeira sessão do IMR

Item	Extremidade inferior e tronco	Valor
1.	*Rolar* – O paciente deve rolar para o lado plégico partindo da posição de decúbito dorsal.	
2.	*Rolar* – O paciente deve rolar para o lado não-plégico partindo da posição de decúbito dorsal.	
3.	*Ponte* – O fisioterapeuta pode posicionar a perna do paciente, mas este deve mantê-la e levantar o quadril deslocando um pouco do peso para o lado plégico.	
4.	*Ficar em pé* – Com os pés alinhados sobre o solo, sem apoiar os braços, o paciente deve passar da posição sentada para ortostática descarregando o peso proporcionalmente em ambos os pés.	
5.	*Levantar a perna plégica sobre o bordo da cama e voltar na mesma posição* – O paciente deve levantar a perna plégica por cima do bordo da cama e colocá-la sobre uma caixa que estará ao lado. A perna deve estar em semiflexão e não pode em rotação externa.	
6.	*Ultrapassar degrau* – Em pé, utilizando a perna não-plégica, o paciente desloca o peso para a perna plégica. Não deve haver retração da pelve nem hiperextensão do joelho.	
7.	*Golpear o solo* – Em pé o paciente deve golpear o solo cinco vezes com a perna não-plégica deslocando o peso para a plégica. Não deve haver retração da pelve nem hiperextensão do joelho.	
8.	*Dorsiflexão do tornozelo* – Deitado, com o joelho em 90°, o paciente deve dorsiflexionar o tornozelo sem fazer inversão. Deve haver metade do trajeto articular em relação ao pé não-plégico.	
9.	*Dorsiflexão do tornozelo* – Deitado, com o joelho estendido, o paciente deve dorsiflexionar o tornozelo alcançando 90°, sem fazer inversão.	
10.	*Flexão do joelho* – Em pé, o paciente deve flexionar o joelho da perna plégica. O terapeuta não deve posicionar a extremidade.	
	Subtotal	

Fonte: Blanco e Carrillo, 1994.

O grau de dificuldade aumenta progressivamente a cada item, e são dadas ao paciente três chances para realizar a tarefa do item. A partir do item que o paciente não realizou a atividade proposta, a primeira sessão é encerrada e inicia-se a segunda, que é interrompida quando paciente não realiza a atividade proposta. Os pontos de cada paciente são computados e analisados. A pontuação máxima é de 40 pontos, que indica uma completa habilidade motora (Blanco e Carrillo, 1994).

Quadro 5.2
Segunda sessão do IMR

Item	Extremidade superior	Valor
1.	*Protrair a escápula* – Deitado, o paciente deve protrair a cintura escapular. A extremidade deve estar elevada mantida pelo terapeuta.	
2.	*Manter a extremidade estendida* – Deitado, o paciente deve manter elevada a extremidade estendida em leve rotação, externa. O terapeuta coloca o braço na posição e o paciente deve manter essa posição com um pouco de rotação externa. Não é permitida a pronação. O cotovelo deve ser mantido em 30° de flexão ou em extensão completa.	
3.	*Flexionar e extender o cotovelo* – A posição é a mesma do item dois, o paciente deve fazer pelo menos 20° de extensão. A palma da mão deve estar virada para fora enquanto durar o movimento.	
4.	*Pronar e supinar o antebraço* – Paciente deve estar sentado, com o cotovelo (em ângulo reto) junto ao corpo. O movimento a ser realizado é o de pronar e supinar o antebraço. São aceitáveis ¾ de arco de movimento.	
5.	*Pegar uma bola* – Sentado, o paciente deve alcançar adiante, pegar uma bola grande com ambas as mãos e colocá-la de novo em seu lugar. A bola estará um pouco longe, em frente ao paciente, para que tenha que estender os braços para alcançá-la. Os ombros devem estar protraídos, com cotovelos, punhos e dedos em extensão ou neutros. As palmas devem manter contato com bola.	
6.	*Pegar uma bola de tênis* – Sentado, o paciente deve pegar sobre a mesa uma bola de tênis, deixar sobre a coxa plégica e depois colocá-la sobre a mesa novamente. O ombro deve estar em protração, com o cotovelo estendido e o punho neutro ou estendido nas duas fases. Repetir cinco vezes.	
7.	*Pegar um lápis* – Mesmo exercício anterior, mas utilizado um lápis. O paciente deve usar o polegar e os dedos para fazer pinça. Repete-se cinco vezes.	
8.	*Pegar pedaços de papel* – Sentado, a paciente deve pegar e soltar um pedaço de papel sobre a mesa. Utilizar o polegar e os dedos para pegar o papel. Não empurrá-lo para a borda da mesa. O ombro deve estar protraído, com o cotovelo estendido e o punho em posição neutra durante cada fase.	
9.	*Cortar um alimento* – O paciente deve cortar um alimento com faca e garfo, e o recipiente deve estar sobre uma toalha antideslizante. Após cortar, deve colocar o alimento em uma vasilha ao lado.	
10.	*Bater a bola* – Paciente em pé, deve bater em uma bola grande sobre o solo com a palma da mão (plégica), no mesmo lugar, mantendo-se numa posição correta. Repetir por cinco vezes.	

(Continua)

Quadro 5.2
Segunda sessão do IMR (*continuação*)

Item	Extremidade superior	Valor
11.	*Fazer oposição do polegar a cada dedo* – Sentado, o paciente deve fazer oposição do polegar com cada um dos dedos. Deve realizar mais de 14 vezes em 10 segundos. Os movimentos devem ser realizados em uma sequência contínua sem que o polegar deslize de um dedo para o outro.	
12.	*Supinar e pronar o antebraço plégico sobre a palma da mão sadia* – Paciente sentado, com antebraço à frente do corpo. Realizar pronação e supinação do antebraço plégico sobre a palma sadia (a palma e o dorso da mão devem tocar a palma da mão sadia), 20 vezes em 10 segundos. Teste semelhante ao 4, mas introduz velocidade.	
13.	*Manter extremidade plégica abduzida* – Paciente em pé, com a extremidade plégica abduzida a 90° e a palma tocando a parede. O braço deve ser mantido na posição e o corpo deve girar 90° para parede. Deve-se evitar a flexão do cotovelo, e a palma da mão deverá estar em contato com a parede.	
14.	*Colocar barbante ao redor da cabeça* – Paciente em pé, deve-se colocar um barbante ao redor da cabeça amarrando-o por trás. Evitar a flexão do pescoço. A mão afetada deve ser usada um pouco mais do que apenas segurar o barbante. Prova de função da mão sem ajuda da visão.	
15.	*Tocar cruzes na parede* – Devem-se marcar cruzes na parede na altura dos ombros. O paciente, em pé, deve bater palmas e em seguida tocar ambas as cruzes. Bater palmas novamente e tocar a cruz contralateral à mão, em seguida bater palmas novamente e tocar invertendo a mão e a cruz. Realizar sete vezes. Os movimentos devem ter uma ordem correta. O paciente tem direito a três tentativas. Este teste é um padrão completo que engloba coordenação, velocidade e memória com uma boa função da extremidade.	
	Subtotal	

Fonte: Blanco e Carrillo, 1994.

O índice de *Barthel* modificado (IBm) é um protocolo que consiste em avaliar 10 itens de funcionabilidade das AVDs, em que cada item tem uma pontuação relacionada ao grau de assistência e independência, sendo:

1. dependência total ou incapacidade de realizar a tarefa;
2. assistência em todos os aspectos;
3. assistência em alguns passos da tarefa;
4. assistência mínima ou supervisão na tarefa;
5. independência total. A pontuação máxima alcançada é de 50 pontos (Shah, Vanclay e Cooper, 1989; Chagas, 1999).

Quadro 5.3
Terceira sessão do IMR

Item	Questionário	Valor
1.	Você é capaz de virar-se na cama da posição decúbito dorsal para decúbito lateral, sem ajuda?	
2.	Você, deitado na cama, é capaz de sentar-se na beira da cama, sem ajuda?	
3.	Você é capaz de permanecer sentado na beira da cama, sem apoiar-se, por 10 segundos?	
4.	Você é capaz de levantar-se de uma cadeira em menos de 15 segundos, e permanecer em pé por 15 segundos, mesmo apoiando-se ou com órtese?	
5.	Você é capaz de permanecer em pé por 10 segundos, sem ajuda, sem apoiar-se ou sem órteses?	
6.	Você é capaz de locomover-se da cama para a cadeira e da cadeira para a cama, sem ajuda?	
7.	Você é capaz de deambular por 10 metros apoiando-se e/ou com órteses, mas sem ajuda ou supervisão?	
8.	Você é capaz de subir escadas, apoiando-se no corrimão, mas sem ajuda?	
9.	Você é capaz de deambular em terrenos planos e asfaltados, sem ajuda?	
10.	Você é capaz de deambular por 10 metros, em casa, sem apoiar-se, sem órteses e sem ajuda?	
11.	Se você deixar cair um objeto no chão, é capaz de deambular 5 metros, apanhar o objeto e voltar os 5 metros que deambulou?	
12.	Você é capaz de deambular em terrenos irregulares, com terra, grama, cascalho, etc.?	
13.	Você é capaz de entrar no banho, lavar-se e sair do banho, sem ajuda?	
14.	Você é capaz de subir e descer quatro degraus sem apoiar-se no corrimão, mas com órteses se necessário?	
15.	Você é capaz de deambular rápido ou correr por 10 metros sem tropeçar ou cair?	

Fonte: Fontes, 1996.

Como as AVDs são funções diárias básicas necessárias para viver e incluem atividades de cuidados pessoais, tais como vestuário, banho, higiene pessoal, uso do banheiro, transferências, alimentação e continência anal e vesical, este índice tem sido amplamente utilizado na avaliação funcional das incapacidades produzidas pelo AVC e do progresso durante a reabilitação (Carrilo, Garcia e Blanco, 1994; Hachisuka, Okasaki e Ogata, 1997; Chagas, 1999; Nazzal et al., 2001).

Quadro 5.4
Índice de Barthel modificado

A. Alimentação
1. Dependente. Precisa ser alimentado.
2. Assistência ativa durante toda a tarefa.
3. Supervisão na refeição e assistência para tarefas associadas (sal, manteiga, fazer o prato).
4. Independente, exceto para tarefas complexas como cortar a carne e abrir leite.
5. Independente. Come sozinho, quando se põe a comida ao seu alcance. Deve ser capaz de fazer as ajudas técnicas quando necessário.
Subtotal:
B. Higiene pessoal
1. Dependente. Incapaz de encarregar-se da higiene pessoal.
2. Alguma assistência em todos os passos das tarefas.
3. Alguma assistência em um ou mais passos das tarefas.
4. Assistência mínima antes e/ou depois das tarefas.
5. Independente para todas as tarefas, como lavar seu rosto e mãos, pentear-se, escovar os dentes e fazer a barba. Inclusive usar um barbeador elétrico ou de lâmina, colocar a lâmina ou ligar o barbeador, assim como alcançá-las no armário. As mulheres devem conseguir se maquiar e fazer penteados.
Subtotal:
C. Uso do banheiro
1. Dependente. Incapaz de realizar essa tarefa. Não participa.
2. Assistência em todos os aspectos das tarefas.
3. Assistência em alguns aspectos, como transferências, manuseio das roupas, limpar-se, lavar as mãos.
4. Independente com supervisão. Pode utilizar qualquer barra na parede ou qualquer suporte se o necessitar. Usa urinol à noite, mas não é capaz de esvaziá-lo e limpá-lo.
5. Independente em todos os passos. Se for necessário o uso de urinol, deve ser capaz de colocá-lo, esvaziá-lo e limpá-lo.
Subtotal:
D. Banho
1. Dependente em todos os passos. Não participa.
2. Assistência em todos os aspectos.
3. Assistência em alguns passos como a transferência, para lavar ou enxugar ou para completar algumas tarefas.
4. Supervisão para segurança, ajustar temperatura ou na transferência.

(Continua)

Quadro 5.4
Índice de Barthel modificado (*continuação*)

D. Banho
5. Independente. Deve ser capaz de executar todos os passos necessários sem que nenhuma outra pessoa esteja presente.
Subtotal:

E. Continência do esfíncter anal
1. Incontinente.
2. Assistência para assumir a posição apropriada e para as técnicas facilitatórias de evacuação.
3. Assistência para uso das técnicas facilitatórias e para limpar-se. Frequentemente tem evacuações acidentais.
4. Supervisão ou ajuda para pôr o supositório ou enema. Tem algum acidente ocasional.
5. O paciente é capaz de controlar o esfíncter anal sem acidentes. Pode usar um supositório ou enemas quando for necessário.
Subtotal:

F. Continência do esfíncter vesical
1. Incontinente. Uso de caráter interno.
2. Incontinente, mas capaz de ajudar com um dispositivo interno ou externo.
3. Permanece seco durante o dia, mas não à noite, necessitando de assistência de dispositivos.
4. Tem apenas acidentes ocasionais. Necessita de ajuda para manusear o dispositivo interno ou externo (sonda ou catéter).
5. Capaz de controlar seu esfíncter de dia e de noite. Independente no manejo dos dispositivos internos e externos.
Subtotal:

G. Vestimenta
1. Incapaz de vestir-se sozinho. Não participa da tarefa.
2. Requer assistência em todos os aspectos, mas participa de alguma forma.
3. Requer assistência para colocar e/ou remover alguma roupa.
4. Requer assistência apenas para fechar botões, zíperes, amarrar sapatos, sutiã, etc.
5. O paciente pode vestir-se, ajustar-se e abotoar toda a roupa e dar laço (inclui o uso de adaptações). Esta atividade inclui colocar órteses. Pode usar suspensórios, calçadeiras ou roupas abertas.
Subtotal:

(*Continua*)

Quadro 5.4
Índice de Barthel modificado (*continuação*)

H. Transferências (cama e cadeira)

1. Dependente. Não participa da transferência. Necessita de ajuda (duas pessoas).
2. Participa da transferência, mas necessita de ajuda máxima em todos os aspectos da transferência.
3. Assistência em algum dos passos desta atividade.
4. Precisa ser supervisionado ou recordado de um ou mais passos.
5. Independente em todas as fases desta atividade. O paciente pode se aproximar da cama (com sua cadeira de rodas), bloquear a cadeira, levantar os pedais, passar de forma segura para a cama, virar-se, sentar-se na cama, mudar de posição na cadeira de rodas, se for necessário para voltar e sentar-se nela e voltar à cadeira de rodas.

Subtotal:

I. Subida e descida de escadas

1. Incapaz de usar degraus.
2. Assistência em todos os aspectos.
3. Sobe e desce, mas precisa de assistência durante alguns passos desta tarefa.
4. Necessita de supervisão para segurança ou em situações de risco.
5. Capaz de subir e descer escadas de forma segura e sem supervisão. Pode usar corrimão, bengalas e muletas, se for necessário. Deve ser capaz de levar o auxílio tanto ao subir quanto ao descer.

Subtotal:

J. Deambulação

1. Dependente na deambulação. Não participa.
2. Assistência por uma ou mais pessoas durante toda a deambulação.
3. Assistência necessária para alcançar apoio e deambular.
4. Assistência mínima ou supervisão nas situações de risco ou período durante o percurso de 50 metros.
5. Independente. Pode caminhar, ao menos 50 metros, sem ajuda ou supervisão. Pode usar órtese, bengalas, andadores ou muletas. Deve ser capaz de bloquear e desbloquear as órteses, levantar-se e sentar-se utilizando as correspondentes ajudas técnicas e colocar os auxílios necessários na posição de uso.

Subtotal:

K. Manuseio da cadeira de rodas (alternativo para deambulação)

1. É dependente na deambulação em cadeira de rodas.
2. Propulsiona a cadeira por curtas distâncias, superfícies planas. Requer assistência em todo o manejo da cadeira.
3. Requer assistência para manipular a cadeira para a mesa, cama, banheiro, etc.
4. Propulsiona em terrenos irregulares. Precisa de assistência mínima em subir e descer degraus, guias.
5. É independente no uso de cadeira de rodas. Faz as manobras necessárias para se deslocar e propulsiona a cadeira por pelo menos 50 metros.

Subtotal:

Fonte: Shah, Vanclay e Cooper, 1989; Chagas, 1999.

A escala de Ashworth modificada (EAm) é um método utilizado para mensurar o grau de espasticidade muscular. O terapeuta realiza o movimento passivamente de uma articulação pré-estabelecida em toda sua amplitude de movimento avaliando o estiramento do grupo muscular. A EAm (Quadro 5.5) atribui valores que indicam desde nenhuma alteração no tono muscular até uma rigidez em flexão ou extensão. Essa escala tem sido utilizada em vários estudos de pacientes acometidos por alterações neurológicas (Bohannon e Smith, 1987; Gregson et al., 1999; Tsai et al., 2001).

O *time get up and go* (TUG) é um teste que avalia de forma prática a performance da marcha. Ele avalia, em segundos, o tempo gasto por um indivíduo para levantar de uma cadeira com suporte para os braços (altura do assento de 42cm, altura do suporte para os braços de 22cm), andar uma distância de 3m (delimitada por um cone), virar, voltar até a cadeira e sentar novamente. Os pacientes utilizam o calçado que usam diariamente, o que proporciona uma marcha confortável e segura. Os pacientes que levam menos de 20 segundos para completar o teste são considerados independentes nas transferências básicas, como tomar banho, subir escadas ou caminhar sozinho. Em comparação, aqueles que levam 30 segundos ou mais são dependentes de ajuda, não podem caminhar sozinhos. O teste ainda analisa a habilidade do paciente de ajustar o centro de gravidade continuamente sobre a base de suporte durante o movimento (Arnadottir e Mercer, 2000; Bennie et al., 2003; Podsiadlo e Richardson, 1991).

Para o profissional, é importante o conhecimento quantitativo e qualitativo que os resultados de testes podem oferecer. Para o paciente, é interes-

Quadro 5.5
Escala de Ashworth modificada

Classificação	Descrição
0	Nenhum aumento no tono muscular.
1	Leve aumento no tono muscular manifestado por uma captação e liberação ou por uma resistência mínima no final da amplitude de movimento, quando as partes afetadas são movidas em flexão ou extensão.
1+ (1,5)	Leve aumento no tono muscular manifestado por uma captação, seguida de resistência mínima por todo o resto (menos da metade) da amplitude de movimento.
2	Aumento mais notável no tono muscular na maior parte da amplitude de movimento, mas as partes afetadas se movem com facilidade.
3	Considerável aumento no tono muscular, e o movimento passivo é difícil.
4	A parte afetada é rígida na flexão ou extensão.

Fonte: Bohannon e Smith, 1987.

sante entender os testes, a sua patologia e as sequelas, pois ao obter esses conhecimentos terá maior habilidade para lidar com as consequências que caracterizam o quadro neurológico.

Apresentaremos alguns resultados obtidos a partir da avaliação utilizando IMR, IBm, EAm e TUG em 24 pacientes submetidos a tratamento fisioterapêutico em grupo na Universidade Estadual Paulista – *Campus* de Presidente com intuito de refletir sobre as avaliações quantitativas e qualitativas. Dos 24 pacientes hemiplégicos, 3 foram do sexo feminino e 21 do sexo masculino com a idade média de 57,79 anos (± 10,87).

Todos os pacientes foram avaliados qualitativa e quantitativamente. Os terapeutas realizaram as avaliações utilizando todos os itens cabíveis, como a história da moléstia atual, da moléstia pregressa, inspeção, mobilidade passiva, ativa, as AVDs e os diversos protocolos de avaliação.

Quando esses pacientes foram submetidos ao questionário do IMR, encontramos uma média de 12,83 ± 2,69 pontos. Esta pontuação revela que os pacientes relataram aos terapeutas possuírem 85,53% da pontuação total; portanto, os resultados indicam que eles apresentam uma boa capacidade funcional diante da hemiplegia. Quando esses pacientes foram avaliados fisicamente utilizando a sessão do membro inferior e tronco do IMR, a média atingida foi de 7,37 ± 3,13 pontos (73,7% da pontuação total), e na sessão do membro superior a média encontrada foi de 4,75 ± 5,01 pontos (31,66%).

Quando comparamos os resultados obtidos no IMR, observamos que alguns pacientes responderam verbalmente que não conseguiam realizar uma determinada tarefa; entretanto, quando solicitamos a realização de tal atividade, eles demonstram serem capazes de executá-la. Ocorreu também de responderem que eram capazes de realizar uma atividade, mas ao serem solicitados não conseguirem realizar as atividades propostas nas sessões 1 ou 2.

Os baixos valores encontrados na segunda sessão do IMR – membro superior – (4,75 ± 5,01 do total de 15 pontos) demonstram que a partir do item 4 as atividades solicitadas são de coordenação motora fina, portanto de alta complexidade. Ainda que o paciente tenha uma hemiplegia leve ou moderada, as atividades motoras finas exigem uma grande habilidade, promovendo uma baixa pontuação nas atividades do membro superior do paciente. Quando confrontamos com uma avaliação fisioterapêutica qualitativa observamos que esses pacientes tinham realmente grandes dificuldades no membro superior plégico, e muitas vezes negligenciaram este membro durante as atividades funcionais. Muitos pacientes descreveram sensações de peso e desconforto no membro plégico, afirmando que eram incapazes de realizar atividades pela falta de movimento nesse membro. O IMR pontua a dificuldade e demonstra ao paciente os passos que ele pode almejar.

Os resultados demonstram que a avaliação com o questionário do IMR isoladamente pode não traduzir a realidade da condição do paciente. Portanto, entende-se que o questionário não pode ser um instrumento isolado das sessões 1 e 2 e da própria avaliação funcional sem protocolos, e que devemos buscar as correlações para resultar em dados positivos que permitam melhorar a qualidade da reeducação funcional. Muitas vezes um dado inconsistente pode desencadear uma reelaboração da estratégia terapêutica ou mesmo o entendimento da potencialidade ou dificuldade do paciente.

Quando avaliamos os 10 itens que compõem o IBm, observamos que a média foi 47,20 ± 3,03, revelando um bom grau das atividades funcionais dos hemiplégicos. Foi possível observar que o item em que os pacientes encontraram maior dificuldade foi na alimentação, devido à necessidade de utilizar as duas mãos para se alimentar (cortar um bife). O teste índice tem como prioridade avaliar a funcionalidade, independentemente da maneira como o indivíduo executa uma determinada atividade funcional. O indivíduo pode ter um alto grau de espasticidade, segundo a EAm, e baixa pontuação no IMR, mas pode obter uma alta pontuação no IBm e portanto este índice pode ser utilizado como um instrumento para demonstrar ao paciente a oportunidade de realizar tarefas com o membro não-plégico para facilitar as AVDs.

O grau de espasticidade deve ser avaliado em todas as grandes articulações; porém, para apresentarmos e discutirmos os resultados da avaliação da espasticidade desses pacientes, elegemos duas articulações: o cotovelo e o tornozelo. A média do grau de espasticidade desses pacientes foi de 1,375 (com desvio padrão ± 1,12 para músculos do cotovelo e ± 0,76 para músculos do tornozelo). Quando confrontamos esses valores com a escala de Ashworth observamos que esses valores estão mais próximos de 1+. Devemos considerar que a atividade motora funcional não depende apenas do tono muscular, mas também da capacidade do indivíduo de ter percepção do músculo e da execução e seletividade do movimento, das contraturas, dentre outras. A EAm avalia apenas a resistência ao movimento de um determinado grupo muscular daquela articulação, o que é muito limitado diante da dimensão de um ato motor, ou seja, essa escala é uma forma de avaliar somente a tonicidade muscular, que é apenas um dos aspectos que limitam a função motora; portanto, entendemos que esta escala pode ser uma forma para avaliar a progressão ou a regressão da espasticidade. A escala expõe ainda a complexidade de uma atividade motora. Quando comparamos a escala com resultados de uma avaliação clínica, observamos que alguns pacientes apresentam valor de espasticidade igual e perda motora em diferentes graus, trazendo o entendimento de que o resultado final de uma lesão depende da extensão da lesão, do local e do tempo após a lesão.

Quando avaliamos a marcha desses pacientes observamos uma grande variabilidade do tempo gasto para percorrer o espaço demarcado pelo teste (tempo médio 24,32, desvio padrão de ± 17,71), revelando as diferenças, as individualidades e as capacidades funcionais de cada paciente. O teste não analisa as adaptações, nem a forma ou as características da marcha do paciente, e sim o tempo gasto. O teste é importante para avaliar a *performance* ao longo do tempo, mas não analisa grupos musculares deficitários em cada fase da marcha. A avaliação da marcha de cada paciente deve ser realizada com o intuito de adaptar e amenizar os danos causados pela hemiplegia que poderá desencadear uma melhora no TUG.

Um ambiente rico em estímulos e uma programação adequada de reeducação funcional minimizarão os efeitos deletérios desencadeados pela patologia e serão parte fundamental da reorganização neural durante o processo de reabilitação.

Essas escalas que medem as AVDs são rápidas, sensíveis e analisam de forma quantitativa a capacidade funcional em atividades fundamentais. Não obstante, não identificam as razões que causam incapacidade, nem quais são os mecanismos anatomo funcionais para a independência, e refletem o que o paciente faz, não questionando a qualidade da atividade executada. Entretanto, constituem um elemento de ajuda importante para decidir o ingresso em instituições, avaliar a capacidade de viver sozinho ou a necessidade de ajuda adicional e os rendimentos do tratamento (Granger et al., 1989).

Algumas habilidades, embora pareçam simples, tornam-se complexas quando a perda de movimentos altera a execução. Muitos pacientes consideram a recuperação de movimentos localizados mais importante do que a função como um todo, focando e dificultando todo o processo de reeducação funcional. Portanto, cabe ao profissional valorizar as atividades funcionais alcançadas com o tratamento, independentemente da qualidade do ato motor ou das adaptações necessárias para uma vida mais independente.

A reeducação funcional deve enfatizar a normalidade por meio de eventos em longo prazo e direcionar as metas de tratamento, tentando alcançar o mais alto nível de função, concentrando-se na qualidade e não na quantidade de recuperação (Umphred, 1994). O objetivo da reeducação motora para pacientes idosos é permitir um estilo de vida ativo, superando as incapacidades.

REFERÊNCIAS

ANDRÉ, C. *Manual de AVC*. Rio de Janeiro: Revinter, 1999.

ARNADOTTIR, S. A.; MERCER, V. S. Effects of footwear on measurements of balance and gait in women between the ages of 65 and 93 years. *Phys. Ther.*, v. 80, p. 17-27, 2000.

BENNIE, S. et al. Measurements of balance: comparison of the Timed "up and go" test and functional reach test with the Berg Balance Scale. *J. Phys. Ther. Sci.*, v. 15, p. 93-97, July 2003.

BLANCO, S.; CARRILLO, V. Valoración de la deficiencia motora en el paciente hemipléjico. *Rehabilitación*, v. 28, n. 6, p. 389-398, 1994.

BOBATH, B. *Hemiplegia no adulto*: avaliação e tratamento. São Paulo: Manole, 1978.

BOHANNON, R. W.; SMITH, M. B. Interrater reliability of a modified Ashoworth scale of muscle spasticity. *Phys. Ther.*, v. 67, p. 206-207, 1987.

CARRILO, M. D. V.; GARCIA, M. F.; BLANCO, I. S. Escalas de actividade de la vida diaria. *Rehabilitación*, v. 28, n. 6, p. 377-388, 1994.

CARVALHO, A. C.; ZANELATO, P. A.; FREITAS, S. D. B. *Projeto hemiplegia:* fisioterapia em grupo: uma experiência na UNESP. In: VI Congresso ÍberoAmericano de Extensão, 2001.

CASH, J. E. *Neurologia para fisioterapeutas*. 4. ed. São Paulo: Panamericana, 1976.

CHAGAS, E. F. *Proposta de avaliação da simetria e transferência de peso e a relação desta condição com a atividade funcional do hemiplégico*. 1999. 127f. Dissertação (Mestrado) – Faculdade de Educação Física, Universidade Estadual de Campinas, Campinas, 1999.

DAVIES, P. M. *Exatamente no centro*: atividade seletiva do tronco no tratamento da hemiplegia na adulto. 1. ed. São Paulo: Manole, 1996.

EKMAN, L.-L. *Neurociência*: fundamentos para a reabilitação. Rio de Janeiro: Guanabara Koogan, 2000.

FONTES, S. V. *Tratamento fisioterápico em grupo para pacientes hemiplégicos ou hemiparéticos por AVC isquêmico no território da artéria cerebral média*. 1996. 129 f. Dissertação (Mestrado em Neurociências) – Escola Paulista de Medicina, Universidade Federal de São Paulo, São Paulo, 1996.

GAINOTTI, G. et al. Relation between depression after stroke, antidepressant therapy, and functional recovery. *J. Neurol. Neurosurg. Psychiatry*, v. 71, p. 258-261, 2001.

GARCIA, M. F. Escalas de valoriación funcional: aplicaciones, características y criterios de selección. *Rehabilitación Real*, v.28, n. 6, p. 373-376, 1994.

GRANGER, C. V. et al. The stroke rehabilitation outcome study: Part II. Relative merits of the total Barthel Index score and a four-item subscore in predicting patients outcomes. *Arch. Phys. Med. Rehabil.*, v. 70, p. 100-103, 1989.

GREGSON, J. M. et al. Reliability of the tone assessment scale and the modified Ashworth scale as clinical tools for assessing poststroke spasticity. *Arch. Phys. Med. Rehabil.*, v. 80, p. 1013-1016, Sept. 1999.

GUANAES, C.; JAPUR, M. Grupo de apoio com pacientes psiquiátricos ambulatoriais em contexto institucional: análise do manejo terapêutico. *Psicol. Reflex. Crit.*, v. 14, n. 1, p. 191-199, 2001.

HSIEH, C.-L.; HSUGH, I.-P.; MAO, H.-H. Validity and responsiveness of the Rivermead Mobility Index in stroke patients. *Scand. J. Rehab. Med.*, v. 32, p. 140-142, 2000.

KENDALL, P. F. P.; McCREARY, E. K.; PROVANCE, P. G. *Músculos:* provas e função. São Paulo: Manole, 1995.

KOBAYASHI, R. et al. The locus of control of Japanese Senior Citizens with Hemiplegia. *J. Phys. Ther. Sci.*, v. 12, p. 13-17, Dec. 2000.

LINCOLN, N.; LEADBITTER, D. Assesment of motor function in stroke patients. *Physiotherapy*, v. 65, n. 2, p. 48-51, Feb. 1979.

NAWA, V. A.; CARVALHO, A. C. *Caracterização dos procedimentos fisioterapêuticos do Projeto Hemiplegia*. 2002. 69 f. Monografia (Trabalho de graduação em Fisioterapia) – Faculdade de Ciências e Tecnologia, Universidade Estadual Paulista. Presidente Prudente, São Paulo, 2002.

PAOLUCCI, S. et al. Mobility status after inpatient stoke rehabilitation: 1- year follow-up and prognostic factos. *Arch. Phys. Med. Reabil.*, v. 82, p. 2-8, Jan. 2001.

PAULA, J. A. M.; TAVARES, M. C. G. C. F.; DIOGO, M. J. D. Avaliação funcional em gerontologia. *Gerontologia*, v. 6, n. 2, p. 81-88, 1998.

PODSIADLO, D.; RICHARDSON, S. The timed "up & go": A test of basic functional mobility for frail elderly persons. *J. Am. Geriatr. Soc.*, v. 39, p. 142-148, 1991.

PORTO, E. T. R. A pessoa portadora de deficiência e as áreas de conhecimento no curso de Educação Física da UNIMEP. *SOBAMA*, v. 6, n. 1, p. 19-26, dez. 2001.

RYERSON, S. Hemiplegia resultante de dano ou doença vascular. In: UMPHRED, D. A. *Fisioterapia neurológica*. São Paulo: Manole, 1994. p. 615.

SANVITO, W. L. *Propedêutica neurológica básica*. São Paulo: Atheneu, 2000.

SHAH, S.; VANCLAY, F.; COOPER, B. Improving the sensitivity of the Barthel index for stroke rehabilitation. *J. Clin. Epidemiol.*, v. 42, n. 8, p. 703-709, 1989.

SILVA, M. A. D. da. A importância da manutenção da qualidade de vida. *Rev. Soc. Cardiol. Estado São Paulo*, v.6, n.5, p. 657-660, 1996.

STEFFEN, T. M.; HACKER, T. A.; MOLLINGER, L. Age- and gender-related test performance in community-dwelling elderly people: six-minute walk teste, berg balance scale, timed up & go test, and gait speeds. *Phys. Ther.*, v. 82, n. 2, p. 128-137, 2002.

STOKES, M. *Neurologia para fisoterapeutas*. São Paulo: Premier, 2000.

SUYAMA, T. et al. Evaluation of Japan stroke scale of motor (JSS-M): from rehabilitative viewpoint. *J. Phys. Ther. Sci.*, v. 16, p. 27-31, Jan. 2004.

TSAI, K. et al. Effects of a single session of prolonged muscle stretch on spastic muscle of stroke patients. *Proc. Natl. Sci. Counc.*, v. 25, n. 2, p. 76-81, 2001.

UMPHRED, A.D. *Fisioterapia neurológica*. 2. ed. São Paulo: Manole, 1994.

6

Exercício físico e envelhecimento

Tales de Carvalho

INTRODUÇÃO

Neste capítulo vai ser registrada uma experiência que pode significar uma opinião enviesada, de quem considera o combate às doenças a principal via de promoção de qualidade de vida. Contribui para esta visão o fato de que, no decorrer do processo de envelhecimento, o mais esperado é o surgimento de doença(s) crônica(s), sendo algumas até consideradas como "naturais depois de certa idade". Defendemos uma posição que considera que para uma velhice de boa qualidade impõe-se uma sistemática estratégia de prevenção e tratamento (reabilitação) das doenças da civilização, conhecidas cientificamente como doenças crônico-degenerativas, a ser desenvolvida principalmente por meio da adoção de um conjunto de hábitos saudáveis de vida, que tem no exercício físico um aspecto fundamental.

O combate consequente às doenças crônico-degenerativas exige o reconhecimento e a remoção das causas desses males, que são conhecidos como fatores de risco. Nesse rol destaca-se o sedentarismo, a situação de extrema inatividade física, considerado causa comum da maioria dessas doenças. Em termos de saúde pública, o sedentarismo pode ser considerado como o mais relevante dentre os fatores de risco. Corroborando essa afirmação, basta dizer que os sedentários têm o dobro de possibilidade de adquirir, em relação aos indivíduos ativos, a doença coronária, significando elevado risco relativo (RR). O sedentarismo incide na maioria da população, o que corresponde à mais elevada prevalência dentre os fatores de risco. Considerando o seu RR aliado à sua prevalência, compreende-se o seu grande impacto negativo para a saúde pública. Consequentemente, o exercício físico se constitui em potente fator de proteção, contribuindo para evitar o surgimento das principais doenças crônico-degenerativas (Quadro 6.1). O exercício físico torna-se, ainda, um mais potente fator de promoção de saúde, imprescindível para um

Quadro 6.1
Principais condições combatidas pela prática regular de exercícios físicos

Doença aterosclerótica coronária
Hipertensão arterial sistêmica
Acidente vascular encefálico
Doença vascular periférica
Obesidade
Diabete melito tipo 2
Osteoporose e osteoartrose
Câncer de cólon, mama, próstata e pulmão
Ansiedade e depressão

Fonte: Carvalho et al., 1996.

envelhecimento plenamente saudável, quando aliado a hábitos alimentares saudáveis, técnicas para o controle do estresse e estratégias para o combate às drogas em geral, incluindo as lícitas, como o tabaco e o álcool. É o que se reconhece como estilo saudável de vida.

Além da ação efetiva na prevenção primária das doenças crônico-degenerativas, conforme foi explicitado no parágrafo anterior, existe uma efetiva ação terapêutica advinda do exercício físico em relação a muitos desses males. O exercício físico, de fato, contribui para o tratamento de doença coronariana aterosclerótica, hipertensão arterial sistêmica, insuficiência cardíaca crônica de diversas origens, doença arterial periférica, diabete melito tipo 2, doença pulmonar crônica e obesidade, dentre outras.

Em relação ao principal problema de saúde pública do mundo ocidental – a doença coronariana aterosclerótica – o exercício físico exerce efeito terapêutico impressionante. Pode ocasionar, dentre outros benefícios, até mesmo o que se conceitua como regressão de aterosclerose. Considerando que se trata de uma ação sistêmica, que tende a atingir todo o sistema arterial, pode ser considerado, na devida medida, como um processo que implica certo rejuvenescimento. Existe na medicina um antigo aforismo ditando que a idade biológica de um indivíduo está relacionada com a situação de suas artérias, independendo da idade cronológica. Quanto mais endurecidas (esclerosadas) e obstruídas (ateromatosas) estiverem as artérias, mais envelhecido está o indivíduo. Portanto, o fato de se aceitar a regressão da aterosclerose arterial (esclerose + ateromatose), fenômeno potencializado por uma série de outros benefícios decorrentes do exercício físico, significa reconhecer a existência de um processo que proporciona uma recuperação da capacidade de oxigenação do organismo (coração, músculos e cérebro), o que literalmente significa possibilidade de rejuvenescimento orgânico. Existe, segundo alguns estudos científicos, uma dose considerada como suficiente para que ocorra ação independente do exercício (entenda-se como exclusiva), que é algo estimado em cerca de 2.200kcal por semana, considerando-se um homem de 70kg. Existem várias opções em um quadro de diversas atividades físicas que, isoladamente ou em conjunto, podem proporcionar essa carga (Quadro 6.2).

Outra mudança ocorrida nos últimos anos diz respeito ao repertório a ser utilizado em um programa de condicionamento físico, visando à promoção de saúde. Está cientificamente bem estabelecido que o programa de condicionamento físico, para que seja julgado completo, tem que oferecer, ao lado das atividades predominantemente aeróbica, exercícios que aprimorem a força muscular (exercícios resistidos) e a flexibilidade músculo-tendínea (exercícios de alongamento). Essa orientação vale para todos, desde a infância até a velhice. Vale tanto para os jovens e aparentemente saudáveis quanto para envelhecidos, seja do ponto de vista cronológico como biológico, e portadores debilitados de doenças crônico-degenerativas. Pode-se afirmar que são justamente os envelhecidos e debilitados por doenças crônicas os que mais ganham com esta nova concepção.

EXERCÍCIO FÍSICO PARA ADULTOS APARENTEMENTE SAUDÁVEIS

As pessoas devem ser incentivadas e orientadas para adquirir um estilo de vida que privilegie a atividade física. Um estilo de vida só pode ser considerado satisfatoriamente saudável quando contar com carga regular de atividade física, preferencialmente sob a forma de exercício físico.

Quadro 6.2
Tempo necessário para o gasto calórico semanal de 2.000kcal em algumas atividades

Atividade	Tempo semanal	Tempo diário (7x semana)	Tempo diário (5x semana)
Caminhar no plano	6h	50min	1h10
Pedalar	7h30	1h05	1h30
Correr devagar	3h30	30min	40min
Correr rápido	2h	20min	25min
Fazer jardinagem	4h40	40min	1h
Dançar (de salão)	9h20	1h20	1h50
Fazer compras	8h	1h10	1h35
Nadar (crawl devagar)	3h40	30min	45min
Nadar (crawl rápido)	3h	30min	35min
Varrer carpete	10h30	1h30	2h10

Fonte: Carvalho et al., 1996.

Como um aspecto relevante é a quantidade de atividade, que permita atingir um gasto calórico considerado satisfatório, o ideal, quando se pensa prioritariamente na promoção da saúde, é que se cogite aumentar o teor de atividade física, seja formalmente, seja informalmente. Portanto, a uma programação estruturada de exercícios físicos devem se somar atividades comuns do dia-a-dia, que exijam esforço físico. É importante que o indivíduo se torne mais ativo no cotidiano, aproveitando as oportunidades para uma boa caminhada, uma noitada com danças de salão, e dispensando o elevador e as escadas rolantes para enfrentar alguns lances de escadas, por exemplo. O interessante é que essas atividades se confundam com lazer e sejam desenvolvidas de maneira descontraída e natural, com espontaneidade.

AVALIAÇÃO PRÉVIA DE PROGRAMAS DE EXERCÍCIOS FÍSICOS

A avaliação médica prévia de um programa de exercícios físicos, com realização de um teste ergométrico convencional, é algo que tem merecido muita atenção dos especialistas e da população em geral. Considerando o RR do sedentarismo aliado à sua prevalência, uma relevante preocupação dos que lidam com estratégias populacionais de saúde pública é retirar barreiras, facilitando a imediata adoção de hábitos saudáveis por parte da população. Deste modo, o incremento da atividade física, em particular do exercício físico, é considerado como um dos mais importantes fatores de proteção. A prática de exercícios físicos leves e/ou moderados é considerada um dos mais importantes fatores de redução de risco. Os indivíduos que se dispõem a se tornar leve e/ou moderada e regularmente ativos, fugindo do sedentarismo, devem ser liberados o mais breve possível para o exercício físico, salvo raras exceções de que trataremos no decorrer deste capítulo. Por vezes, são tantas as exigências prévias a um programa de condicionamento físico, mesmo quando existe a clara opção por atividades leves e/ou moderadas, que pode parecer ser essa uma proposta que eleva o risco e não, como o é de fato, um poderoso fator de proteção, de redução de risco. Em geral, para o início das atividades, basta uma boa orientação prévia, em que seja bem caracterizado um programa de exercícios que se relacione com a promoção da saúde. Basta uma avaliação clínica convencional, não sendo o teste ergométrico um pré-requisito obrigatório. Não quer dizer que o teste não deva ser cogitado, pois quando disponível permite uma orientação mais individualizada, mais precisa. O que está sendo dito é que a falta do teste não pode ser um empecilho para que, o quanto antes, a ação se estabeleça. Trata-se de orientação de fundamental importância, principalmente para os indivíduos atendidos pelo sistema público de saúde no Brasil, para os quais nem sempre o teste está facilmente disponível, e a espera pelo exame pode se prolongar por meses, podendo até mesmo inviabilizar que uma das mais efetivas ações de prevenção primária e secundária se estabeleça.

Acreditamos que o conjunto de orientações que se segue, sistematicamente por nós transmitidas aos que se iniciam na prática dos exercícios, pode contribuir para que a ação se estabeleça a contento, com grande segurança.

1. O exercício físico adequado é desempenhado com relativo conforto; o executante deve permanecer apenas discretamente ofegante, podendo conversar sem dificuldades. Deve ser caracterizado, por quem o executa, como leve e/ou moderado.
2. Desconforto acentuado, dispneia, palpitações, tontura, dores torácicas ou em outras áreas, que possam sugerir cardiopatias, transtornos pulmonares ou metabólicos, devem servir de alerta, exigindo o encaminhamento para uma avaliação médica especializada.
3. A confirmação de que tudo está indo bem acontece com a constatação de que, por causa da sequência de atividades, tudo passa a funcionar melhor no cotidiano, com ganho de disposição física para as diversas atividades na vida profissional e social, maior equilíbrio emocional, melhor qualidade do sono, etc. Enfim, quando o indivíduo passa a "funcionar melhor no dia-a-dia, se sentindo mais feliz". Quando as repercussões do exercício não forem essas algo não vai bem, o que exige reavaliação da situação.

ASPECTOS BÁSICOS PARA A PRESCRIÇÃO DE ATIVIDADE FÍSICA

A maneira informal consiste em estimular o aumento das atividades cotidianas, incluindo caminhar ou usar bicicletas nas idas e vindas para o trabalho e escola; utilizar-se menos de elevadores e escadas rolantes; interessar-se por danças, que devem ser sempre consideradas nos momentos de lazer. Enfim, com imaginação e criatividade, ótimos resultados podem ser conseguidos.

A maneira formal leva em consideração os aspectos clássicos do treinamento físico: frequência, duração das sessões, intensidade do exercício e progressividade.

Quanto à *frequência semanal*, recomenda-se, salvo contraindicações, sessões diárias. De início, em fase de adaptação, pode-se iniciar com duas a três sessões semanais, gradativamente acrescidas de outras, conforme o grau de assimilação do treinamento. Conforme ocorra aumento da frequência semanal, é interessante que as sessões sejam diversificadas, em termos de intensidade e/ou duração, com dias de treinamentos mais fortes e dias de treinos leves (recuperação ativa).

Quanto à *duração das sessões*, recomenda-se, em geral, uma sessão de 45 minutos de atividade aeróbica (variando entre 30 e 60 minutos), antecedida de 5 minutos de aquecimento e alongamento e 5 minutos de desaquecimento e relaxamento.

No que diz respeito à *intensidade*, para uma atividade aeróbica, em princípio considera-se a faixa que se situa entre 70 e 80% da frequência cardíaca máxima. Esta é a chamada zona alvo, em que se obtém praticamente todos os efeitos fisiológicos desejáveis, decorrentes dos exercícios aeróbicos, com riscos desprezíveis. Como já vimos, em algumas situações recomenda-se permanecer em frequência cardíaca mais baixa, entre 60 e 70% da frequência cardíaca máxima, e em outras, como é o caso de atletas, pode-se atingir a faixa entre 85 e 90% (às vezes até 95%) da frequência cardíaca máxima e, ainda, estar situado na zona alvo, que define um treinamento como aeróbico. A intensidade deve ser, também, controlada pela sensação subjetiva de esforço, que deve permanecer moderada, quando se pensa em promoção de saúde. O grau de ofegância, que deve permanecer discreto, também deve ser utilizado. Outro aspecto a se considerar é a verificação da possibilidade de a atividade ser sustentada prolongadamente, sem grandes dificuldades. Em relação aos idosos, é importante se considerar que a resposta da frequência cardíaca diante do esforço é frequentemente influenciada por medicamentos cardiovasculares, levando a consideráveis equívocos quando a zona alvo é estimada a partir da frequência cardíaca máxima (FCmx) determinada por meio de fórmulas (p. ex., 220 – idade). Já vimos que o teste ergométrico não se trata de pré-requisito obrigatório, não devendo significar barreira para o início mais breve possível de um programa de exercícios físicos, com vistas à promoção de saúde. Mas temos que registrar que quando se pensa em otimizar a prescrição de exercício, o teste ergométrico máximo é muito bem-vindo. Para ser considerado "máximo" e permitir a determinação da frequência cardíaca máxima e do consumo máximo de oxigênio (VO2mx), o teste só deve ser interrompido no momento de exaustão, ou quando a frequência cardíaca não se eleva mais, mesmo com o aumento da carga.

A *progressividade*, um dos aspectos considerados em um programa de condicionamento físico, decorre de doses de exercício gradativamente aumentadas, principalmente pela maior intensidade, mas também por sessões mais prolongadas e frequentes, à medida que ocorre uma adaptação ao esforço físico. Pode-se assim permanecer na zona alvo, apesar da maior intensidade do exercício (p. ex., antes caminhando, agora correndo, mantendo a mesma frequência cardíaca), mais vezes por semana e com tempo de cada sessão também aumentando. Isso corresponde a incremento da carga de exercício, com perspectivas de resultados mais efetivos.

Horário do exercício físico

Alguns ainda insistem em transpor para a situação de exercício físico algo que se observa nas demais circunstâncias do cotidiano. É óbvio que, em certos momentos do dia, a maior necessidade de atenção e dispêndio de energia exigem mais do organismo humano, aumentando as possibilidades de complicações cardiovasculares. Enfrentar o trânsito difícil das grandes cidades, filas em bancos e repartições públicas e as dificuldades das atividades profissionais são exemplos de situações que elevam significativamente os níveis de catecolaminas circulantes, com todas as suas consequências. Ocorrem em certos momentos do dia em que, conforme se conhece dos estudos do ciclo circadiano, os níveis de catecolaminas já se encontram habitualmente naturalmente elevados, elevando-os ainda mais. É lógico que, nessas situações, torna-se mais provável acontecer um evento cardiocirculatório agudo, como uma crise hipertensiva ou um evento coronário. Isso não está em discussão! Entretanto, os momentos de maior atividade física, nos programas de condicionamento físico, não se comparam com as situações referidas. Existem centenas de milhares de horas de programas de reabilitação cardíaca documentadas, nas quais não se constatou diferença em termos de complicações cardiovasculares, inclusive no que diz respeito à mortalidade, comparando-se atividades realizadas em diferentes horários, de manhã, à tarde ou à noite. Os efeitos fisiológicos agudos do exercício físico (vasodilatação, simpaticolítico, depleção de volume e de sódio plasmáticos, ansiolítico, antidepressivo e fibrinolítico, dentre outros) contribuem, na realidade, para neutralizar os fatores que poderiam desencadear uma complicação cardiocirculatória, até mesmo e principalmente nos momentos de maior pico de incidência. Pode-se dizer que o exercício na dose certa serve para metabolizar o hormônio do estresse, ou seja, literalmente "queima a adrenalina que está sobrando".

Para sintetizar, visando facilitar a conduta na prática, temos a considerar o seguinte:

1. As pessoas "funcionam" em ritmos diferentes. Algumas são mais matutinas, enquanto outras vespertinas ou noturnas, inclusive no que diz respeito à prática de exercícios físicos. Existem, portanto, os que rendem mais e se sentem melhor se exercitando mais cedo e outros que se adaptam melhor a outros horários. É evidente que isso tem que ser levado em consideração ao se estabelecer o horário de treinamento.
2. Com o tempo o organismo se adapta ao horário em que é feito o exercício. Até os organizadores de competições desportivas de alto nível divulgam os horários das provas com grande antecedência para que os atletas passem a treinar naqueles horários. O mesmo se observa em relação às pessoas comuns, inclusive pacientes de programas de reabilitação cardíaca, que também se sentirão melhor e com menor desgaste, tornando-se menos vulneráveis às complicações, ao se exercitarem nos horários em que se habituaram. Portanto, o organismo aprende a funcionar melhor no horário em que for treinado.
3. É importante levar em consideração o tempo disponível pelo paciente ao se escolher o horário. Há necessidade de calcular o tempo para

o aquecimento e alongamento bem feitos, que devem preceder a sessão de exercício, tempo para desaquecimento e relaxamento, para um bom banho e para a realização de eventuais refeições, após o exercício, de modo a permitir que o indivíduo se apresente bem recomposto às atividades que se sucedem ao exercício físico.
4. A princípio não há um horário melhor para as atividades físicas. É evidente que o bom senso recomenda evitar, no verão, o sol mais intenso, nas atividades ao ar livre. Por outro lado, no inverno mais rigoroso, as atividades ao ar livre tornam-se mais interessantes nos horários de sol mais intenso e menos frio. Já em ambientes internos, climatizados, tal preocupação não se faz necessária.
5. Exercitar-se logo após grandes refeições, a princípio, não é saudável. Entretanto, para diabéticos insulinodependentes, recomenda-se cerca de 40 minutos de atividade aeróbica 30 minutos após uma refeição principal, o que evitaria o pico de glicemia pós-prandial. A preocupação passa a ser com eventual hipoglicemia algumas horas mais tarde, decorrência da potente ação hipoglicemiante deflagrada pelo exercício, que tende a se prolongar por várias horas.
6. Os diabéticos insulinodependentes devem se preocupar, ainda, com o pico de ação da insulina em uso, para evitar um episódio de hipoglicemia desencadeado pelo exercício físico realizado naquele momento.
7. Ainda em relação aos diabéticos, para evitar hipoglicemia é desaconselhável a prática de exercícios no pico de ação da insulina, assim como aplicar insulina na principal musculatura usada na atividade.
8. Por não existir um determinado horário "melhor" que sirva para todos e, principalmente, porque o organismo se adapta a diversos horários, o amplo leque de possibilidades de escolha torna muito difícil a alegação de falta de tempo. Afinal, "qualquer hora pode ser a hora".
9. Costumamos recomendar que seja escolhido e mantido um determinado horário para a prática regular de exercícios. Deste modo, a atividade passa a acontecer quase automaticamente, a exemplo dos demais compromissos do dia, ajustando-se mais harmonicamente ao cotidiano de cada um.

PROGRAMAS DE REABILITAÇÃO CARDIOVASCULAR, PULMONAR E METABÓLICA

Quando nos referimos aos programas de reabilitação, inicialmente temos que nos remeter à doença coronária. A coronariopatia, em nosso país, apresenta três grandes agravantes: manifesta-se mais precocemente, tem nos colocado como um dos líderes mundiais na utilização de procedimentos intervencionistas e não nos tem sensibilizado para uma prática séria de prevenção e reabilitação. No Brasil tem prevalecido a adoção da questionável estratégia com a qual se tenta resolver o problema atacando apenas os seus efeitos ou as suas consequências.

Entretanto, o tratamento da doença coronária deve ter como base a adoção de um estilo de vida que considere o incremento da atividade física, a reformulação de hábitos alimentares e o controle do estresse, o que pode promover até mesmo regressão de aterosclerose, com importante melhora do quadro clínico e significativa interferência nos desfechos da doença. Esses recursos, com o auxílio da terapia medicamentosa permitem estabilizar a doença na maior parte das vezes. Qualquer paciente com o quadro clínico estabilizado, após a adoção de tais medidas, não necessitaria, *a priori*, de outras providências. Somente quando o quadro clínico se apresentar ainda instável, prenunciando um evento agudo, ou quando mesmo com a doença estável se verificar grande limitação física e má qualidade de vida diante dos sintomas observados, é que se justifica a adoção de providências complementares, mais agressivas, como é o caso das cirurgias cardíacas e angioplastias eletivas. No Brasil, com frequência se desrespeita essa sequência lógica, o que é demonstrado pelos dados disponíveis sobre incidência de doença coronária, pelo elevado número de procedimentos invasivos de revascularização miocárdica e pela quantidade de pacientes atendidos em programas de reabilitação cardíaca.

É inegável o impacto e a influência que o estilo de vida acarreta no surgimento e na evolução das doenças cardiovasculares, pulmonares e metabólicas, de natureza crônico-degenerativa. Programas formais de reabilitação contribuem efetivamente para o tratamento de muitas dessas doenças, melhorando a capacidade funcional e a qualidade de vida dos pacientes e reduzindo o risco de eventos graves, com consequente redução das internações hospitalares e da mortalidade.

Sendo o exercício físico um componente imprescindível do esquema terapêutico de portadores de doença coronária, hipertensão arterial, insuficiência cardíaca, diabete e doença pulmonar crônico-obstrutiva, dentre outras, impõe-se a implantação de programas de condicionamento físico, com finalidade terapêutica, como parte do processo de reabilitação. Esses programas, além dos exercícios físicos, devem contar com orientação nutricional, aliados à utilização de técnicas para o controle do estresse e de estratégias para a remoção do tabagismo.

Os programas de reabilitação tradicionalmente se destinam ao atendimento de pacientes que se encontram na segunda e na terceira fases do processo de reabilitação cardíaca. A segunda fase, em que as sessões de exercícios físicos são sempre supervisionadas, inicia-se imediatamente após a alta hospitalar e/ou alguns dias após um evento coronariano e dura geralmente três meses. A terceira fase, também com sessões supervisionadas de exercícios físicos, mas com maior diversidade de atividades, dura de três a nove meses. Após cumprir a terceira fase, os pacientes são orientados para permanecerem regularmente ativos, em atividades não necessariamente supervisionadas, com as quais se identifiquem.

Na segunda e na terceira fases os pacientes exercitam-se de três a cinco vezes por semana, em sessões que contêm, em média, 40 minutos de atividade física aeróbica, realizada por meio de caminhadas e/ou trotes ao ar livre e/ou atividade em cicloergômetros e esteiras ergométricas. A partir da frequência cardíaca máxima, determinada em teste ergométrico realizado na vigência dos medicamentos de uso corrente, é calculada a zona alvo para o exercício aeróbico, situada na faixa de 60 a 80% da frequência cardíaca máxima. Para o controle da intensidade do exercício, além da frequência cardíaca alvo, consideram-se os níveis 11 a 13 da escala de percepção de esforço de Borg; os pacientes são orientados para permanecer em intensidade considerada leve e/ou moderada, mantendo-se apenas discretamente ofegantes. O componente aeróbico das sessões de condicionamento físico é complementado por atividades de aquecimento, alongamento e desaquecimento. No programa de reabilitação cardíaca constam, ainda, pelo menos duas sessões semanais de exercícios que aprimorem a força e a flexibilidade; sessões para aprendizado de técnicas para melhor controle do estresse; palestras sobre hábitos saudáveis de vida; e atividades sociais, como festas de confraternização com jogos e dança de salão.

REFERÊNCIAS

BELARDINELLI, R. et al. Randomized, controlled trial of long-term moderate exercise training in chronic heart failure: effects on functional capacity, quality of life, and clinical outcome. *Circulation*, v. 99, n. 9, p. 1173-1182, 1999.

BLAIR, S.N. et al. Changes in physical fitness and all-cause mortality: a prospective study of healthy and unhealthy men. *JAMA*, v. 273, n. 14, p. 1093-1098, 1995.

CARVALHO, T. Exercício físico e doenças do coração. In: PORTO, C.C. *Doenças do coração: prevenção e tratamento*. Rio de Janeiro: Guanabara Koogan, 1998.

_____. Sedentarismo e doenças cardiovasculares. In: PORTO, C.C. *Doenças do coração: prevenção e tratamento*. Rio de Janeiro: Guanabara Koogan, 1998.

CARVALHO, T. et al. Cardiac rehabilitation of ischemic cardiophaty patients with indication for invasive treatment of coronary obstructions. *Journal of the American College of Cardiology*, v. 39, n. 9, p. 206B, 2006. Suppl. Apresentado no World Congress of Cardiology, 2002, Sydney.

CARVALHO, T. et al. Posição oficial da Sociedade Brasileira de Medicina do Esporte: atividade física e saúde. *Rev. Bras. Med. Esporte*, v. 2, p. 79-81, 1996.

HAMBRECHT, R. et al. Various intensities of leisure time physical activity in patients with coronary artery disease: effects on cardiorespiratory fitness and progression of coronary atherosclerotic lesions. *Journal of the American College of Cardiology*, v. 22, n. 2, p. 468-477, 1993.

JOLLIFFE, J. A. et al. Exercise-based rehabilitation for coronary heart disease [Cochrane Review]. *Cochrane Database Syst. Rev.*, n. 1, CD001800, 2001.

NIEUBAUER, J. et al. 6 years of intensive phyical exercise and low fat diet: effects on progression of coronary artery disease. *Circulation*, v. 92, p. 1-398, 1995. Suppl. 1.

ORNISH, D. et al. Can lifestyle changes reverse coronary artery disease? *Lancet*, v. 336, n. 8708, p. 129-133, 1990.

REHABILITATION after cardiovascular diseases, with special emphasis on developing countries: report of a WHO Expert Committee, 1993.

VONGVANICH, P et al. Safety of medically supervised exercise in a cardiac rehabilitation center. *Am. J. Cardiol.*, v. 77, n. 15, p. 1383-1385, 1996.

7

Escala motora para terceira idade
Franscisco Rosa Neto

Ficha técnica	
Nome original:	Escala motora para terceira idade – EMTI
Autor:	Francisco Rosa Neto *E-mail*: franciscorosaneto@terra.com.br *Site*: www.motricidade.com.br
Centro:	Laboratório de Desenvolvimento Humano da Universidade do Estado de Santa Catarina – UDESC
Administração:	Individual
Duração:	Variável, entre 30 e 45 minutos
População:	Indivíduos com idade superior a 60 anos
Indicação:	Grupos de risco para alterações motoras; sedentarismo; alterações de comportamento mental, psicológico e neurológico; controle evolutivo da aptidão motora
Áreas:	Motricidade fina; coordenação global; equilíbrio; esquema corporal; organização espacial e temporal
Variáveis:	Aptidão motora geral e específica; escala motora; e perfil motor
Profissionais:	Medicina (geriatria, psiquiatria e neurologia); educação física; e fisioterapia
Material:	Kit EMTI – manual, folha de respostas, instrumentos para aplicação dos testes, CD-ROM com programa informático e imagem digital de como aplicar os testes motores

O exame motor é um instrumento indispensável para os profissionais que trabalham com a terceira idade. É o ponto de partida para uma intervenção terapêutica, pois nos permite:

- identificar os problemas estabelecidos;
- diferenciar os diversos tipos de debilidade;
- avaliar os progressos do idoso, por meio de um programa de terapia motora.

A escala motora é de fácil manejo para o examinador. Em geral as provas são muito estimulantes; o idoso colabora durante o transcurso do exame, e estabelece-se uma confiança e empatia entre examinador e examinando, resultando em uma maior confiabilidade dos resultados.

TESTES

- Motricidade fina (oculomanual)
- Coordenação global
- Equilíbrio (postura estática)
- Esquema corporal (imitação de postura, rapidez)
- Organização espacial (percepção do espaço)
- Organização temporal (linguagem, estruturas temporais)

Para adaptar estas provas foi utilizado o *Manual de avaliação motora* (Rosa Neto, 2002). Para realizá-las foi selecionado distinto aspecto de outras provas, respaldado por outros autores clássicos, diversos testes motores e psicológicos existentes:

- Testes motores de Ozeretski revisados por Guilmain, são provas precisas que permitem uma observação objetiva dos elementos fundamentais da motricidade.
- Escala de desenvolvimento de Brunet/Lezine.
- Teste de imitação de gestos de Berges/Lezine.
- Os trabalhos de Zazzo e colaboradores facilitaram a observação de condutas perceptivas e motoras, que nos permitem determinar os diferentes estágios do desenvolvimento da criança.
- Para a prova de rapidez, Mira Stambak é considerada uma prova de eficiência motriz, pois permite evidenciar precisão, regularidade, falta de coordenação, impulsividade e ansiedade.
- A associação feita por Galifret-Granjon e as provas de Piaget e Head em uma mesma bateria são um excelente critério de orientação direita/esquerda. Cada prova da bateria marca uma nova etapa maturativa

entre 6 a 11 anos. Pode-se dizer que a bateria tem uma sensibilidade discriminativa do ponto de vista maturativo, pois permite situar o nível de desenvolvimento da criança.

- A prova de organização temporal está inspirada em uma "reprodução de estruturas rítmicas" de Mira Stambak. Esta prova permite ao examinador determinar de uma maneira simultânea os hábitos neuromotores (sentido da visão e rotação dos círculos), as capacidades perceptivomotoras e a memória imediata (possibilidade de aprender e reproduzir os elementos de uma sucessão espacial ou temporal). Também nos permite determinar as possibilidades de transferência (compreensão e utilização de símbolos).

ESCALA MOTORA

Não se pode fazer ciência sem ter que recorrer, em um momento ou outro, à experimentação. Ela se depara com algumas dificuldades, tais como as seguintes:

- A observação não pode avançar sem o consentimento do indivíduo ou do grupo.
- A observação, como toda relação humana, implica a comunicação entre o experimentador e o sujeito, mas assim mesmo implica lucidez, objetividade e aceitação dos comportamentos e dos resultados observados.
- A investigação por meio da experimentação é um trabalho de equipe, cujos papéis (observação, participação e ação educativa) estão às vezes separados e definidos.

A escala motora para terceira idade aparece com o propósito, sobretudo, de colocar à disposição de profissionais um conjunto de instrumentos de diagnóstico, que lhes permitam utilizar um método eficaz para realizar estudos transversais e longitudinais por meio de provas construídas sobre princípios técnicos, científicos e com critérios práticos coerentes.

Instruções gerais de aplicação

Quando os idosos recorrem a um exame motor, apresentam um grande interesse em conhecer e realizar as provas, pois não estão acostumados a realizar provas estimulantes ou divertidas. No âmbito de aplicação do exame, os sujeitos são recebidos com enfoques diferentes se considerarmos outros testes psicométricos (inteligência, rendimento acadêmico, etc.). As pessoas colaboram bem, já que a bateria é muito diversificada. O estabelecimento de um clima adequado é um aspecto crucial do exame, que normalmente fica melhor quando o examinador se aproxima do idoso com ar de confiança, anunciando-lhe que as atividades serão divertidas, com diferentes propostas de trabalho.

A possibilidade de obter resultados válidos na utilização deste *Manual de avaliação motora para terceira idade* depende, em grande parte, do cuidado com que se seguem as instruções, tanto de aplicação como de correção, que expressamente se determinam. Qualquer modificação na estrutura dos testes (critérios de avaliação, métodos para calcular as pontuações, idades motoras e quocientes motores) pode levar a observações errôneas. O examinador deve estar especialmente treinado (competência, ordenação nas provas, lugar adequado, tempo suficiente e material adequado), habilitado com a aplicabilidade das provas, seguindo passo a passo todas as suas fases, de forma que possa seguir as normas e registrar as respostas sem vacilações e contestar adequadamente as observações que o sujeito manifeste.

Vestimenta

O idoso permanecerá com sua roupa normal, tirando somente aquelas roupas que podem dificultar os movimentos. Para não deslizar e ao mesmo tempo permitir uma correta observação nas provas de coordenação e equilíbrio, ele deverá retirar os calçados.

Ordem de aplicação da bateria

Os testes podem ser aplicados na seguinte ordem:

- Motricidade fina.
- Motricidade global.
- Equilíbrio.
- Esquema corporal (imitação de posturas e rapidez).
- Organização espacial.
- Organização temporal (linguagem e estruturas temporais).

Tempo de aplicação

Deve-se dispor de tempo suficiente para a administração de todo o exame, de modo que a aplicação não se realce precipitadamente e haja ocasião de estabelecer e manter um adequado clima de confiança. Pode-se começar com uma conversa breve e amável para lograr esse clima e, na medida do possível, obter a cooperação e a motivação do idoso. O tempo estimado para cada aplicação é, aproximadamente, de 30 a 45 minutos. A duração pode alcançar, ocasionalmente, 60 minutos, devido às diferenças individuais. Deve-se considerar todos esses dados na hora de programar o exame de modo que, sempre que for possível, ele se realize em uma só sessão.

Preparação do lugar

O local do exame deve ser silencioso e estar bem iluminado e ventilado, livre de ruídos e interrupções exteriores. A sala de avaliação conterá um mobiliário de proporções adequadas, de forma que permita manejar com facilidade o material de exame. Para as provas de motricidade global e equilíbrio é necessário um espaço de 5 a 6 metros de longitude.

Material para aplicação

O material deve estar convenientemente ordenado, evitando assim confusão e atraso no transcurso das provas. A maior parte dele deve estar fora da vista do sujeito; não obstante, é preciso ocultar com naturalidade, para evitar reações desfavoráveis por parte do sujeito.

Manual

O manual apresenta informações e procedimento técnico para a utilização correta da escala.

Folha de resposta

A folha de resposta está formatada para facilitar o registro dos resultados e sobre o sujeito durante as provas (Anexo I).

Folhas complementares

Prova de labirintos (Anexo II) e prova de rapidez (Anexo III).

Material auxiliar

- *Motricidade fina*: 6 cubos de 2,5cm, linha nº 60, agulha de costura (1cm x 1mm), um cordão de sapatos de 45cm, cronômetro sexagesimal, papel de seda, bola de borracha ou de tênis de campo (6cm de diâmetro), cartolina branca, lápis nº 2, borracha e folhas de papel em branco.
- *Motricidade global*: banco de 15cm de altura, corda de 2 metros, elástico, suporte para saltar, uma caixa de fósforos e uma cadeira de 45cm de altura.
- *Equilíbrio*: banco de 15cm e cronômetro sexagesimal.
- *Esquema corporal*: lápis nº 2 e cronômetro sexagesimal.
- *Organização espacial*: tabuleiro com três formas geométricas, palitos de 5 e 6cm de comprimento, retângulo e 2 triângulos de cartolina, 3 cubos de cores diferentes e figuras de boneco esquematizado.
- *Organização temporal*: cronômetro sexagesimal e lápis nº 2.

Definição de termos

- *Aptidão motora geral (AMG)* – Obtém-se com a soma dos pontos obtidos nas áreas de motricidade fina, coordenação global, equilíbrio, esquema corporal, organização espacial e temporal.
- *Aptidão motora 1 (AM1)* – Obtém-se com a soma dos pontos alcançados nos testes de motricidade fina.
- *Aptidão motora 2 (AM2)* – Obtém-se com a soma dos pontos alcançados nos testes de coordenação global.
- *Aptidão motora 3 (AM3)* – Obtém-se com a soma dos pontos alcançados nos testes de equilíbrio.
- *Aptidão motora 4 (AM4)* – Obtém-se com a soma dos pontos alcançados nos testes de esquema corporal.
- *Aptidão motora 5 (AM5)* – Obtém-se com a soma dos pontos alcançados nos testes de organização espacial.
- *Aptidão motora 6 (AM6)* – Obtém-se com a soma dos pontos alcançados nos testes de organização temporal.

Pontuação

- Sugere-se iniciar o exame motor pela sequência de provas motoras: motricidade fina, motricidade global, equilíbrio, etc.

- As provas são classificadas de acordo com os níveis de dificuldade (nível 2, 3, 4, 5, 6, 7, 8, 9, 10, 11).
- O examinador determinará o nível ideal para o idoso começar os testes, de acordo com suas condições biopsicossociais.
- Se o idoso tem êxito em uma prova, o resultado será positivo e se registra com o símbolo 1.
- Se a prova exige habilidade com o lado direito e esquerdo do corpo, se registra 1 quando houver êxito com os dois membros.
- Se a prova tem resultado positivo apenas com um dos membros (direito ou esquerdo), registra-se 1/2.
- Se a prova tem resultado negativo, registra-se 0.
- Se a prova de motricidade fina começa no nível 5 e o resultado foi positivo, o valor correspondente será igual a 60 pontos.
- Se o teste do nível 6 (motricidade fina) foi realizado apenas com o lado dominante 1/2, adiciona apenas seis pontos ao nível anterior, 66 pontos.
- As provas de uma área específica só poderão ser interrompidas quando o resultado for igual a 0.

Tabela de pontos	
Nível	Pontos
2	24
3	36
4	48
5	60
6	72
7	84
8	96
9	108
10	120
11	132

Escala de aptidão motora geral	
Pontos	Classificação
130 ou mais	Muito superior
120 – 129	Superior
110 – 119	Normal alto
90 – 109	Normal médio
80 – 89	Normal baixo
70 – 79	Inferior
69 ou menos	Muito inferior

Manual de avaliação motora para terceira idade **127**

Exemplo 1
Maria, 72 anos. Na aplicação dos testes obtiveram-se os seguintes resultados:

Áreas / Níveis		2	3	4	5	6	7	8	9	10	11
1.	Motricidade fina:				1	1/2	1	0			
2.	Coordenação global:				1	1	1	0			
3.	Equilíbrio:				1	0					
4.	Esquema corporal/rapidez:				1	1	1	1	0		
5.	Organização espacial:				1	1	0				
6.	Linguagem/organização temporal:				1	1	1	0			

Idades motoras

Motricidade fina (AM1) = 78 pontos
Coordenação global (AM2) = 84 pontos
Equilíbrio (AM3) = 60 pontos
Esquema corporal (AM4) = 96 pontos
Organização espacial (AM5) = 72 pontos

Organização temporal (AM6) = 84 pontos
APTIDÃO MOTORA GERAL = (AM1 + AM2 + AM3 + AM4 + AM5 + AM6) / 6
AMG = 79 pontos

Escala motora = **Inferior**

Exemplo 2

Nome:	Paulo	Sobrenome:	_____	Sexo:	Masculino
Nascimento:	14/02/1932	Exame:	10/02/1999	Idade:	67 anos
Outros dados:	Grupo da terceira idade				

Resultados

	Áreas / Níveis	2	3	4	5	6	7	8	9	10	11
1.	Motricidade fina:					1	1	0			
2.	Motricidade global:					1	0				
3.	Equilíbrio:					1	1	0			
4.	Esquema corporal/rapidez:					1	1	1	1	1	0
5.	Organização espacial:					1	1	1	0		
6.	Linguagem/organização temporal:					1	1	1	1	1	1

Resumo de pontos

Aptidão motora geral (AMG):	98 pontos	Escala de aptidão motora:	Normal médio
Motricidade fina (AM1):	84 pontos	Esquema corporal (AM4):	120 pontos
Coordenação global (AM2):	72 pontos	Organização espacial (AM5):	96 pontos
Equilíbrio (AM3):	84 pontos	Organização temporal (AM6):	132 pontos

Perfil motor

Nível	Motricidade fina	Motricidade global	Equilíbrio	Esquema corporal	Organização espacial	Organização temporal
11	•	•	•	•	•	•
10	•	•	•	•	•	•
09	•	•	•	•	•	•
08	•	•	•	•	•	•
07	•	•	•	•	•	•
06	•	•	•	•	•	•
05	•	•	•	•	•	•
04	•	•	•	•	•	•
03	•	•	•	•	•	•
02	•	•	•	•	•	•

DESCRIÇÃO DO EXAME: MOTRICIDADE FINA

Nível 2 – Construir uma torre

Material: 12 cubos em desordem; tomam-se quatro e, com eles, é montada uma torre diante do idoso (Figura 7.1). "Faça você uma ponte igual" (sem desmontar o modelo). O idoso deve fazer uma torre de quatro ou mais cubos quando lhe for indicado.

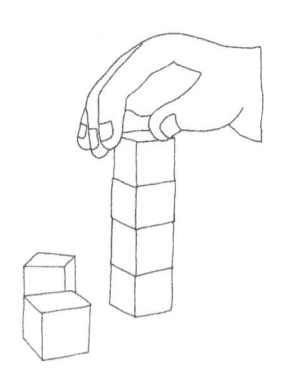

Figura 7.1
Construir uma torre.

Nível 3 – Construir uma ponte

Material: 12 cubos em desordem; tomam-se três e, com eles, constrói-se uma ponte diante do idoso (Figura 7.2). "Faça você algo semelhante" (sem desmontar o modelo). Pode-se ensinar várias vezes a forma de fazê-lo. É suficiente que a ponte se mantenha, ainda que não esteja muito bem equilibrada.

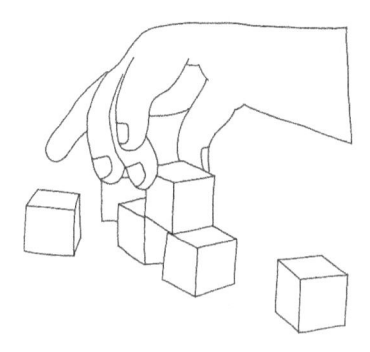

Figura 7.2
Construir uma ponte.

Nível 4 – Enfiar a linha na agulha

Material: Linha nº 60 e agulha de costura (1cm x 1mm). Para começar, mãos separadas a uma distância de 10cm. A linha passa pelos dedos em 2cm. Comprimento total da linha é de 15cm (Figura 7.3). Duração: 9 segundos. Ensaios: dois.

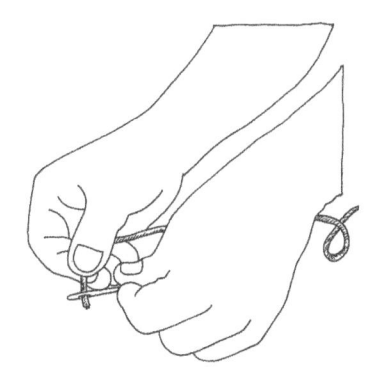

Figura 7.3
Enfiar a linha na agulha.

Nível 5 – Fazer um nó

Material: Um par de cordões de sapatos de 45cm e um lápis. "Presta atenção no que faço". Fazer um nó simples em um lápis (Figura 7.4). "Com este cordão, você irá fazer um nó em meu dedo como eu fiz no lápis". Aceita-se qualquer tipo de nó, desde que não se desmanche.

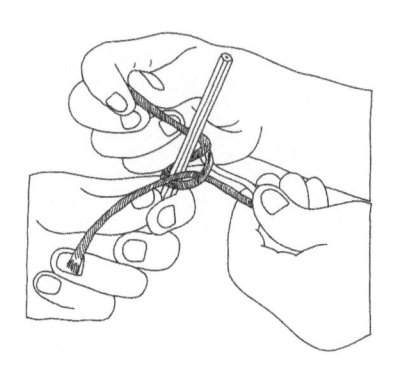

Figura 7.4
Fazer um nó.

Nível 6 – Traçar o labirinto

O idoso deve estar sentado em uma mesa diante de um lápis e uma folha contendo os labirintos (Anexo II). Ele deve traçar com um lápis uma linha contínua da entrada até a saída do primeiro labirinto e, imediatamente, iniciar o próximo. Após 30 segundos de repouso, deve começar o mesmo exercício com a mão esquerda (Figura 7.5).

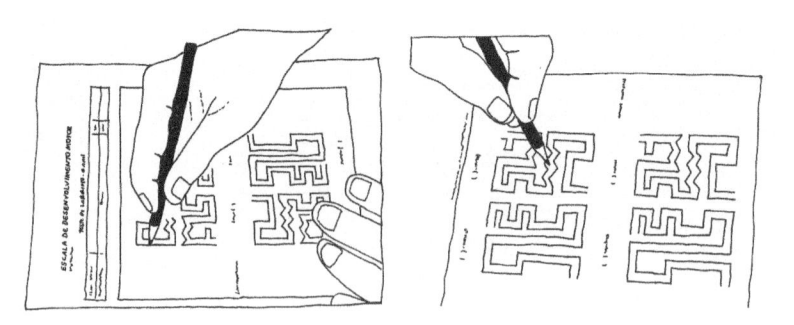

Figura 7.5
Traçar o labirinto.

Erros: A linha ultrapassar o labirinto mais de duas vezes com a mão dominante e mais de três vezes com a mão não-dominante; o tempo máximo ser ultrapassado; levantar mais que uma vez o lápis do papel. Duração: 1 minuto e 20 segundos para a mão dominante (direita ou esquerda) e 1 minuto e 25 segundos para a mão não-dominante (direita ou esquerda). Tentativas: duas tentativas para cada mão.

Nível 7 – Fazer bolinhas de papel

O idoso deve fazer uma bolinha compacta com um pedaço de papel de seda (5cm x 5cm) com uma só mão; a palma deve estar para baixo, e é proibida a ajuda da outra mão. Após 15 segundos de repouso, o mesmo exercício deve ser realizado com a outra mão (Figura 7.6). Erros: o tempo máximo ser ultrapassado; a bolinha ser pouco compacta. Duração: 15 segundos para a mão dominante e 20 segundos para a mão não-dominante. Tentativas: duas para cada mão. Deve-se observar há sincinesias (movimentos involuntários).

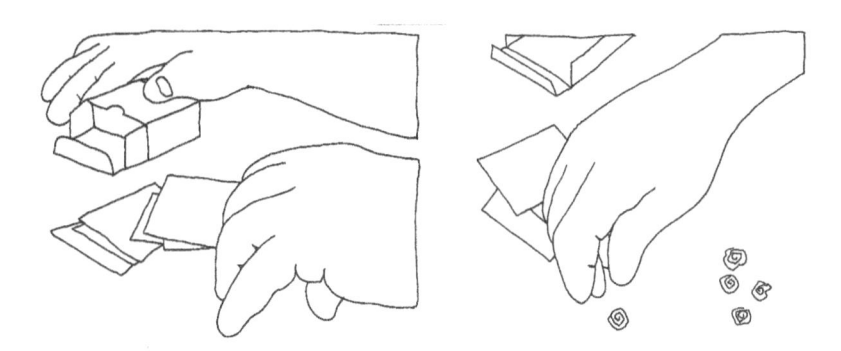

Figura 7.6
Fazer bolinhas de papel.

Nível 8 – Tocar com a ponta do polegar

Com a ponta do polegar, o idoso deve tocar com a máxima velocidade possível os dedos da mão, um após o outro, sem repetir a sequência. Inicia-se do dedo menor para o polegar, retornando novamente para o menor (Figura 7.7).

5 4 3 2 1 ⇔ 2 3 4 5

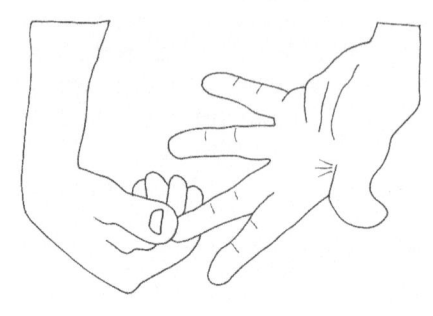

Figura 7.7
Tocar com a ponta do polegar.

O mesmo exercício deve ser realizado com a outra mão. Erros: Tocar várias vezes o mesmo dedo; tocar dois dedos ao mesmo tempo; esquecer de um dedo; ultrapassar o tempo máximo. Duração: cinco segundos. Tentativas: duas para cada mão.

Nível 9 – Lançar uma bola

Arremessar uma bola (6cm de diâmetro), em um alvo de 20 x 20cm, situado na altura do peito, a 1,50m de distância. O lançamento é feito a partir do braço flexionado, com a mão próxima do ombro, pés juntos. Erros: deslocar de modo exagerado o braço; não fixar o cotovelo ao corpo durante o arremesso; acertar menos de duas vezes sobre três com a mão dominante e uma sobre três com a mão não-dominante. Tentativas: três para cada mão (Figura 7.8).

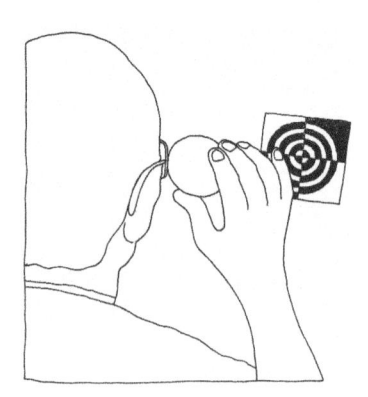

Figura 7.8
Lançar uma bola.

Nível 10 - Fazer círculo com o polegar

A ponta do polegar esquerdo deve estar sobre a ponta do índice direito, e depois ao contrário. O índice direito deixa a ponta do polegar esquerdo e, desenhando uma circunferência ao redor do índice esquerdo, vai buscar a ponta do polegar esquerdo; entretanto, permanece o contato do índice esquerdo com o polegar direito. Dez movimentos sucessivos regulares devem ser feitos com a maior velocidade possível em 10 segundos. Em seguida, o idoso fecha os olhos e continua assim por realizar mais 10 movimentos. Erros: o movimento ser mal executado; haver menos de 10 círculos; a tarefa se executada apenas com os olhos abertos (Figura 7.9). Tentativas: três.

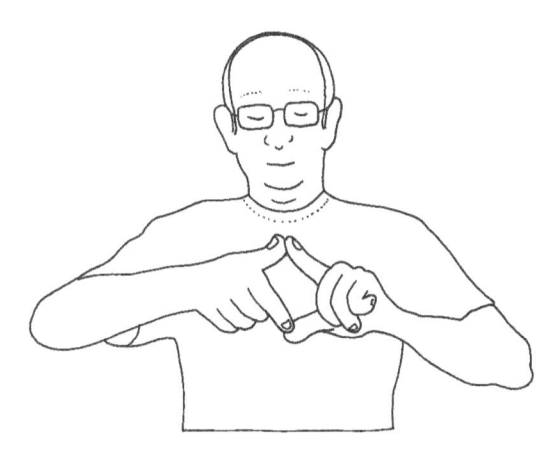

Figura 7.9
Fazer círculo com o polegar.

Nível 11 - Agarrar uma bola

Agarrar com uma mão uma bola (6cm de diâmetro), lançada desde três metros de distância. O idoso deve manter o braço relaxado ao longo do corpo até que se diga "agarre". Após 30 segundos de repouso, o mesmo exercício deve ser feito com a outra mão. Erros: agarrar menos de três vezes sobre cinco com a mão dominante; menos de duas vezes sobre cinco com a mão não-dominante. Tentativas: cinco para cada mão (Figura 7.10).

Figura 7.10
Agarrar uma bola.

COORDENAÇÃO GLOBAL

Nível 2 – Subir sobre um banco

Subir, com apoio, em um banco de 15cm de altura e descer. O banco fica situado ao lado de uma parede (Figura 7.11).

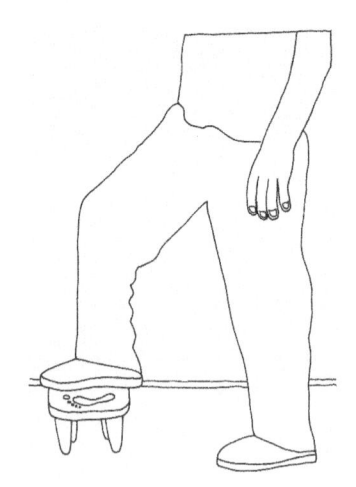

Figura 7.11
Subir sobre um banco.

Nível 3 – Saltar sobre uma corda

Com os pés juntos: saltar por cima de uma corda estendida sobre o solo, sem impulso, com as pernas flexionadas (Figura 7.12). Erros: os pés estarem separados; o idoso perder o equilíbrio e cair. Tentativas: três (duas tentativas deverão ser positivas).

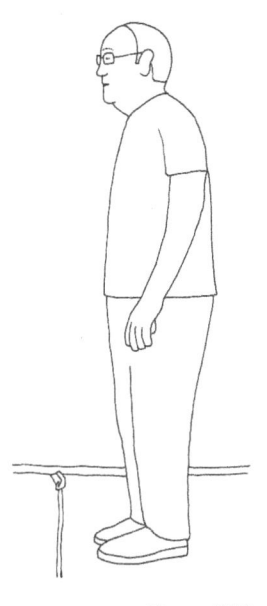

Figura 7.12
Saltar sobre uma corda.

Nível 4 – Saltar no mesmo lugar

Dar saltos, sete ou oito sucessivamente, no mesmo lugar com as pernas ligeiramente flexionadas (Figura 7.13). Erros: fazer movimentos não simultâneos de ambas as pernas, cair sobre os calcanhares. Tentativas: duas.

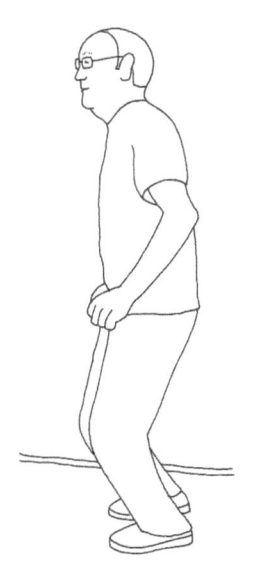

Figura 7.13
Saltar no mesmo lugar.

Nível 5 – Saltar uma altura de 20cm

Com os pés juntos: saltar sem impulso uma altura de 20cm (Figura 7.14). Material: dois suportes com uma fita elástica fixada nas suas extremidades a uma altura de 20cm. Erros: tocar no elástico; cair (apesar de não ter tocado no elástico); tocar no chão com as mãos. Tentativas: três, sendo que duas deverão ser positivas.

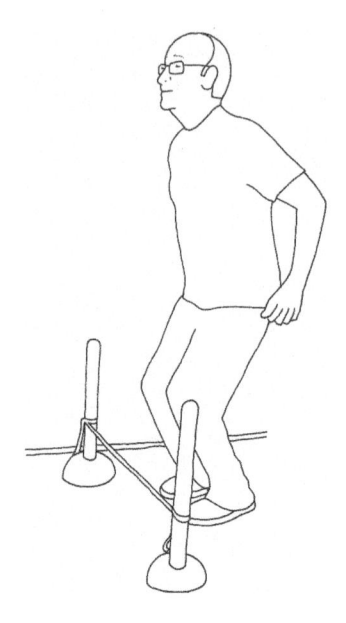

Figura 7.14
Saltar uma altura de 20cm.

Nível 6 – Caminhar em linha reta

Com os olhos abertos, percorrer dois metros em linha reta, posicionando alternadamente o calcanhar de um pé contra a ponta do outro (Figura 7.15). Erros: afastar-se da linha; ter balanceios; afastar um pé do outro; execução ruim. Tentativas: três.

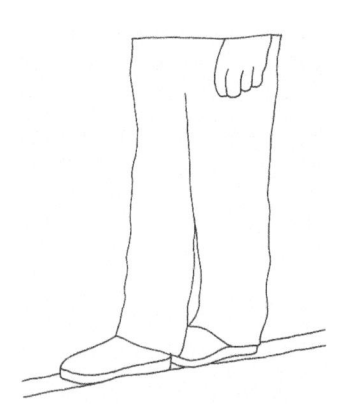

Figura 7.15
Caminhar em linha reta.

Nível 7 – Fazer o "pé manco"

Com os olhos abertos, saltar ao longo de uma distância de cinco metros com a perna esquerda, com a direita flexionada em ângulo reto com o joelho e os braços relaxados ao longo do corpo (Figura 7.16). Após um descanso de 30 segundos, fazer o mesmo exercício com a outra perna. Erros: distanciar-se mais de 50cm da linha; tocar no chão com a outra perna; balançar os braços. Tentativas: duas para cada perna. Tempo indeterminado.

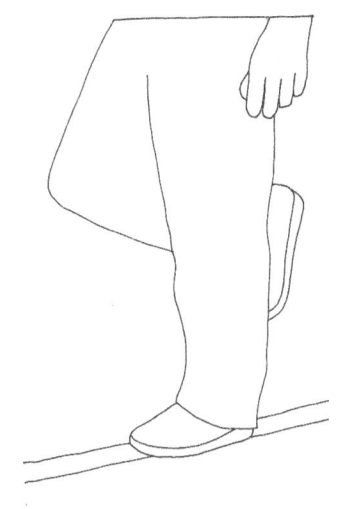

Figura 7.16
Fazer o "pé manco"

Nível 8 – Saltar uma altura de 40cm

Com os pés juntos: saltar sem impulso uma altura de 40cm (Figura 7.17). Material: dois suportes com uma fita elástica fixada nas suas extremidades a um altura de 40cm. Erros: tocar no elástico; cair (apesar de não ter tocado no elástico); tocar no chão com as mãos. Tentativas: três no total, sendo que duas deverão ser positivas.

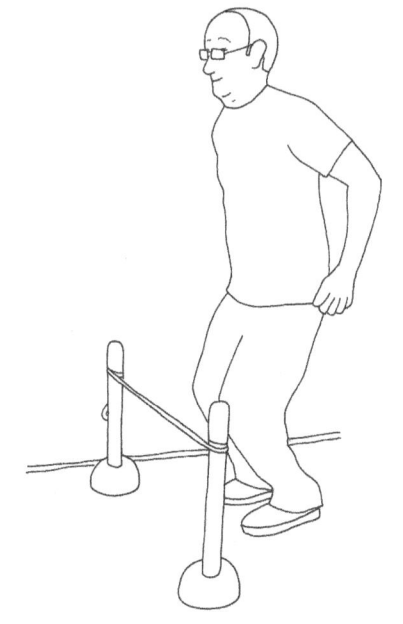

Figura 7.17
Saltar uma altura de 40cm.

Nível 9 – Saltar no ar

Saltar no ar, flexionar os joelhos para tocar os calcanhares com as mãos (Figura 7.18). Erros: não tocar nos calcanhares. Tentativas: três.

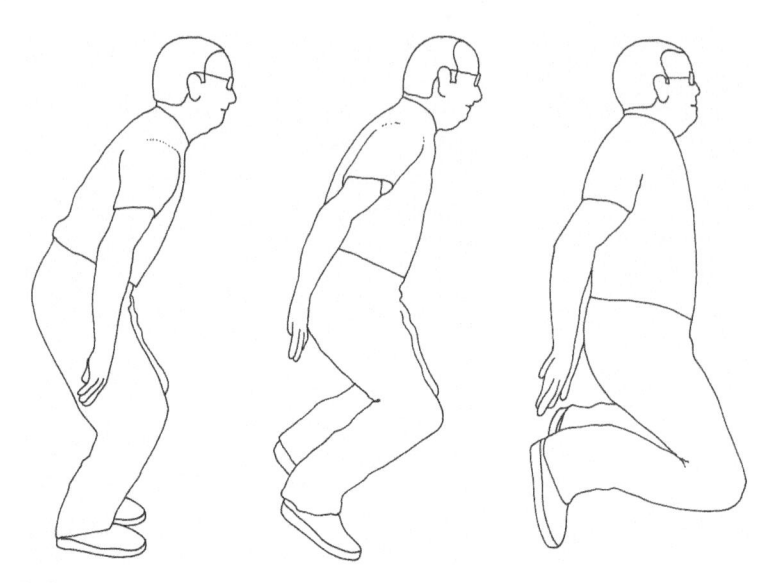

Figura 7.18
Saltar no ar.

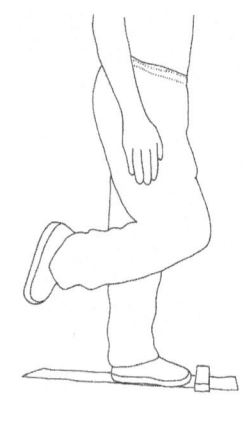

Nível 10 – Fazer o "pé manco" com uma caixa de fósforos

Posição: joelho flexionado em ângulo reto, braços relaxados ao longo do corpo. A 25cm do pé que repousa no solo coloca-se uma caixa de fósforos. O idoso deve levá-la impulsionando-a com o pé até o ponto situado a cinco metros (Figura 7.19). Erros: tocar no chão (ainda que uma só vez) com o outro pé; fazer movimentos exagerados com os braços; deixar a caixa ultrapassar em mais de 50cm do ponto fixado; falhar no deslocamento da caixa. Tentativas: três.

Figura 7.19
Fazer o "pé manco" com uma caixa de fósforos.

Nível 11 – Saltar sobre uma cadeira

Saltar sobre uma cadeira de 45cm a 50cm com uma distância de 10cm dela. O encosto será sustentado pelo examinador (Figura 7.20). Erros: perder o equilíbrio e cair; agarrar-se no encosto da cadeira. Tentativas: três.

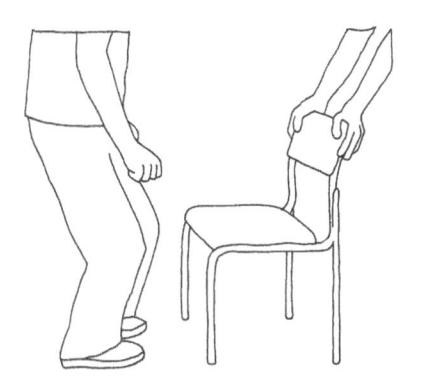

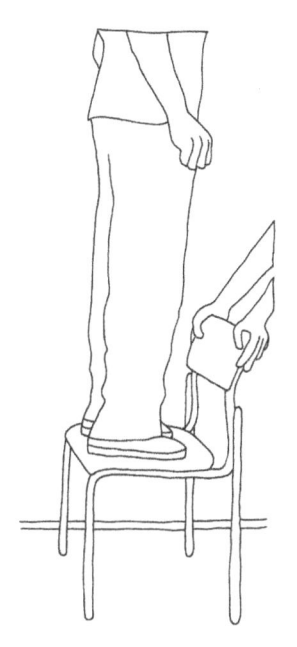

Figura 7.20
Saltar sobre uma cadeira.

EQUILÍBRIO

Nível 2 – Equilibrar-se sobre um banco (estático)

Sobre um banco de 15cm de altura, o idoso deve manter-se imóvel, com os pés juntos e os braços relaxados ao longo do corpo (Figura 7.21). Erros: deslocar os pés; mover os braços. Duração: 10 segundos.

Figura 7.21
Equilibrar-se sobre um banco (estático).

Nível 3 – Equilibrar-se sobre um joelho

Com os braços ao longo do corpo e os pés juntos, o idoso deve apoiar um joelho no chão sem mover os braços ou o outro pé. Manter esta posição, com o tronco ereto – sem sentar-se sobre o calcanhar (Figura 7.22). Após 20 segundos de descanso, repete-se o mesmo exercício com a outra perna. Erros: permanecer por tempo inferior a 10 segundos; deslizar os braços, o pé ou o joelho; sentar-se sobre o calcanhar. Tentativas: duas para cada perna.

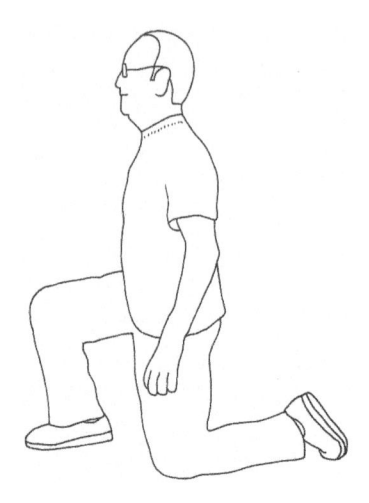

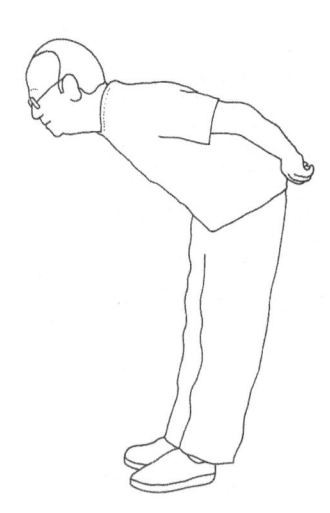

Figura 7.22
Equilibrar-se sobre um joelho.

Nível 4 – Equilibrar-se com o tronco flexionado

Com os olhos abertos, os pés juntos e as mãos apoiadas nas costas, deve-se flexionar o tronco em ângulo reto e manter esta posição (Figura 7.23). Erros: mover os pés; flexionar as pernas; manter por tempo inferior a 10 segundos. Tentativas: duas.

Figura 7.23
Equilibrar-se com o tronco flexionado.

Nível 5 – Equilibrar-se nas pontas dos pés

Manter-se sobre as pontas dos pés, com os olhos abertos, os braços ao longo do corpo, os pés e as pernas juntos (Figura 7.24). Duração: 10 segundos. Tentativas: três.

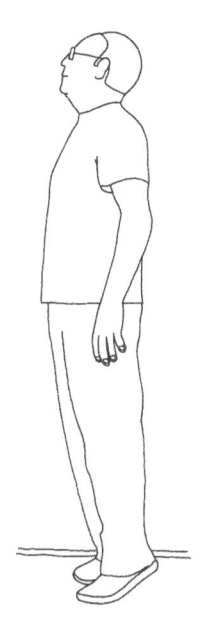

Figura 7.24
Equilibrar-se nas pontas dos pés.

Nível 6 – Fazer o "pé manco" estático

Com os olhos abertos, manter-se sobre a perna direita; a outra permanecerá flexionada em ângulo reto, com a coxa paralela à direita e ligeiramente em abdução e os braços ao longo do corpo (Figura 7.25). Após um descanso de 30 segundos, fazer o mesmo exercício com a outra perna. Erros: baixar mais de três vezes a perna levantada; tocar com o outro pé no chão; saltar; elevar-se sobre a ponta do pé; fazer balanceios. Duração: 10 segundos. Tentativas: três.

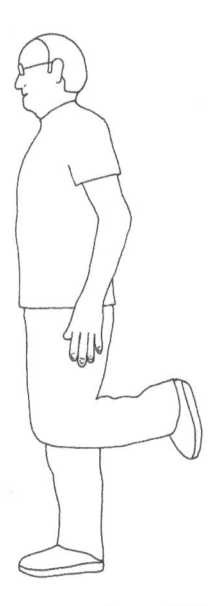

Figura 7.25
Fazer o "pé manco" estático.

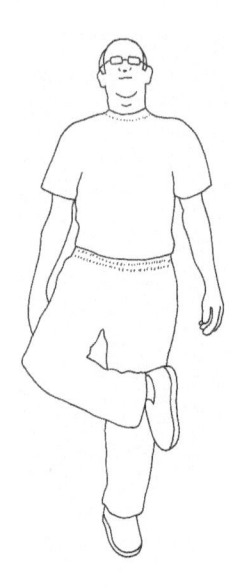

Nível 7 – Fazer o quatro

Manter-se sobre o pé esquerdo, com a planta do pé direito apoiada na face interna do joelho esquerdo, as mãos fixadas nas coxas e os olhos abertos (Figura 7.26). Após um descanso de 30 segundos, executar o mesmo movimento com a outra perna. Erros: deixar cair uma perna; perder o equilíbrio; elevar-se sobre a ponta dos pés. Duração: 15 segundos. Tentativas: duas para cada perna.

Figura 7.26
Fazer o quatro.

Nível 8 – Equilibrar-se de cócoras

O idoso deve manter-se de cócoras, com os braços estendidos lateralmente, os olhos abertos, os calcanhares e os pés juntos (Figura 7.27). Erros: cair; sentar-se sobre os calcanhares; tocar no chão com as mãos; deslizar-se; baixar os braços três vezes. Duração: 10 segundos. Tentativas: três.

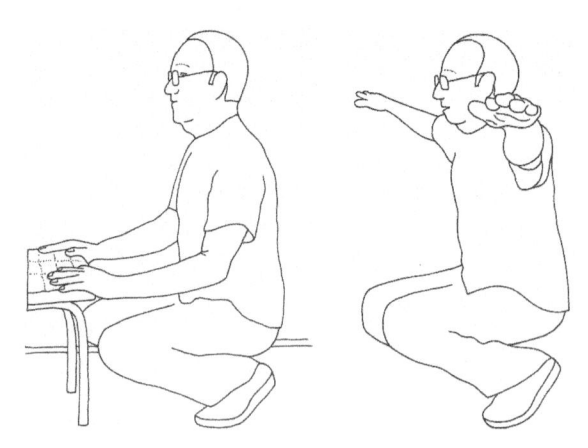

Figura 7.27
Equilibrar-se e cócoras.

Nível 9 – Equilibrar-se com o tronco flexionado

Com os olhos abertos e as mãos nas costas, elevar-se sobre as pontas dos pés e flexionar o tronco em ângulo reto e as pernas retas (Figura 7.28). Erros: flexionar as pernas mais de duas vezes; mover-se do lugar; tocar o chão com os calcanhares. Duração: 10 segundos. Tentativas: duas.

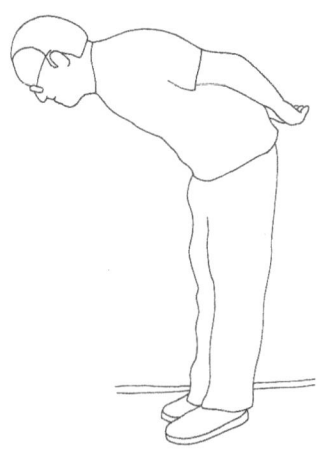

Figura 7.28
Equilibrar-se com o tronco flexionado.

Nível 10 – Equilibrar-se nas pontas dos pés – olhos fechados

Manter-se sobre a ponta dos pés, com os olhos fechados, os braços ao longo do corpo, os pés e as pernas juntas (Figura 7.29). Erros: mover-se do lugar; tocar o chão com os calcanhares; balançar o corpo (permite-se ligeira oscilação). Duração: 15 segundos. Tentativas: três.

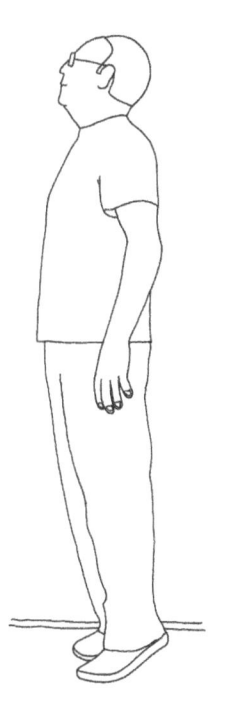

Figura 7.29
Equilibrar-se nas pontas dos pés – olhos fechados.

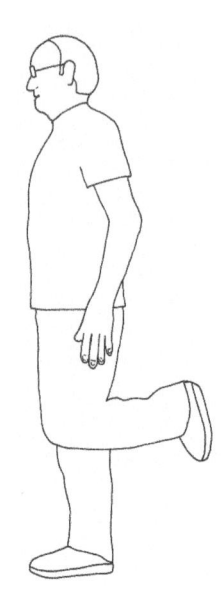

Nível 11 – Fazer o "pé manco" estático – olhos fechados

Com os olhos fechados, manter-se sobre a perna direita, com o joelho esquerdo flexionado em ângulo reto, a coxa esquerda paralela à direita e em ligeira abdução e os braços ao longo do corpo (Figura 7.30). Após 30 segundos de descanso, repetir o mesmo exercício com a outra perna. Erros: baixar mais de três vezes a perna; tocar o chão com a perna levantada; mover-se do lugar; saltar. Duração: 10 segundos. Tentativas: duas para cada perna.

Figura 7.30
Fazer o "pé manco" estático – olhos fechados.

ESQUEMA CORPORAL – PARTE I (IMITAÇÃO DE POSTURA)

1ª Etapa: controle do próprio corpo (nível 2 – 5)

Prova de imitação dos gestos simples (movimentos das mãos)

O idoso, de pé diante do examinador, imitará os movimentos de mãos e braços que ele realiza; o examinador ficará sentado próximo ao examinando, para poder pôr suas mãos em posição neutra entre cada um destes gestos (Figuras 7.31 e 7.32).

Imitação de gestos simples: movimentos das mãos

"Vai fazer como eu, com as mãos; olhe bem e repita o movimento". "Vamos, ânimo, faça como eu; preste atenção".

Material: quadro com itens e símbolos.

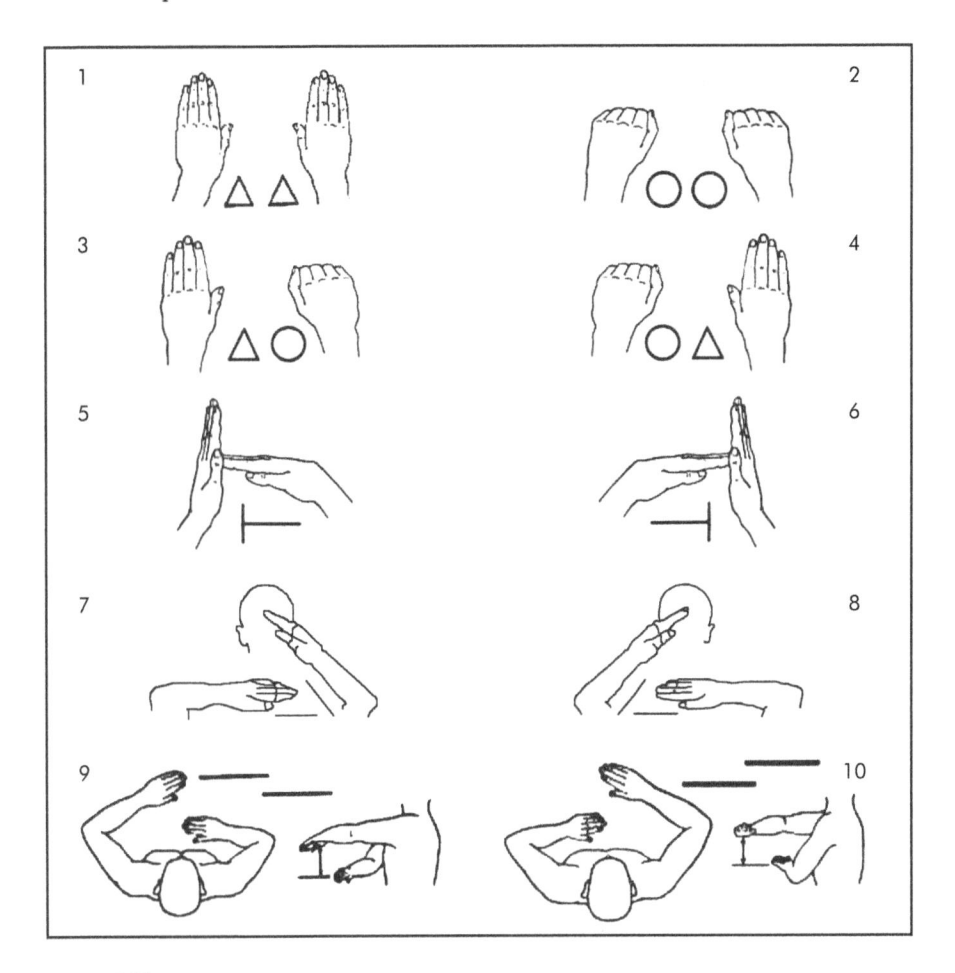

Figura 7.31
Prova de Berges/Lezine, 1975.

Item 1:	O examinador apresenta suas mãos abertas, palmas para a face do sujeito (40cm de distância entre as mãos, a 20cm do peito).
Item 2:	O mesmo, com os punhos fechados.
Item 3:	Mão esquerda aberta, mão direita fechada.
Item 4:	Posição inversa à anterior.
Item 5:	Mão esquerda vertical, mão direita horizontal, tocando a mão esquerda em ângulo reto.
Item 6:	Posição inversa.
Item 7:	Mão esquerda plana, polegar em nível do esterno, mão e braço direitos inclinados, distância de 30cm entre as mãos, mão direita por cima da mão esquerda.
Item 8:	Posição inversa.
Item 9:	As mãos estão paralelas, a mão esquerda está diante da mão direita a uma distância de 20cm, a mão esquerda está por cima da direita, desviada uns 10cm.
Item 10:	Posição inversa.

Prova de imitação de gestos simples (movimentos dos braços)

Imitação de gestos simples: movimentos dos braços

Material: quadro com itens e símbolos.

(Continua)

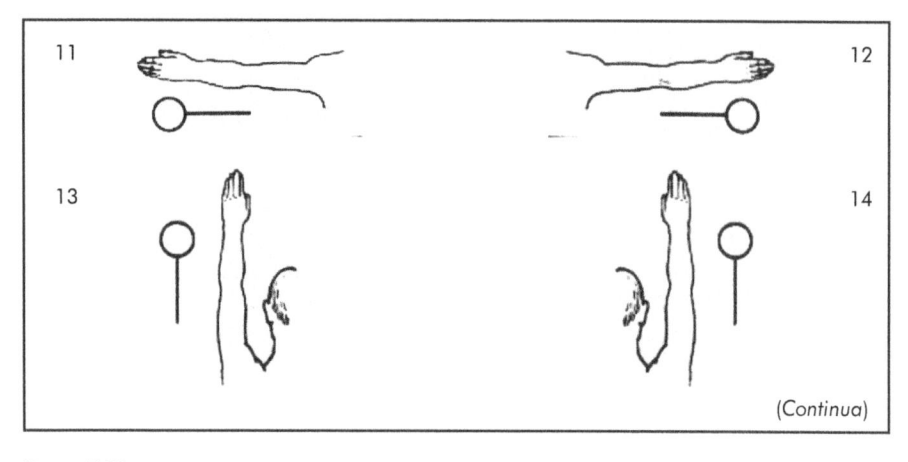

Figura 7.32
Prova de Berges/Lezine, 1975.

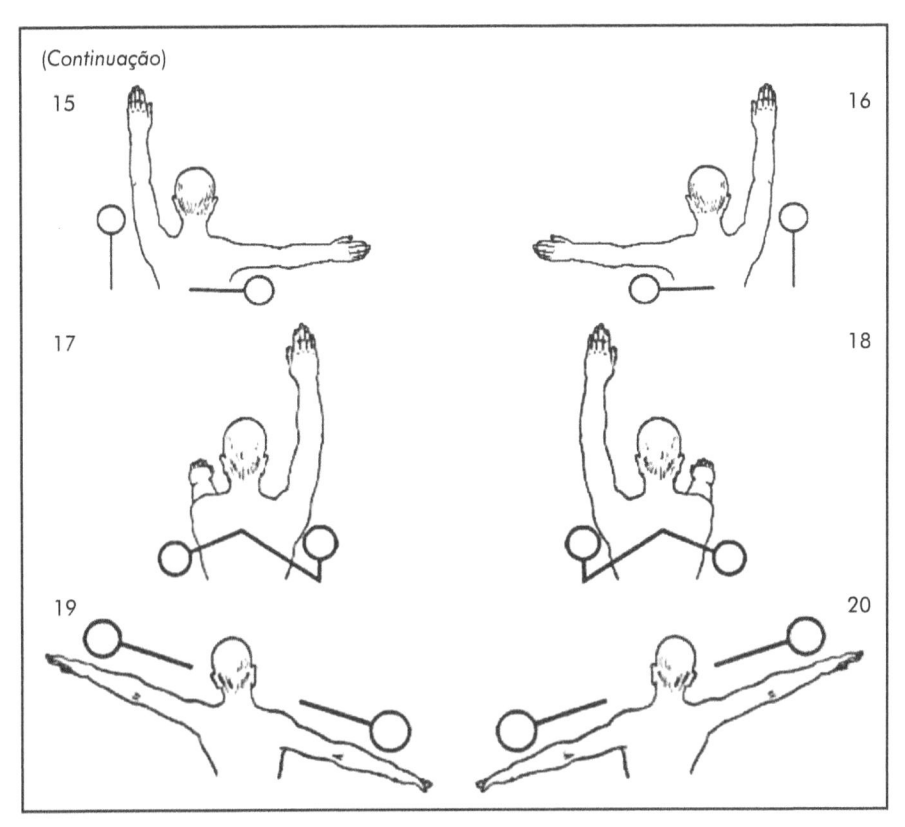

Figura 7.32
Prova de Berges/Lezine, 1975.

Item 11:	O examinador estende o braço esquerdo, horizontalmente para a esquerda, com a mão aberta.
Item 12:	O mesmo movimento, porém com o braço direito, para a direita.
Item 13:	Levantar o braço esquerdo.
Item 14:	Levantar o braço direito.
Item 15:	Levantar o braço esquerdo e estender o direito para a direita.
Item 16:	Posição inversa.
Item 17:	Estender o braço esquerdo para diante e levantar o direito.
Item 18:	Posição inversa.
Item 19:	Com os braços estendidos obliquamente, mão esquerda no alto, mão direita abaixo, com o tronco erguido.
Item 20:	Posição inversa.

Pontuação	
Idade cronológica	Pontos
Nível 3	7 – 12 acertos
Nível 4	13 – 16 acertos
Nível 5	17 – 20 acertos

ESQUEMA CORPORAL – PARTE II

2ª Etapa: prova de rapidez (nível 6 – 11)

Material: folha de papel quadriculado com 25 x 18 quadrados (quadro de 1cm de lado), lápis preto n° 2 e cronômetro (Figura 7.33). A folha quadriculada se apresenta em sentido longitudinal. "Pegue o lápis. Vê estes quadrados? Vai fazer um risco em cada um, o mais rápido que puder. Faça os riscos como desejar, mas apenas um risco em cada quadrado. Preste muita atenção e não salte nenhum quadrado, porque não poderá voltar atrás". O idoso toma o lápis com a mão que preferir (mão dominante).

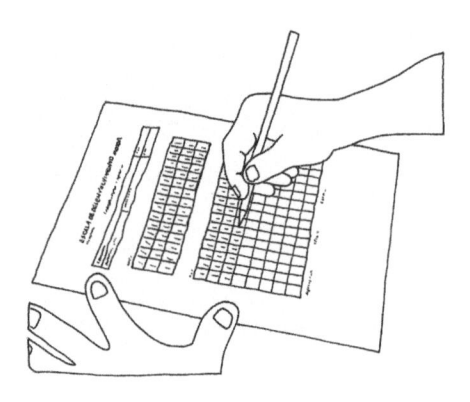

Figura 7.33
Prova de rapidez.

O idoso deve iniciar o mais rápido que puder até completar o tempo da prova. Deve-se estimular várias vezes: "Mais rápido". Tempo: 1 minuto.
Critérios da prova:

- Caso os traços forem lentos e precisos ou em forma de desenhos geométricos, deve-se repetir uma vez mais a prova, mostrando claramente os critérios.

- Deve-se observar durante a prova se o examinando apresenta dificuldades na coordenação motora, instabilidade, ansiedade e sincinesias.

Pontuação	
Nível	Número de traços
6	57 – 73
7	74 – 90
8	91 – 99
9	100 – 106
10	107 – 114
11	115 ou mais

ORGANIZAÇÃO ESPACIAL

Nível 2 – Tabuleiro/posição normal

Apresenta-se o tabuleiro para o idoso, com a base do triângulo de frente para ele (Figura 7.34). Tiram-se as peças posicionando-as na frente de suas respectivas perfurações. "Agora coloque você as peças nos buracos". Tentativas: duas.

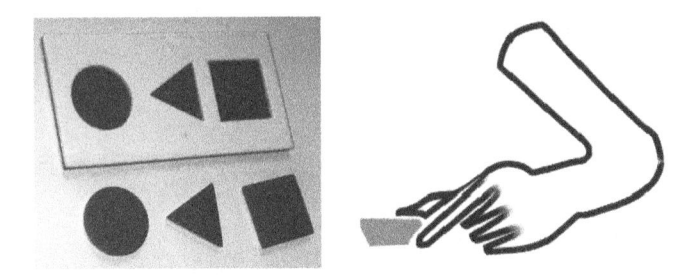

Figura 7.34

Nível 3 – Tabuleiro/posição invertida

Utiliza-se mesmo material do nível 2; porém, agora deve-se retirar as peças e deixá-las alinhadas com o vértice do triângulo posicionado para o idoso. Dá-se uma volta no tabuleiro (Figura 7.35). Sem limite de tempo. Tentativas: duas.

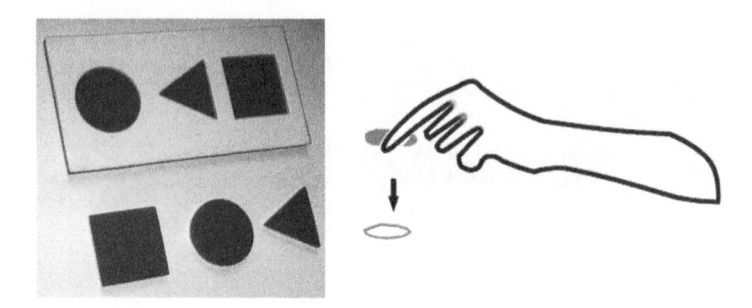

Figura 7.35

Nível 4 – Prova dos palitos

Dois palitos de diferentes comprimentos: cinco e seis centímetros. Deve-se colocar os palitos sobre a mesa. Eles estarão paralelos e separados por 2,5cm (Figura 7.36).

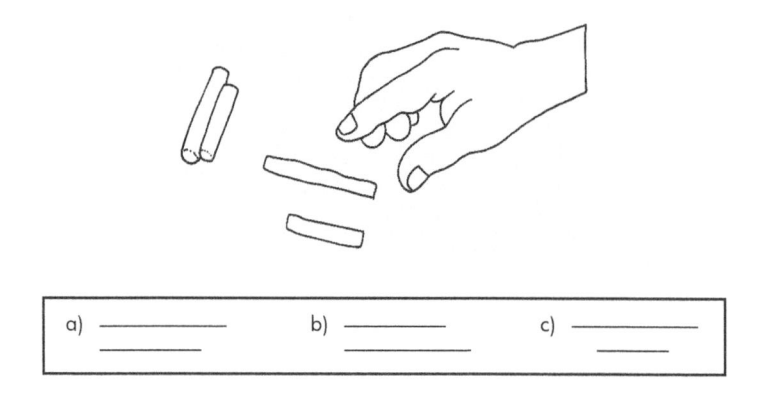

Figura 7.36

"Qual o palito mais longo? Coloque o dedo em cima do palito mais longo." São três provas trocando de posição os palitos. Se falhar em uma das três tentativas, fazem-se três mais trocando as posições dos palitos. O resultado é positivo quando o idoso acerta três de três tentativas ou cinco de seis tentativas.

Nível 5 – Jogo de paciência

Coloca-se um retângulo de cartolina de 14cm x 10cm em sentido longitudinal, diante do idoso. Ao seu lado e um pouco mais próximo do sujeito, as duas metades do outro retângulo, cortado pela diagonal, com as hipotenusas para o exterior e separadas alguns centímetros (Figura 7.37).

"Pegue estes triângulos e junte-os de maneira que saia algo parecido a este retângulo". Tentativas: três em um minuto. Número de tentativas: duas, sendo que cada tentativa não deverá ultrapassar um minuto.

Figura 7.37
Jogo de paciência.

Nível 6 – Direita/esquerda – conhecimento sobre si

Identificar em si mesmo a noção de direita e esquerda (Figura 7.38).

O examinador não executará nenhum movimento, apenas o examinando. Total de três perguntas e todas deverão ser respondidas corretamente.

Exemplo: "Mostre-me sua mão direita." Êxito: três acertos (três de três).

1. Levantar a mão direita   2. Levantar a mão esquerda   3. Indicar o olho direito

Figura 7.38
Direita/esquerda – conhecimento sobre si.

Nível 7 – Execução de movimentos

Execução de movimentos na ordem: o examinador solicitará ao examinando que realize movimentos, de acordo com a sequência a seguir (Figura 7.39). Exemplo: "Agora você irá colocar a mão direita na orelha esquerda." Êxito: cinco acertos (cinco de seis).

1. Mão direita na orelha esquerda   2. Mão esquerda no olho direito   3. Mão direita no olho esquerdo

(Continua)

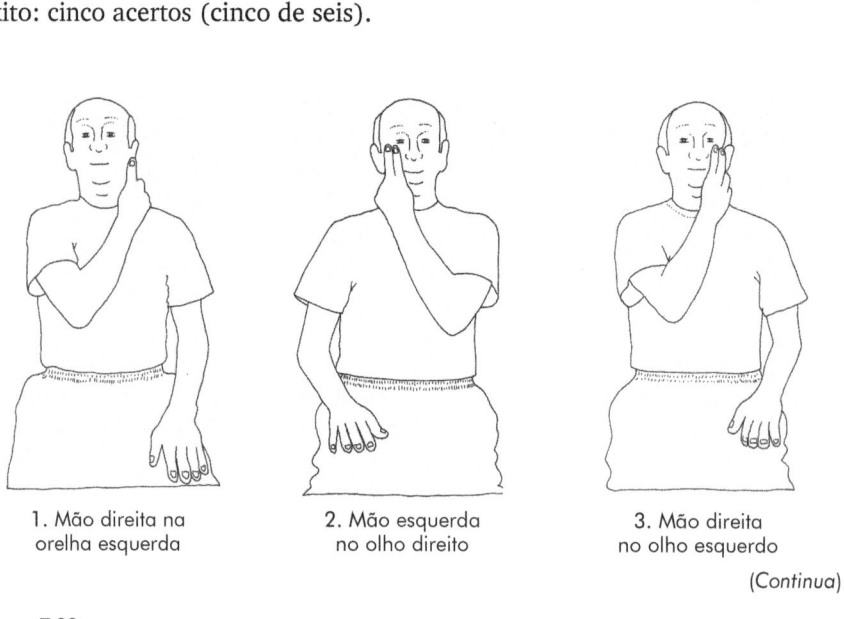

Figura 7.39
Execução de movimentos na ordem.

(Continuação)

| 4. Mão esquerda na orelha direita | 5. Mão direita no olho direito | 6. Mão esquerda na orelha esquerda |

Figura 7.39
Execução de movimentos na ordem.

Nível 8 – Direita/esquerda – reconhecimento sobre outro

O examinador se colocará de frente ao examinando e perguntará: "agora você irá identificar minha mão direita" (Figura 7.40).

| 1. Toca-me a mão direita | 2. Toca-me a mão esquerda | 3. Em que mão está a bola? |

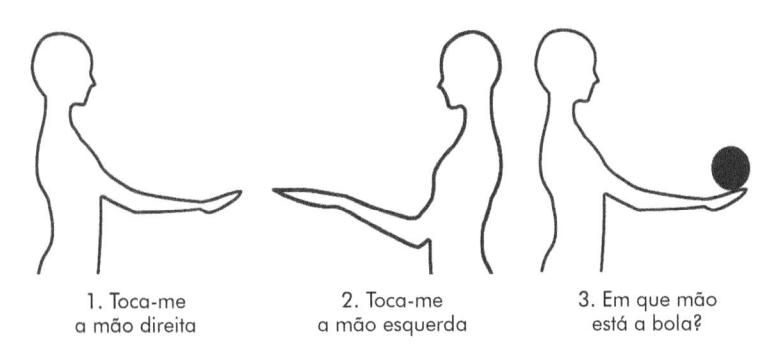

Figura 7.40
Direita/esquerda – reconhecimento sobre outro.

O observador tem uma bola na mão direita. Êxito: três acertos (três de três).

Nível 9 – Reprodução de movimentos – representação humana

Frente a frente, o examinador irá executar alguns movimentos e o examinando irá prestar muita atenção nos movimentos das mãos (Figura 7.41).

"Eu vou fazer certos movimentos que consistem em levar uma mão (direita ou esquerda) até um olho ou uma orelha (direita ou esquerda), desta maneira" (demonstração rápida). "Você fixará no que estou fazendo e irá fazer o mesmo, e não poderá realizar movimentos de espelho". Se o idoso entendeu o teste por meio dos primeiros movimentos, ele deve prosseguir; caso contrário, será necessária uma segunda explicação. Êxitos: seis acertos (seis de oito).

1. Mão esquerda no olho direito
2. Mão direita na orelha direita
3. Mão direita no olho esquerdo
4. Mão esquerda na orelha esquerda
5. Mão direita no olho direito
6. Mão esquerda na orelha direita
7. Mão direita na orelha esquerda
8. Mão esquerda no olho esquerdo

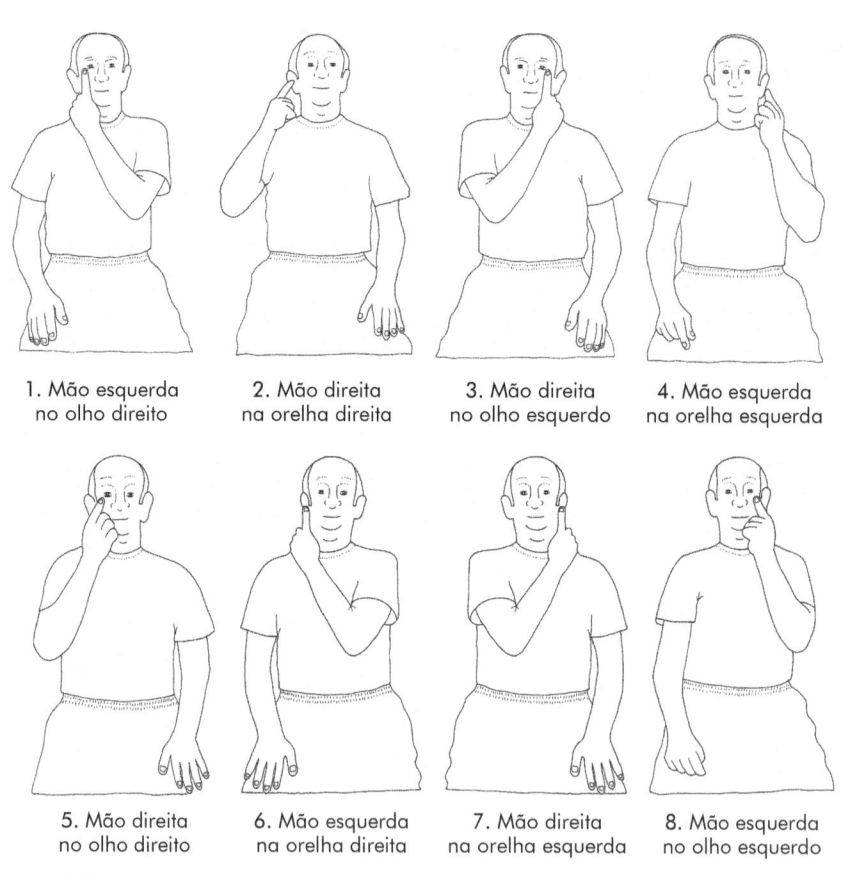

Figura 7.41
Reprodução de movimentos – representação humana.

Nível 10 – Reprodução de movimentos – figura esquematizada

Frente a frente, o examinador irá mostrar algumas figuras esquematizadas e o examinando irá prestar muita atenção nos desenhos e irá reproduzi-los (Figura 7.42).

São os mesmos movimentos executados anteriormente (prova de nível 9). "Você fará os mesmos gestos e com a mesma mão do boneco esquematizado". Êxitos: seis acertos (seis de oito).

Boneco – figura esquematizada desenhada em cartão de 18cm x 10cm

1. Mão esquerda no olho direito
2. Mão direita na orelha direita
3. Mão direita no olho esquerdo
4. Mão esquerda na orelha esquerda
5. Mão direita no olho direito
6. Mão esquerda na orelha direita
7. Mão direita na orelha esquerda
8. Mão esquerda no olho esquerdo

Figura 7.42
Reprodução de movimentos – figura esquematizada.

Nível 11 – Reconhecimento da posição relativa de três objetos

Sentados, frente a frente, o examinador fará algumas perguntas para o examinando, que permanecerá com os braços cruzados.

Material: três cubos ligeiramente separados (15cm) colocados da esquerda para a direita sobre a mesa, como segue: azul, amarelo, vermelho.

"Você vê os três objetos (cubos) que estão aqui na sua frente. Você irá responder rapidamente às perguntas que irei fazer" (Figura 7.43).

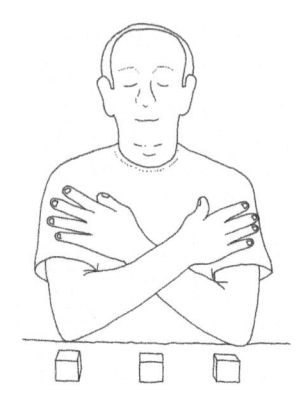

Figura 7.43
Reconhecimento da posição relativa de três objetos.

O examinando terá como orientação espacial (ponto de referência) o examinador.

- O cubo azul está à direita ou à esquerda do vermelho?
- O cubo azul está à direita ou à esquerda do amarelo?
- O cubo amarelo está à direita ou à esquerda do azul?
- O cubo amarelo está à direita ou à esquerda do vermelho?
- O cubo vermelho está à direita ou à esquerda do amarelo?
- O cubo vermelho está à direita ou à esquerda do azul?

Êxitos: cinco acertos (cinco de seis).

Pontuação – organização espacial

- Anotar positivo (+) nas provas com bom resultados.
- Anotar negativo (–) nas provas malsucedidas.

Avaliação – organização espacial

- Progredir quando os resultados forem positivos, de acordo com o teste.
- Parar quando os resultados forem negativos, de acordo com o teste.

ORGANIZAÇÃO TEMPORAL – PARTE I (LINGUAGEM)

Linguagem (Níveis de 2 a 5)

Estruturas temporais de linguagem expressiva e observação da linguagem espontânea. Será bem resolvida a prova em que o idoso consegue repetir ao menos uma das frases sem erro.

- Nível 2
  Frases de duas palavras.
- Nível 3
  "Eu tenho um cachorro pequeno."
  "Meu irmão é professor."
- Nível 4
  "Vamos comprar pastéis para a Maria."
  "O joão gosta de caminhar."
- Nível 5
  "Paulo vai construir um castelo de areia."
  "Luis se diverte jogando futebol com seu amigo."

ORGANIZAÇÃO TEMPORAL – PARTE II

Estrutura espaçotemporal (nível de 6 a 11)

Reprodução por meio de golpes – estruturas temporais

Examinador e examinando sentados frente a frente, com um lápis na mão cada um. "Você irá escutar diferentes sons, e com o lápis irá repeti-los. Escute com atenção".

- Tempo curto: em torno de 1/4 de segundo **(00)**, dado com o lápis sobre a mesa.
- Tempo longo: em torno de 1 segundo **(0 0 0)**, dado com o lápis sobre a mesa.

O examinador dará golpes da primeira estrutura da prova e o examinando os repetirá. O examinador golpeia outras estruturas e o idoso continua repetindo. Enquanto os tempos curtos e longos são reproduzidos corretamente se passa já diretamente a prova.

Os movimentos (golpes com um lápis) não poderão ser vistos pelo examinando. Ensaios: se o idoso falha, nova demonstração e novo ensaio. Parar definitivamente quando o idoso cometer três erros consecutivos. Estes períodos de tempo são difíceis de apreciar; o que importa realmente é que a sucessão seja correta.

Ensaio 1	00	Ensaio 2	0 0
Teste 01	000	Teste 11	0 0000
Teste 02	00 00	Teste 12	00000
Teste 03	0 00	Teste 13	00 0 00
Teste 04	0 0 0	Teste 14	0000 00
Teste 05	0000	Teste 15	0 0 0 00
Teste 06	0 000	Teste 16	00 000 0
Teste 07	00 0 0	Teste 17	0 0000 00
Teste 08	00 00 00	Teste 18	00 0 0 00
Teste 09	00 000	Teste 19	000 0 00 0
Teste 10	0 0 0 0	Teste 20	0 0 000 00

Simbolização (desenho) de estruturas espaciais

As estruturas espaciais podem ser representadas com círculos (diâmetro de três centímetros) colados em um cartão. "Agora você irá desenhar umas esferas, aqui você tem um papel e um lápis, de acordo com as figuras que irei mostrar."

Apresenta-se então a primeira estrutura de ensaio, dando-lhe uma explicação se for necessário. "Muito bem, vejo que você entendeu. Agora você irá prestar bem atenção nas figuras que irei mostrar e as desenhará o mais rápido possível neste papel." Tentativa: parar a prova se o idoso falhar duas estruturas sucessivas.

Ensaio 1	0 0	Ensaio 2	0 0
Teste 01	0 00	Teste 06	0 0 0
Teste 02	00 00	Teste 07	00 0 00
Teste 03	000 0	Teste 08	0 00 0
Teste 04	0 000	Teste 09	0 0 00
Teste 05	000 00	Teste 10	00 00 0

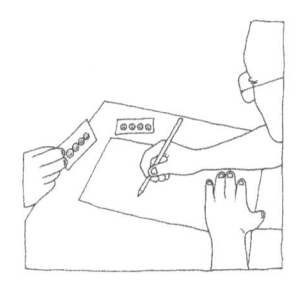

Simbolização de estruturas temporais

Leitura – reprodução por meio de golpes

As estruturas simbolizadas serão representadas exatamente da mesma maneira que as estruturas espaciais (círculos colados sobre o cartão). "Vamos fazer algo melhor. Apresente outra vez os círculos no cartão e em vez de o idoso desenhá-los, ele dará pequenos golpes com o lápis". Para-se se houver falha em duas estruturas sucessivas.

Ensaio 1	OO	Ensaio 2	O O
Teste 01	OOO		
Teste 02	OO OO		
Teste 03	OO O		
Teste 04	O O O		
Teste 05	OO OO OO		

Transcrição de estruturas temporais – ditado

"Para finalizar as provas, eu darei os golpes com o lápis e você irá desenhá-los." Deve-se parar após dois erros sucessivos.

Ensaio 1	OO	Ensaio 2	O O
Teste 01	O OO		
Teste 02	OOO O		
Teste 03	OO OOO		
Teste 04	O O OO		
Teste 05	OO O O		

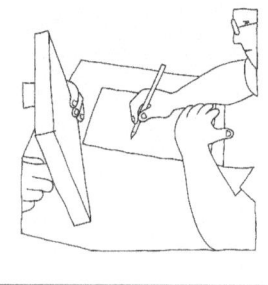

Resultados

Entendemos por êxitos as reproduções e as transcrições claramente estruturadas. Concedemos um ponto por um golpe ou desenho bem resolvido e totalizamos os pontos obtidos nos diversos aspectos da prova. Em todos os casos convém anotar:

- a mão utilizada;
- o sentido das circunferências;
- a compreensão do simbolismo (com ou sem explicação)

Pontuação	
Nível	Pontos
6	6 – 13 acertos
7	14 – 18 acertos
8	19 – 23 acertos
9	24 – 26 acertos
10	27 – 31 acertos
11	32 – 40 acertos

8

Produção científica com a escala motora para terceira idade

Francisco Rosa Neto
Lisiane Schilling Poeta

Nas últimas décadas surgiram numerosas publicações de pesquisas originais, revisões de literatura e relato de casos nos periódicos científicos, fruto da evolução dos conhecimentos sobre a ciência do envelhecimento. O constante aumento da expectativa de vida acarreta uma situação ambígua, vivenciada por muitas pessoas, mesmo pelas ainda não-idosas: o desejo de viver mais e, ao mesmo tempo, o temor de viver em meio à incapacidade e à dependência. O desafio que propõe aos indivíduos e à sociedade é conseguir uma sobrevivência cada vez maior, com uma qualidade de vida cada vez melhor, para que os anos vividos em idade avançada sejam plenos de significado e dignidade.

É importante ressaltar que a aptidão motora é deveras importante tanto para a aptidão física relacionada à saúde como para as atividades da vida diária. Mesmo que o idoso não possa se exercitar com vigor, se mantiver as áreas da aptidão motora preservadas facilitará sua comunicação com outros indivíduos e, preservará sua autonomia e independência motora, melhorando, com isso, sua qualidade de vida.

Tendo em vista a degeneração motora comum no envelhecimento, um instrumento que avalia o desempenho motor é de grande necessidade para essa população, considerando que a utilização de uma escala motora em idosos poderá ser útil para fundamentar trabalhos desenvolvidos nessa área, favorecendo a compreensão emergente da fisiologia do envelhecimento motor, ajudando nos esforços dos profissionais da área da gerontologia para manter a independência das pessoas idosas.

Diante de tais afirmações, fica evidente a necessidade de pesquisas voltadas aos grupos de terceira idade, a fim de proporcionar parâmetros de avaliação motora, tendo como resultado uma compreensão mais clara do processo de envelhecimento, favorecendo assim, um arsenal aperfeiçoado de estratégias de intervenção preventiva e de tratamento, para a melhoria da qualidade de vida das pessoas idosas.

A avaliação motora torna possível diagnosticar, orientar e identificar alterações em relação ao desempenho motor do indivíduo, para que haja maior fluência do movimento. Nesse sentido, nos últimos anos houve um aumento de profissionais da área da gerontologia e das ciências do exercício enfatizando a necessidade do desenvolvimento de testes para avaliar os parâmetros físicos, particularmente testes de habilidades que possam ser mensurados em indivíduos com diferentes níveis funcionais.

A avaliação por meio de testes motores permite verificar os estágios progressivos da função física, de modo a detectar os declínios nos parâmetros físicos e planejar estratégias efetivas de intervenção. Além disso, as avaliações realizadas em uma grande parcela da população de idosos têm sido consideradas importantes para a reformulação de regulamentos nacionais, estabelecendo normas e predição da expectativa de vida ativa. O exame motor é um instrumento indispensável para os profissionais que trabalham com a terceira idade. Ponto de partida para uma intervenção terapêutica, pois permite identificar os problemas estabelecidos com a idade, diferenciar os diversos tipos de debilidade e, avaliar os progressos do idoso, quando submetido a um programa de terapia motora.

Sendo assim, a Escala Motora para Terceira Idade "EMTI" é um instrumento singular que pode avaliar o desempenho motor dos idosos, nas seis diferentes áreas que enfocam os elementos básicos da motricidade humana: motricidade fina, coordenação global, equilíbrio, esquema corporal, organização espacial e temporal. Considerado um instrumento de fácil manejo para o examinador, em geral as provas são muito estimulantes, onde o idoso colabora durante o transcurso do exame estabelecendo uma confiança e empatia com o examinador, resultando uma maior confiabilidade dos resultados.

Na ultima década, vários estudos científicos têm sido realizados por profissionais, docentes e acadêmicos das áreas da Educação Física, Fisioterapia, Psicologia, Terapia Ocupacional, Medicina, entre outras, utilizando a EMTI como base para mensurar os parâmetros motores de idosos com diferentes idades e características biopsicossociais. Esses estudos são relevantes para uma melhor interpretação prática da motricidade no idoso.

Na literatura, até então, são escassos os estudos com banco de dados referente aos perfis motores em idosos e há necessidade de dados comparativos para que se possa elaborar um plano de intervenção mais consistente; além de proporcionar parâmetros de referência no estudo longitudinal do envelhecimento motor.

Os estudos a seguir foram selecionados para exemplificar as pesquisas utilizando a EMTI e extraídos de monografias, artigos publicados e estudos de casos clínicos.

Estudo 1: Validação dos parâmetros motores na terceira idade

Francisco Rosa Neto
Thiago Sakae

RESUMO

As características na vida de um indivíduo são diretamente dependentes da vida útil de seu corpo. Avaliar os parâmetros motores na terceira idade, através da Escala Motora para Terceira Idade – EMTI (Rosa Neto, 2008). Foram avaliados 150 idosos, sendo 112 feminino e 38 masculino; residentes em Florianópolis/SC; com idade compreendida entre 60 e 94 anos (X=69,2 anos). Os dados foram armazenados no programa SPSS 15.0 e foi utilizada a estatística descritiva, sendo classificada como: Aptidão motora geral "normal médio"; motricidade fina "normal médio"; motricidade global "inferior"; equilíbrio "normal baixo"; esquema corporal "normal médio"; organização espacial "normal médio"; organização temporal "normal médio". Com respeito à Escala Motora, o grupo foi distribuído em: superior (6,7%); normal alto (10,7%); normal médio (48,0%); normal baixo (14,0%); inferior (13,3%); muito inferior (7,3%). As transformações biológicas e sociais decorrentes do processo de envelhecimento em diferentes áreas (neurológica, cognitiva, emocional, física, fisiológica, etc.) interferem de forma significativa no desempenho motor do idoso.

Palavras-chave: saúde da terceira idade; aptidão motora; escala motora.

INTRODUÇÃO

A intervenção motora na terceira idade assume a multiplicidade de facetas que aborda a avaliação de indivíduos unidos pelo qualificativo de idosos e muitas vezes também por outras patologias associadas ao processo de envelhecimento. O aumento dos programas de intervenção e tratamento em indivíduos de terceira idade nos últimos anos resulta no envelhecimento populacional e, consequentemente, nas situações de dependência e fragilidade do idoso e de suas características (Leturia et al., 2001).

Em toda a história do desenvolvimento da humanidade nunca existiu um período de transição tão abrupto, tão imprevisto e de tamanha amplitude quanto o de envelhecimento frente aos atuais impactos físicos, emocionais, psicossociais e motores. Segundo Rosa Neto e colaboradores (2004, 2005, 2006,, as condutas e alterações motoras do ser humano, principalmente na terceira idade, são resultado de manifestações motoras primárias ou secundárias a outras alterações relacionadas com aspectos psicossociais (abandono, falta de ocupação), neurológicos (Parkinson, demência senil), físicos (sedentarismo, problemas ortopédicos) e emocionais (depressão, ansiedade).

Desenvolvimento e envelhecimento são processos concorrentes e ambos são afetados por uma complexa combinação de variáveis que atuam ao longo de toda a vida. Características como a possibilidade de mudar para se adaptar ao meio (novas aprendizagens), e a capacidade de reagir e se recuperar dos efeitos explosivos dos eventos estressantes (doenças, traumas físicos e psicológicos), são combatidas com a diminuição da plasticidade comportamental e da resiliência; tais características decorrentes do envelhecimento podem ser minimizadas pela reserva do organismo, dependendo do grau de plasticidade individual previsto na influência conjunta de variáveis genéticas, biológicas, psicológicas e socioeconômicas (Vieira, 2002).

O processo de envelhecimento possui aspectos naturais, inevitáveis e irreversíveis. Tais aspectos, muitas vezes crônicos e incapacitantes, podem ser prevenidos ou retardados seja por intervenções médicas, sociais, econômicas ou ambientais.

No âmbito motor aparecem componentes da motricidade que abordam aspectos diferenciados do ser humano. Destacam-se, com o passar dos anos, o declínio da flexibilidade, da habilidade e da coordenação motora, sendo, portanto, a fase da crescente degeneração relacionada aos aspectos motores. A terceira idade é caracterizada como a fase da crescente degeneração relacionada aos aspectos motores. Sendo assim, a Escala Motora para Terceira Idade "EMTI" (Rosa Neto et al., 2008) é um instrumento inovador que possibilita novas perspectivas de avaliação e intervenção na população dos idosos.

De acordo com os trabalhos científicos realizados sobre o comportamento motor na terceira idade (Rosa Neto et al., 2004, 2005, 2006; Vieira, 2002; Parcias, 2006; Liposcki e Rosa Neto, 2007; Coquerel e Rosa Neto, 2005; Oliveira e Rosa Neto, 1997), o objetivo foi estabelecer parâmetros motores e validar um instrumento para essa população.

MÉTODOS

A amostra envolveu 150 idosos, sendo 112 do sexo feminino (74,7%) e 38 do sexo masculino (25,3%), com idade compreendida entre 60 e 94 anos (X=69,2 anos), com residência fixa na grande Florianópolis/SC. Os resultados também foram comparados entre dois grupos: idosos entre 60 e 69 anos (88 idosos); e acima de 70 anos (62 idosos). O método de amostragem foi aleatório e o período da coleta foi de abril de 1997 a junho de 2000.

Para estudar o comportamento motor dos idosos foi utilizada a Escala de Avaliação Motora para Terceira Idade – EMTI. Trata-se de um método de exploração, onde são avaliadas áreas específicas da motricidade humana, tais como: motricidade fina (capacidade de realizar movimentos de preensão e controle motor de precisão); motricidade global (são os movimentos de coordenação motora ampla); equilíbrio (movimentos de estabilidade corporal e propriocepção); esquema corporal (representação corporal, respiração e relaxamento); organização espacial (percepção de direita e esquerda); organização temporal (percepção do tempo, ritmo, velocidade e memória). Os testes foram aplicados individualmente, com tempo de duração de 40 minutos. As provas foram aplicadas por um examinador, geralmente em uma sala. Na análise estatística foi utilizado o programa SPSS 15.0 empregando-se a estatística descritiva e os testes para validação alfa de Cronbach (consistência interna), índice de correlação intraclasse e o índice de correlação de Pearson (Pestana , 2008). O nível de significância estabelecido foi $p < 0,05$.

RESULTADOS

De acordo com a Tabela 1, a aptidão motora geral foi classificada como "normal médio". As áreas específicas tiveram classificação: motricidade fina "normal médio"; motricidade global "inferior"; equilíbrio "normal baixo"; esquema corporal "normal médio"; organização espacial "normal médio" e organização temporal "normal médio".

De acordo com a Tabela 3, não houve diferença estatisticamente significativa na aptidão motora geral entre os sexos, ambos com classificação "normal médio". Foi observada diferença estatisticamente significativa apenas na motricidade global, com valores superiores para o sexo masculino. A classificação dessa habilidade foi "normal baixo" no sexo masculino e "muito inferior" no feminino.

Os idosos com mais de 70 anos apresentaram aptidão motora geral inferior a do grupo de 60 a 69 anos, com diferença estatisticamente significativa. O grupo de 60 a 69 anos foi classificado como "normal médio", enquanto os idosos com mais de 70 anos foram classificados como "normal baixo". A motricidade global, o equilíbrio e o esquema corporal também apresentaram diferenças estatisticamente significativas em prol do grupo de 60 a 69 anos. (Tabela 4)

A Tabela 5 demonstra os testes de validação da consistência interna e as correlações entre o Índice Motor Geral e cada uma das dimensões avaliadas pelo instrumento. Pode observar que o teste de alfa de Cronbach apresentou-se com consistência ótima (>0,80) em cinco das seis dimensões e muito próximo da ótima no sexto item de avaliação. O coeficiente de correlação intraclasse evidenciou resultado de nível ótimo para todas as dimensões (>0,75) de acordo com o Índice Motor Geral.

Tabela 1 Aptidão motora (grupo geral)

Variáveis	Média	Desvio padrão	Valor mínimo	Valor máximo	Mediana
Aptidão motora geral	93,6	18,2	28,0	130,0	96,0
Motricidade fina	99,3	24,5	36,0	132,0	96,0
Motricidade global	72,4	23,8	12,0	132,0	72,0
Equilíbrio	86,7	27,5	24,0	132,0	84,0
Esquema corporal	107,9	29,4	12,0	132,0	120,0
Organização espacial	100,8	20,0	24,0	132,0	96,0
Organização temporal	93,5	26,1	36,0	132,0	84,0

Tabela 2 Classificação dos resultados obtidos na EMTI

Escala motora	Percentagem
Muito superior (> 130)	-------
Superior (120-129)	6,7%
Normal alto (110-119)	10,7%
Normal médio (90-109)	48,0%
Normal baixo (80-89)	14,0%
Inferior (70-79)	13,3%
Muito inferior (<70)	7,3%

Tabela 3 Aptidão motora entre os sexos

Variáveis	Masculino				Feminino				
	X	SD	Mín.	Máx.	X	SD	Mín.	Máx.	Valor p
Aptidão motora geral	97,3	18,8	48,0	126,0	92,3	17,9	28,0	30,0	0,1426
Motricidade fina	100,5	24,2	48,0	132,0	98,8	24,7	36,0	132,0	0,7170
Motricidade global	82,5	21,9	36,0	132,0	69,0	23,6	12,0	132,0	0,0026
Equilíbrio	89,8	27,1	36,0	132,0	85,6	27,7	24,0	132,0	0,5733
Esquema corporal	109,2	30,2	12,0	132,0	107,4	29,3	24,0	132,0	0,7452
Organização espacial	101,3	17,5	48,0	132,0	100,7	20,9	24,0	132,0	0,8572
Organização temporal	97,7	26,7	60,0	132,0	92,1	25,8	36,0	132,0	0,2540

X: média. SD: desvio padrão. Mín: valor mínimo. Max: valor máximo.

Tabela 4	Aptidão motora entre os grupos								
Variáveis	De 60 a 69 anos				Acima de 70 anos				
	X	SD	Mín.	Máx.	X	SD	Mín.	Máx.	Valor p
Aptidão motora geral	98,3	14,3	60,0	130,0	86,9	20,9	28,0	120,0	0,0217
Motricidade fina	101,1	20,3	60,0	132,0	96,7	29,5	36,0	132,0	0,5005
Motricidade global	79,8	21,5	36,0	132,0	62,0	23,1	12,0	108,0	0,0001
Equilíbrio	94,7	26,5	42,0	132,0	75,3	25,0	24,0	132,0	0,0001
Esquema corporal	116,4	22,2	48,0	132,0	95,8	34,0	12,0	132,0	0,0001
Organização espacial	102,5	15,8	60,0	132,0	98,5	24,8	24,0	132,0	0,1714
Organização temporal	95,1	26,2	60,0	132,0	91,2	26,0	36,0	132,0	0,6300

X: média. SD: desvio padrão. Mín: valor mínimo. Máx: valor máximo.

Tabela 5	Coeficientes de consistência interna e correlação do Índice Motor Geral com as diferentes Dimensões da Escala EMTI.		
Índice Motor Geral	Alfa de Cronbach	Coeficiente de Correlação de Pearson*	Coeficiente de Correlação Intraclasse (IC95%)
IM1	0,834	0,716	0,813 (0,742-0,865)
IM2	0,850	0,739	0,832 (0,768-0,878)
IM3	0,847	0,735	0,807 (0,733-0,860)
IM4	0,860	0,754	0,806 (0,732-0,859)
IM5	0,835	0,717	0,833 (0,769-0,879)
IM6	0,782	0,642	0,752 (0,658-0,821)

*p<0,01

Discussão

Dentre as áreas motoras avaliadas, a motricidade global demonstrou maior grau de dificuldade. Essa área é responsável pela regulação do equilíbrio e da atitude do indivíduo, desempenhando um importante papel na melhoria dos comandos nervosos e no afinamento das percepções e sensações. Os movimentos de dissociação corporal, domínio lateral, coordenação de membros superiores e inferiores, velocidade, agilidade, respiração, propriocepção, ritmo e memória corporal, sempre são considerados os mais difíceis para os grupos de terceira idade, pois estão associados à prática de exercícios físicos, à motivação, à qualidade de vida e principalmente ao processo natural de envelhecimento. Para Rosa Neto (ver Capítulo 1) a conduta motora e a postura são inseparáveis em termos de controle motor, pois interagem ao mesmo tempo. Com o envelhecimento, o equilíbrio é prejudicado em virtude dos problemas físicos (sobrepeso, desvios posturais, sedentarismo, diminuição da massa muscular), neurológicos (vias vestibulares, cerebelo, órgãos do sentido) e emocionais (família, transtornos psiquiátricos). A presença de doenças crônicas no envelhecimento contribui também para a limitação de muitos movimentos. As outras áreas avaliadas tiveram classificação "normal médio", concordando com a afirmação de Parcias (2006), de que certas exigências da tarefa podem não sobrecarregar muito os sistemas neurofisiológicos que se deterioraram com o envelhecimento.

Na maioria dos estudos com a população idosa, o sexo feminino encontra-se normalmente em maior número quando relacionado com o sexo oposto. Isso pode ter relação no maior índice de mortalidade do sexo masculino. Essa questão relacionada ao gênero dos idosos pode ser evidenciada nos Grupos de Convivência e até mesmo nas instituições asilares, onde por motivos socioculturais, os homens participam menos das atividades propostas pelos grupos. De acordo com um estudo realizado por Vieira (2002), houve prevalência de mulheres nas instituições asilares da grande Florianópolis/SC. Observou-se em tal estudo que os idosos asilados apresentaram índices inferiores aos idosos não-asilados, o que pode ser decorrente da questão psicológica, mais precisamente da afetividade desses idosos, além da falta de atividade física.

Dentre os grupos avaliados, o que apresentou os índices mais baixos foi o com mais de 70 anos, que pode estar relacionado ao processo natural de envelhecimento e, consequentemente, a uma baixa fisiológica do organismo. Essas modificações avançam proporcionalmente ao envelhecimento e, conforme Rosa Neto (2006), características posturais (desvios e diminuição das vértebras), físicas (problemas ortopédicos), neurológicas (Parkinson) e emocionais (depressão), podem prejudicar ainda mais o comportamento motor. Face aos resultados, concluiu-se que as transformações biológicas e sociais decorrentes do processo de envelhecimento em diferentes áreas (neurológica, cognitiva, emocional, física e fisiológica, etc.) interferem no desempenho motor do idoso.

REFERÊNCIAS

COQUEREL, P. R.; ROSA NETO, F. *Perfil motor e psicossocial de um idoso triatleta*. Dissertação (Mestrado) – UDESC, Florianópolis, 2005.

LETURIA ARRAZOLA, F. J. et al. *La valoración de las personas mayores*: evaluar para conocer, conocer para intervenir. Madrid: Caritas, 2001.

LIPOSCKI, D. B.; ROSA NETO, F. *Aptidão motora e a influência da intervenção em idosos longevos*. Dissertação (Mestrado), UDESC, Florianópolis, 2007.

OLIVEIRA, M. G.; ROSA NETO, F. *Avaliação motora na terceira idade*. Monografia (Especialização em Gerontologia) – UDESC, Florianópolis, 1997.

PARCIAS, S. R. *Aptidão motora em pacientes com transtorno bipolar*. Tese (Doutorado) – Universidade de Zaragoza, Zaragoza, 2006.

PESTANA, M. H.; NUNES GAGEIRO, J. *Análise de dados para ciências sociais*. Lisboa: Silabo, 2005.

ROSA NETO, F.; LIPOSCKI, D. B.; TEIXEIRA, C. A. A. Estudo dos parâmetros motores em idosos com idade entre 70 e 79 anos pertencentes aos grupos da terceira idade da prefeitura de São José – SC. *Lecturas:* EF y Deportes, Buenos Aires, año 10, n. 92, p. 1-9, 2006. Disponível em: <http://www.efdeportes.com/efd92/idosos.htm>.

ROSA NETO, F. et al. Estudo dos parâmetros motores de idosos residentes em instituições asilares da grande Florianópolis. *Rev. Bras. Cienc. Mov.*, v. 13, p. 7-15, 2005.

ROSA NETO, F. et al. Parâmetros motores dos Parkinsonianos da região conurbada de Florianópolis. *Rev. Bras. Cienc. Mov.*, v. 12, p. 13-18, 2004.

VIEIRA, G. F. *Estudo dos parâmetros motores de idosos residentes em instituições asilares da Grande Florianópolis*. 2002. Dissertação (Mestrado em Ciências do Movimento Humano) – Centro de Educação Física, Fisioterapia e Desportos, Florianópolis, 2002.

Estudo 2: Estudo dos parâmetros motores de idosos residentes em instituições asilares da grande Florianópolis

Artigo publicado na Revista Brasileira Ciência e Movimento.

Francisco Rosa Neto
Sandra Marcela Mahecha Matsudo
Daniela Branco Liposcki
Guilherme Ferreira Vieira

RESUMO

Problema: À medida que a população da terceira idade aumentar e a qualidade de vida diminuir, ocorrerão inúmeras implicações motoras e sociais.

Objetivos: Neste estudo foram mapeadas 19 instituições asilares filantrópicas e particulares na grande Florianópolis e também foram descritos os parâmetros motores dos idosos residentes nessas instituições.

Métodos: Foi utilizada a Escala Motora para Terceira Idade – EMTI. A EMTI prevê a avaliação de seis áreas motoras (motricidade fina, coordenação geral, equilíbrio, esquema corporal, organização espacial e organização temporal), além de um formulário biopsicossocial composto de dados de saúde e resumo familiar e social dos idosos.

Resultados: De acordo com os resultados obtidos, as aptidões motoras (geral e específica) apresentaram um déficit motor importante em todas as áreas da motricidade humana. A classificação geral do grupo foi "muito inferior".

Conclusão: Independentemente da característica das instituições onde esses idosos residem, o fator emocional destaca uma importância na manutenção dos elementos da aptidão motora desses idosos.

Palavras-chave: Parâmetros motores; idosos; instituições asilares.

INTRODUÇÃO E JUSTIFICATIVA

O envelhecimento populacional vem se constituindo em uma preocupação emergente na agenda de inúmeros governantes. Diante do rápido e significativo aumento da população idosa, são previsíveis as situações relacionadas a preconceito, marginalização social, pobreza, abandono, doenças, incapacidades e baixa qualidade de vida.

O idoso em uma perspectiva sociológica, foi um agente que trabalhou para a expansão e o desenvolvimento econômico, social e cultural de nossa sociedade, chegando a essa etapa da vida com inúmeras desvantagens. A esses idosos coube encontrar suas próprias soluções e focos de interesse (Coelho, 1987).

De acordo com Nascimento e Silva (1998), as implicações no atendimento às necessidades básicas dos idosos, devido ao significativo aumento de sua população, tornaram-se motivo de grande preocupação das autoridades responsáveis pelas políticas públicas de ação específica sobre os idosos, para promoção do seu bem-estar.

A insuficiência de dados sobre o estado de saúde e o grau de autonomia das pessoas idosas residentes em instituições asilares, bem como a sua diferenciação pelos aspectos socioeconômicos, obriga um diagnostico dessa situação, a par de medidas concretas que acelerem e melhorem as formas de intervenção necessárias.

O envelhecimento é um processo universal, inerente a todos os seres vivos (Aiken, 1995). Segundo Garcia (2000), do ponto de vista conceitual o envelhecimento se define como fenômeno descritivo que representa mudanças que virtualmente sofrem todos os sistemas biológicos e ecossistemas com o passar do tempo. O termo "senescência" é usado para descrever as mudanças relacionadas com a idade que ocorrem no organismo, exercendo um efeito adverso sobre a sua vitalidade e funções fisiológicas e incrementando o seu risco de mortalidade em função do tempo.

De acordo com Morgenstern (1992), tais aspectos do envelhecimento têm uma influência decisiva no comportamento do idoso. Ao longo do processo de envelhecimento, as capacidades de adaptação do ser humano vão diminuindo, tornando-o cada vez mais sensível ao meio ambiente que, consoante as restrições implícitas ao funcionamento do idoso, pode ser um elemento facilitador ou um obstáculo para a sua vida.

Um fator importante para a qualidade de vida do idoso é a sua independência funcional para a realização de suas atividades de vida diária. De acordo com Sullivan (1993), atividades funcionais são aquelas identificadas por um indivíduo como essenciais para a manutenção do bem-estar físico e psicológico, bem como para a criação de um senso pessoal de uma vida significativa. Elas exigem a integração dos recursos cognitivos e efetivos com as habilidades motoras.

O processo do envelhecimento nos humanos caracteriza-se por sua complexidade na dependência mútua dos aspectos físicos, neurológicos, psicossociais e motores, que interagem diferentemente em cada indivíduo. O impacto desse processo dependerá dos recursos internos e das relações sociais às quais cada indivíduo está vinculado (Okuma, 1999).

O envelhecimento motor modifica a interação do idoso consigo mesmo, com outras pessoas, com o mundo todo e com o tempo. Essas modificações acontecem de forma diferenciada, de acordo com o grau de degeneração do corpo. A aceitação ou não dessas modificações determinarão as relações que o idoso desenvolverá, inicialmente consigo mesmo e com essa etapa de sua existência.

As limitações decorrentes do envelhecimento motor podem ser minimizadas pela implementação das capacidades de reserva do organismo, dependendo do grau de plasticidade individual permitida pela influência conjunta de variáveis genético-biológicas, psicológicas e socioculturais (Neri, 2001).

Com o avançar da idade o sistema sensorial apresenta perdas progressivas de sua principal função. As células dos órgãos sensoriais, após estabelecerem suas funções especializadas, não podem se reproduzir; portanto, seu curso é envelhecer e morrer (Bilton, 1997).

Quanto mais estudarmos os principais parâmetros do processo de envelhecimento motor em nossa sociedade, mais seremos levados a perceber que eles não podem ser entendidos isoladamente; são parâmetros sistêmicos, o que significa que estão interligados e são interdependentes. Sendo assim, optamos por enfocar neste estudo, como problema, os parâmetros motores de idosos residentes em instituições asilares da grande Florianópolis. O propósito do trabalho foi descrever os parâmetros motores de idosos residentes em instituições asilares filantrópicas e particulares da grande Florianópolis, mediante as variáveis da escala motora para terceira idade (EMTI).

MÉTODOS

Este estudo se caracterizou por uma pesquisa de campo descritiva; contou com uma população de 409 idosos com idade igual ou superior a 60 anos, de ambos os sexos, residentes em instituições asilares, filantrópicas ou particulares, totalizando 19 instituições na grande Florianópolis.

Fatores de inclusão: idosos considerados independentes nas atividades de vida diária (AVDs); idosos que não apresentam alterações sensoriais, mentais e neurológicas importantes que dificultem a aplicação das provas motoras.

Instrumento de coleta de dados: formulário biopsicossocial: anamnese (composta de dados de identificação, resumo de saúde, familiar e social do idoso); EMTI. Para análise dos dados foi utilizado o programa informático Epi-Info. De acordo com os resultados apresentados, foi utilizada uma análise estatística descritiva, nas variáveis quantitativas (IC – idade cronológica, AMG – aptidão motora geral, AM1 – aptidão motora 1, AM2 – aptidão motora 2, AM3 – aptidão motora 3, AM4 – aptidão motora 4, AM5 – aptidão motora 5 e AM6 – aptidão motora 6); e qualitativas (gênero; perfil motor; classificação dos dados numéricos).

RESULTADOS E DISCUSSÃO

A população deste estudo constitui-se em um total de 409 idosos, residentes em 19 instituições asilares na grande Florianópolis.

Da amostra total (409 idosos) foram avaliados 73 idosos que estavam aptos aos testes motores. A predominância foi das instituições asilares filantrópicas; isto ocorreu, possivelmente, na relação do grau de dependência, da idade e do resumo familiar dos idosos residentes em instituições particulares, pois, por não apresentarem autonomia suficiente para cuidar de suas próprias vidas, e tampouco os familiares possuírem condições técnicas e emocionais para atender às necessidades deles, a solução é normalmente uma transferência de responsabilidade a outros cuidadores. Tal conclusão vem em consequência do discurso dos próprios cuidadores das instituições asilares particulares, durante a coleta dos dados.

Quanto à distribuição por sexo (Tabela 1), a prevalência foi feminina, com 296 idosas – cerca de 72% da população –, enquanto do sexo masculino encontraram-se 113 idosos, cerca de 28% da população.

Esses valores confirmaram uma maior sobrevida das mulheres, e coincidem também com os resultados de Singer (1993) e Nascimento e Silva (1998), que apontam a sobrevida maior das mulheres.

Em relação aos componentes da EMTI (Tabela 2, Tabela 3), as médias atingidas foram classificadas como "muito inferior".

Algumas áreas motoras e alguns grupos de idade, particularmente, obtiveram médias maiores; com exceção da organização espacial (AM5), que atingiu uma classificação normal baixo, nenhuma das outras médias demonstrou equivalência na classificação quanto a outros grupos de idosos já pesquisados.

A perícia manual, segundo Fonseca (1995), traduz o ponto central da motricidade fina (AM1), que compactua com a visão para a elaboração construtiva e para uma transformação, propondo um instrumento privilegiado da evolução cerebral. Para a média nessa área ser baixa, alguns problemas com

Tabela 1 Distribuição percentual quanto ao sexo dos idosos

Sexo	Freq	%	Avaliados	%
Feminino	296	72	51	69,9
Masculino	113	28	22	30,1
Total	409 idosos	100%	73 idosos	100%

Fonte: Elaborada pelos autores

Tabela 2 Distribuição da aptidão motora geral em relação ao sexo dos idosos

Grupos	Muito superior	Superior	Normal alto	Normal médio	Normal baixo	Inferior	Muito inferior
51 fem	–	–	2,0%	15,7%	5,9%	9,8%	66,7%
22 masc	–	–	–	9,1%	4,5%	22,7%	63,6%
73 idosos	–	–	1,4%	13,7%	5,5%	13,7%	65,8%

Fonte: Elaborada pelos autores.

Tabela 3	Distribuição das médias dos elementos da EMTI					
Variáveis	Média	Variância	Desvio padrão	Valor mínimo	Valor máximo	Variância
IC	78,0	84,2	9,2	61	95	79
AMG	64,6	371,9	19,2	30	114	60
AM1	75,6	854,7	29,2	24	132	60
AM2	38,0	389,2	19,7	24	96	24
AM3	50,1	450,4	21,2	24	102	48
AM4	72,2	845,9	29,1	24	132	60
AM5	83,5	597,7	24,4	24	132	96
AM6	69,7	494,6	22,2	24	132	60

Fonte: Elaborada pelos autores. IC = idade cronológica. AMG = aptidão motora geral. AM1 = motricidade fina. AM2 = motricidade geral. AM3 = equilíbrio. AM4 = esquema corporal. AM5 = organização espacial. AM6 = organização temporal.

Tabela 4	Distribuição das médias comparativas dos idosos não institucionalizados e dos institucionalizados		
EMTI	Rosa Neto, 2002		Asilados
Muito superior	–		–
Superior	6,7%		–
Normal alto	10,7%		1,4%
Normal médio	48%		13,7%
Normal baixo	14%		5,5%
Inferior	13%	P=0,00001	13,7%
Muito inferior	7,3%		65,8%
Total	150 idosos		73 idosos

Fonte: Elaborada pelos autores.

o sistema visuomanual, um desgaste do sistema nervoso, e importantes complicações osteomusculares devem ter ocorrido. Transformações relacionadas à idade nos sistemas de informação sensorial podem também ter influências sobre o comportamento motor do idoso, principalmente nos canais visuais (Eckert, 1993).

Quanto à motricidade geral (AM2), sua relação com o equilíbrio (AM3) é muito estreita, mas uma das mudanças mais significativas durante o processo de envelhecimento é o declínio da capacidade de movimento. Sua disfunção traduz uma disfunção psiconeurológica da comunicação tátil, vestibular e proprioceptiva (Fonseca, 1995). O efeito cumulativo de alterações relacionadas à idade, a doenças associadas e a condições ambientais inadequadas parece predispor as disfunções osteomusculares (Birge, 1999), o que afeta diretamente o esquema corporal (AM4) e a organização espacial (AM5) dos idosos.

O equilíbrio (AM3), segundo Bobath (1978), é mantido por mecanismos reguladores do tono postural. A ação dos ligamentos e as sensações proprioceptivas de tensão e relaxamento dos músculos atuam diretamente no mecanismo de regulação do tono. Essa contração tônica ou tensão muscular não gera movimento (deslocamento), fixa as articulações para manter os segmentos corporais em suas posições e oferecem oposição às tentativas de modificações. A diminuição da sensibilidade dos barorreceptores à hipotensão postural, as deformidades dos membros inferiores, principalmente nos pés, e o sedentarismo são os principais agentes degenerativos do equilíbrio em idosos institucionalizados (Birge, 1999).

Quanto ao esquema corporal (AM4), destaca Nicola (1999), à medida que o ser humano se desenvolve vai alterando a percepção do eu; o ambiente onde processa esse desenvolvimento tem influência determinante na imagem que o indivíduo faz de si, bem como nas alterações que ocorrem com o passar dos anos. O comportamento individual dos idosos está vinculado, pois, ao comportamento social. Se a sociedade tem preconceitos em relação às pessoas idosas, considerando-as como um elemento de menos valor, é natural que o idoso interiorize esses preconceitos. Sua autoimagem decresce à medida que percebe seu vigor, sua força, seu poder e seu *status* declinando.

O limite do eu com o mundo se dá por meio do corpo, e todo o relacionamento do idoso com o mundo externo repousa sobre o esquema corporal (AM4); portanto, quanto mais difícil for a vinculação do corpo com o objeto, mais difícil será a adaptação desses idosos no mesmo. Na medida em que as instituições asilares não possibilitam a aproximação do idoso com o objeto, estariam de certo modo, contrariando seus objetivos, condicionadas a mandar as condições de inadaptação inseridas no esquema corporal (AM4) que provém das primeiras relações do objeto.

A organização espacial (AM5) talvez seja a área motora com a menor degeneração dentre todas as áreas motoras avaliadas. A orientação do idoso em relação à gravidade, à superfície de suporte a aos objetos externos requer uma combinação entre aferências visuais, vestibulares e somatossensoriais. A estrutura espacial é parte integrante da vida do idoso: é a tomada de consciência da situação de seu próprio corpo em um meio ambiente, do lugar e da orientação que pode ter em relação às pessoas e aos objetos. A diminuição da visão (redução da percepção de distância, da visão periférica e da adaptação ao escuro), a diminuição da audição (não ouvir sinais de alarme) e os distúrbios vestibulares (infecções ou cirurgia prévia do ouvido, vertigem posicional benigna) podem contribuir para a degeneração acelerada dessa área motora em idosos (Birge, 1999).

Segundo Damásio (2002), a organização temporal (AM6) está relacionada à passagem do tempo, que pode parecer rápida ou lenta, curta ou longa. Essa variabilidade pode ocorrer em diferentes escalas, de décadas, estações, semanas e horas, até minúsculos intervalos musicais – como a duração de uma nota ou o momento de silêncio entre duas notas. Os idosos também situam as emoções que sentem quando essas emoções ocorrem, pois o tempo mental deve ser também influenciado pela maneira como eles registram esses eventos e pelas inferências que fazem ao percebê-los e recordá-los.

Parece que, no decorrer do processo de envelhecimento, os idosos desenvolvem um relógio biológico ajustado a um ritmo alternado de claridade e escuridão. Esse relógio, localizado no hipotálamo do cérebro, governa o que alguns autores denominam como tempo corporal (Rosa Neto, 2002).

Ficou evidente nos idosos institucionalizados uma menor aptidão motora geral (Tabela 4 e Figura 1). Comparando a um estudo realizado por Rosa Neto (2002) no qual foram avaliados com a mesma EMTI 150 idosos não institucionalizados, os valores encontrados para a aptidão motora foram maiores do que em relação a este estudo. Grande parte dos idosos asilados sofre com a ausência de qualquer familiar; não executam ou praticam qualquer atividade, mesmo não regular; e apresentam sintomas de doenças osteomusculares.

Para Lothian (2001), a dignidade e a autonomia desses idosos residentes em instituições para cuidados de saúde podem estar corroídas, e inúmeros profissionais que trabalham com esses idosos têm, em alguns casos, estereotipado atitudes negativas para com os idosos.

Burgio (1991) afirma que a perda do funcionamento adaptativo em muitos idosos institucionalizados não é unicamente o resultado de um declínio

Perfil motor: Idosos não institucionalizados *versus* idosos institucionalizados

Nível	Motricidade fina	Motricidade global	Equilíbrio	Esquema corporal	Organização espacial	Organização temporal
11	•	•	•	•	•	•
10	•	•	•	•	•	•
09	•	•	•	•	•	•
08	•	•	•	•	•	•
07	•	•	•	•	•	•
06	•	•	•	•	•	•
05	•	•	•	P=0,00001	•	•
04	•	•	•	•	•	•
03	•	•	•	•	•	•
02	•	•	•	•	•	•

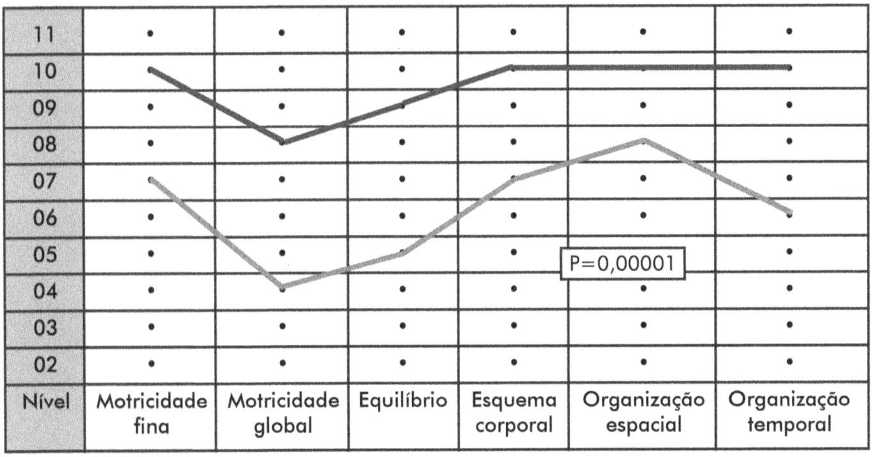

Figura 1
Ilustração gráfica dos perfis motores dos idosos não institucionalizados e dos idosos institucionalizados.
Fonte: Elaborada pelos autores.

ou mudanças biológicas negativas, e sim consequência de um ambiente que estabelece e decide a ocasião para o comportamento deficitário e que reforça o comportamento ineficaz e de dependência.

Segundo Araújo e Donato (2004) a maioria dos idosos prefere viver em ambiente familiar. Seu internamento em instituições asilares pode vir a ser prejudicial, uma vez que essa atitude muito provavelmente poderá representar uma ruptura de um *status* anterior, colocando esses indivíduos em uma situação de isolamento psicossocial depressivo.

CONCLUSÃO

Foi possível mapear as instituições asilares existentes na grande Florianópolis, que são 19, representando uma distribuição significativa quanto à questão geográfica da região estudada.

A população deste estudo demonstrou importantes aspectos funcionais que interagem positiva e negativamente nos componentes da aptidão motora.

Os valores encontrados confirmam a sobrevida feminina, e coincidem com a literatura específica.

Percebeu-se neste estudo que o nível – "muito inferior" – desses idosos, em relação à EMTI, apresenta uma confluência com os aspectos funcionais desses idosos em suas instituições (residências), o que demonstra prejuízos biopsicossociais importantes.

Independentemente da característica das instituições onde esses idosos residem, o fator emocional destaca uma superioridade na manutenção da capacidade dos elementos da aptidão motora desses idosos.

REFERÊNCIAS

AIKEN, L. *An introduction to gerontology*. New York: Sage, 1995.

ARAÚJO, M. G. L.; DONATO, B. Y. *Suspeitas de depressão em idosos institucionalizados*. 1999. Monografia (Conclusão de curso) – Universidade Federal da Paraíba, 1999.

BILTON, T. et al. Prevalência da deficiência auditiva em uma população idosa. *O Mundo da Saúde*, v. 21, p. 218-225, 1997.

BIRGE, S.J. Can falls and hip fracture be prevented in frail older adults? *J. Am. Geriatr. Soc.*, v. 47, p. 1265-1266, 1999.

BOBATH, B. *Atividade postural reflexa anormal causada por lesões cerebrais*. 2.ed. São Paulo: Manole, 1978.

BURGIO, L.D. Behavioral staff training and management in geriatric long-term care facilities. In: WISOKI, P.A. (Ed.). *Handbook of clinical behavior therapy with the eldery clienty*. New York: Plenum, 1991.

COELHO, M.G. *O idoso na capital catarinense.* Florianópolis: Lunardelli, 1987.

DAMÁSIO, A.R. Lembrando de quando tudo aconteceu. *Scientific American Brasil,* v. 5, p. 78-85, 2002.

ECKERT, H. M. *Desenvolvimento motor.* 3. ed. São Paulo: Manole, 1993.

FONSECA, V. *Manual de observação psicomotora:* significação psiconeurológica dos fatores psicomotores. Porto Alegre: Artmed, 1995.

GARCIA, R.C. Bases biológicas del envejecimento cerebral. In: FERNÁNDEZ-BALLESTEROS, R. (Dir.). *Gerontología social.* Madrid: Pirâmide, 2000. (Colección Psicologia)

LOTHIAN, K.; PHILP, I. Maintaining the dignity and autonomy of older people in the healthcare setting. *BMJ,* v. 322, n. 7287, p. 668-670, 2001.

MORGENSTERN, D. Caregiving interventions with the elderly: path, pains and possibilities. *Psycotherapy in Private Practice,* v. 11, n. 4, p. 63-74, 1992.

NASCIMENTO E SILVA, E. B.; PEREIRA, N. G.; GARCIA, Y. R. A instituição e o idoso: um estudo das características da instituição e do perfil de seus moradores. *Gerontologia,* São Paulo, v. 6, n. 4, p. 167-176, 1998.

NERI, A. L. *Desenvolvimento e envelhecimento.* Campinas: Papiros, 2001.

NICOLA, I. P. Formação de recursos humanos para uma ação educativa gerontológica. *Gerontologia,* v. 7, n. 4, p. 178-191, 1999.

OKUMA, S. S. *O idoso e a atividade física.* Campinas: Papiros, 1999.

ROSA NETO, F. *Manual de avaliação motora.* Porto Alegre: Artmed, 2002.

SINGER, P. As dimensões sociopolíticas do envelhecimento. In: PEREIRA, D. M. (Org.). *Idoso:* encargo ou patrimônio? São Paulo: Proposta, 1993.

SULLIVAN, S.; SCHMITZ, T. *Fisioterapia, avaliação e tratamento.* 2. ed. São Paulo: Manole, 1993.

Estudo 3: Características motoras dos idosos com Parkinson

Parâmetros motores dos parkinsonianos da região conurbada de Florianópolis.
Revista Brasileira Ciência e Movimento, v.12, n.1, p. 13-18, 2004.

Francisco Rosa Neto
Patrick Ramon Stafin Coquerel
Adriana Coutinho de Azevedo Guimarães
Lisiane Schilling Poeta

RESUMO

O objetivo deste estudo foi descrever as características motoras dos idosos com Parkinson. A amostra foi composta por 20 sujeitos com idade acima de 50 anos (X = 77,15 anos), sendo 65% homens e 35% mulheres, com diagnóstico de Parkinson. O instrumento utilizado foi a Escala Motora para Terceira Idade – EMTI (Rosa Neto, 2002). Na análise estatística utilizou-se o programa Epi-Info 6.0 empregando-se a estatística descritiva. O padrão motor geral dos idosos foi classificado em nível "muito inferior" pela EMTI. As áreas de motricidade global, equilíbrio e esquema corporal apresentaram maior acometimento, com classificação "muito inferior". A motricidade fina teve classificação "inferior", enquanto a organização espacial e temporal foram classificadas em "normal baixo". De acordo com os resultados, essa população apresentou severas limitações motoras.

Palavras-chave: parkinsonianos; características motoras; escala motora.

INTRODUÇÃO

Entende-se por parkinsonismo um grupo de doenças crônicas e progressivas do sistema nervoso. Afetam as zonas do controle da coordenação, do tono muscular e da postura. A degeneração da substância negra, localizada no mesencéfalo, parte do tronco cerebral e reduz a produção da dopamina, enzima fundamental para o controle das funções neuromotoras. Consequentemente, apresentam-se os sintomas, surgindo lentamente, com variações e velocidades distintas. Geralmente sintomas combinados, variados e associados ou não a outras manifestações neurológicas acompanham essas enfermidades (Nicola, 1986).

O parkinsoniano apresenta características peculiares e muitas vezes visualmente percebidas, servindo de diagnóstico no nível genérico da doença. Até o presente momento, não há evidências fiéis de nenhum fator ambiental ou genético que desencadeie o surgimento da enfermidade (Allam, Castillo e Navajas, 2003).

Especificamente, na área motora percebem-se os maiores indicativos, juntamente com dores musculares, tremores nas partes distais dos membros superiores e inferiores, deambulação lenta, escrita alterada, rigidez muscular, entre outros (Sanvito, 1997). Estados depressivos e até mesmo de demência são comuns em casos mais avançados (Greenberg, 1996). Apesar de serem conhecidos tais sintomas, há carcaterísticas que podem ser mensuradas e classificadas em escalas padronizadas, tais como os parâmetros motores (Rosa Neto, 2002), tornando-se possível descrever novas variáveis sobre a patologia, bem como correlacionar os resultados com a literatura pré-existente.

Portanto, o objetivo do estudo foi descrever as características motoras dos idosos com Parkinson acima de 50 anos.

MATERIAIS E MÉTODOS

A pesquisa foi descritiva, de caso, realizada em campo, contendo dados qualitativos e quantitativos, obtidos junto a parkinsonianos residentes em instituições asilares e residências particulares, bem como frequentadores de clínicas neurológicas de Florianópolis. A amostra foi composta por 20 parkinsonianos (13 do sexo masculino e 7 do sexo feminino), com idade superior a 50 anos com diagnóstico confirmado em prontuários médicos. Foi utilizada uma técnica não-probalilística, do tipo estudos e experimentos.

Os dados foram coletados durante três meses (abril, maio e junho de 1999), no período matutino nos dias em que os pacientes encontravam-se disponíveis e dispostos para a realização das avaliações. Foi utilizada a EMTI (Rosa Neto, 2002).

Os dados foram armazenados no programa Epi-Info 6.0 (Fernandez Merino, 1996) e analisados por meio da estatística descritiva.

RESULTADOS

Quanto à idade cronológica, dos 20 sujeitos avaliados obteve-se média $X = 77,1$ anos. O valor máximo foi de 92 anos, e o mínimo foi de 60 anos.

De acordo com a Tabela 8.19, as áreas de motricidade global, equilíbrio e esquema corporal apresentaram maior acometimento, com classificação "muito inferior". A motricidade fina teve classificação "inferior", enquanto a organização espacial e a temporal foram classificadas em "normal baixo". A motricidade global apresentou-se como a variável motora mais afetada. O padrão motor geral foi "muito inferior".

A apresentação dos resultados da organização espacial foi particularmente interessante. Observou-se um resultado inferior de 24 pontos e um superior de 120 pontos, demonstrando grande variabilidade e amplitude.

Tabela 1   Parâmetros motores

Variáveis	Muito inferior	Inferior	Normal baixo	Normal médio	Normal alto	Superior	Muito superior	Média (pontos)
Motricidade fina (AM1)	10	8		2				69,6
Motricidade global (AM2)	20							24,6
Equilíbrio (AM3)	19				1			27,9
Esquema corporal (AM4)	11	6	3					61,2
Organização espacial (AM5)	6	2	10			2		83,4
Organização temporal (AM6)	4	1	2	10	0	1	2	88,2

Vale ressaltar que 10 parkinsonianos (50%) encontraram-se em nível "normal médio" da EMTI e interessantemente 2 indivíduos (10%) dos casos apresentaram um resultado de 120 pontos, correspondendo ao nível "superior" da EMTI.

Assim como na organização espacial, a organização temporal apresentou grande variabilidade e foi o parâmetro que apresentou os melhores resultados.

Classificação geral da EMTI: "muito inferior" (80%); "inferior" (20%).

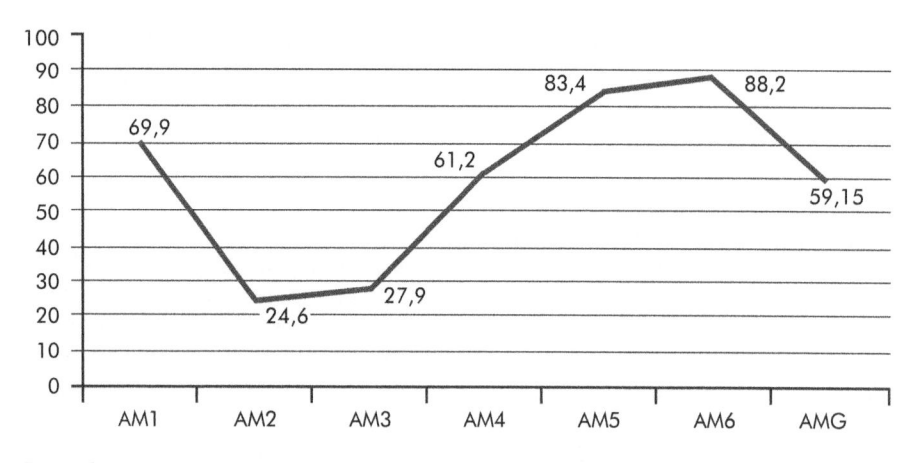

Figura 1
Perfil motor.

DISCUSSÃO

Neste estudo foi evidenciada a prevalência da patologia nos homens, embora outras linhas de pesquisa que tratam deste tema contrariem essa opinião, afirmando a não existência de diferença significativa entre os sexos.

Estudo recente, realizado com 142 idosos participantes de grupos de convivência do município de São José, SC, na grande Florianópolis, apresentou um valor para motricidade fina correspondente ao nível "normal médio" da EMTI (Teixeira, 2003). Observando-se os resultados de ambos os estudos, percebe-se que o grupo parkinsoniano apresentou escores médios inferiores.

A coordenação motora global e o equilíbrio corporal são especialmente influenciados pela atividade neuromotora (Eckert, 1993). No caso do componente neuromotor, as alterações decorrentes do processo natural do envelhecimento parecem estar relacionadas à redução progressiva das fibras musculares (Matsudo et al., 2000). Estudos recentes denotam a importância de instrumentos diagnósticos e de acompanhamento para pacientes com transtornos no equilíbrio corporal, tendo em vista a complexidade desta área motora (Gentili, Kremenchutzky e Salgado, 2003). No estudo de Teixeira (2003), com 142 idosos, os valores para motricidade global e equilíbrio foram classificados respectivamente como "muito inferior" e "inferior".

No estudo realizado em 142 idosos, os valores médios para esquema corporal e organização espacial corresponderam à classificação "normal médio", enquanto a organização temporal correspondeu ao nivel "inferior" da EMTI (Teixeira, 2003). É importante salientar que, para a organização temporal, o grupo enfermo obteve escore maior em relação aos resultados dos idosos dos grupos de convivência do município de São José. Isso justifica-se pelo fato de que, no estudo realizado em parkinsonianos, no transcorrer da prova de organização temporal (AM6), na primeira etapa da aplicação dos testes, após três falhas consecutivas, continuavam-se as demais três etapas.

Na apresentação dos resultados correspondentes aos parâmetros motores, a aptidão motora geral dos parkinsonianos avaliados e as classificações frente a EMTI demonstraram, de uma forma geral, níveis muito inferiores.

REFERÊNCIAS

ALLAM, M. F.; CASTILLO, A. S. del.; NAVAJAS, R. F. C. Fatores de riesgo de la enfermedad de parkinson. *Rev. Neurol.*, v. 36, n. 8, p. 749-755, 2003.

ECKERT, H. M. *Desenvolvimento motor*. São Paulo: Manole, 1993.

FERNANDEZ MERINO, J. C. Dirección geral de salud pública y participación. *Epi Info versión 6 en español:* epidemiología con microordenadores. Sevilla: Junta de Andalucia, 1996.

GENTILI, L. I. L.; KREMENCHUTZKY, M.; SALGADO, P. Base de datos para pacientes con trastornos del equilibrio. *Rev. Neurol.*, v. 36, n. 10, p. 960-965, 2003.

GREENBERG, C. *Patologias neurológicas*. Porto Alegre: Artmed, 1996.

MATSUDO, S. M. et al. Impacto do envelhecimento nas variáveis antropométricas, neuromotoras e metabólicas da aptidão física. *Rev. Bras. Cienc. Mov.*, v. 8, n. 4, p. 21-32, 2000.

NICOLA, P. *Geriatria*. Porto Alegre: Luzzato, 1986.

ROSA NETO, F. *Manual de avaliação motora*. Porto Alegre: Artmed, 2002.

SANVITO, W. L. *Síndromes neurológicas*. 2. ed. São Paulo: Atheneu, 1997.

TEIXEIRA, C. A. A. *Estudo dos parâmetros motores em idosos com idade entre 70 e 79 anos pertencentes aos grupos da terceira idade da prefeitura de São José*. 2003. 105 f. Dissertação (Mestrado em Ciências do Movimento Humano) – Centro de Educação Física, Fisioterapia e Desportos, Universidade do Estado de Santa Catarina, Florianópolis, 2003.

Estudo 4: Estudo dos parâmetros motores em idosos com idade entre 70 e 79 anos

Estudos dos parâmetros motores em idosos com idades entre 70-79 anos pertencentes aos grupos de convivência da terceira idade da prefeitura de São José/SC. Revista Lecturas: Educacion Física y Deportes. Revista Digital. Ano 10. Nº 92. Buenos Aires, Janeiro 2000.
Disponível em: http://www.efdeportes.com/efd92/idosos.htm

Francisco Rosa Neto
Daniela Branco Liposcki
Carlos Alberto Alves Teixeira

RESUMO

Este estudo teve como objetivo avaliar os parâmetros motores de idosos com idade entre 70 e 79 anos, membros dos grupos da terceira idade da Prefeitura de São José. Esta pesquisa é caracterizada como descritivo-diagnóstica. A seleção da amostra foi do tipo casual-sistemática e por voluntariedade. Para o cálculo do tamanho mínimo da amostra, foi utilizada a tabela proposta por Baumgartner e Strong (1994). O protocolo utilizado para os testes motores foi a escala motora para terceira idade, de Rosa Neto (2002). Este estudo abrange 142 idosos, sendo 117 do sexo feminino e 25 do sexo masculino. A média de idade estudada é de 73 anos. Na amostragem desses 142 idosos, as áreas da motricidade global (média = 56,0) e equilíbrio (média = 78,8) ficaram fora da normalidade. Quando a amostragem foi dividida por sexo, para o grupo feminino, as áreas que apresentaram médias fora dos padrões motores foram motricidade global (média = 62,4); equilíbrio (média = 74,8); e organização temporal (média = 78,7). No grupo masculino, a única área que ficou fora da normalidade foi a motricidade global (média = 62,4). Pode-se concluir que esta amostra é bastante homogênea. Sua participação nos grupos e atividades desenvolvidas são importantes para os aspectos biopsicossociais, que interferem beneficamente na aptidão motora.

Palavras-chave: aptidão motora; idosos; grupos.

INTRODUÇÃO

Estudos demográficos indicam o aumento de pessoas com mais de 60 anos em todo o mundo tanto em países industrializados como em desenvolvimento. Silvestre e colaboradores (1996) comentam que acreditávamos ser um país jovem, que o problema do envelhecimento só ocorria nos países europeus, norte-americanos e no Japão. Realmente, nestes países se vive mais. No entanto, poucos se deram conta de que desde os anos de 1960 a maioria dos idosos em números absolutos vivem em países do Terceiro Mundo. De acordo com Ueno (1999), o Brasil deverá ser, dentro de três décadas, o sexto país do mundo em número de pessoas idosas e o maior da América Latina.

Sendo o Brasil um país em desenvolvimento, este aumento de pessoas idosas é preocupante, principalmente por não existirem políticas públicas definidas para esta população, que envolvam programas de esclarecimento sobre saúde e sua manutenção.

Avanços tecnológicos trouxeram benefícios ao homem, mas o tornaram mais sedentário, fazendo menos exercícios naturais como caminhar, subir, descer, etc., proporcionando o surgimento das doenças hipocinéticas e, como consequência, uma diminuição da sua aptidão motora.

Okuma (1999) afirma que a deterioração dos parâmetros físicos, como força muscular, resistência muscular, equilíbrio, flexibilidade, agilidade e coordenação, leva à limitação funcional que ocasionará em dependência física. Ou seja, se os parâmetros físicos declinarem abaixo do nível requerido para a realização das atividades da vida diária, como cuidados pessoais básicos (como vestir-se, banhar-se, levantar-se da cama e sentar-se em uma cadeira, utilizar o banheiro, comer e caminhar), isso resultará em dependência funcional, influenciando na qualidade de vida do idoso.

Gallahue e Ozmun (2001) enumeram vários fatores que afetam as tarefas motoras dos idosos. Esses fatores estão ligados aos sistemas fisiológicos e psicológicos, ao ambiente em alteração, às exigências da tarefa ou a uma combinação desses fatores. O declínio do desempenho motor é observado com o avançar da idade, podendo ser atribuído ao envelhecimento, às doenças degenerativas, ao estilo de vida ou a uma combinação desses fatores. Ainda para esses autores, no envelhecimento há declínio das funções dos diversos órgãos. Para Netto (1996), esse declínio tem início relativamente precoce, ao final da segunda década de vida, e perdura por longo tempo, levando a alterações na terceira década de vida, tanto funcional como estruturalmente.

A degeneração dos aspectos motores na terceira idade é crescente (Meinel, 1984). O envelhecimento humano é um processo gradual, universal e irreversível, provocando uma perda funcional progressiva no organismo (Barbanti, 1994; Nahas, 2001).

Pesquisadores enfatizam que o envelhecimento traz consigo grandes mudanças fisiológicas; e para pior, infelizmente. Porém, se essas mudanças forem detectadas em tempo, serão mantidas ou melhoradas com atividades físicas adequadas.

Por meio de uma investigação bibliográfica, verificamos que geralmente os trabalhos sobre a terceira idade são referentes à aptidão física relacionada à saúde e alguns testes para atividades da vida diária (AVDs).

É importante ressaltar que a aptidão motora é deveras importante tanto para a aptidão física relacionada à saúde como para as AVDs. Mesmo que o idoso não possa exercitar-se com vigor, se ele mantiver as áreas da aptidão motora preservadas, facilitará sua comunicação com outros indivíduos e preservará sua autonomia e independência motora, com isto melhorando sua qualidade de vida.

Este estudo teve como objetivo avaliar a aptidão motora geral de idosos com idade entre 70 a 79 anos, dos grupos de terceira idade da Prefeitura de São José, com o propósito de responder à seguinte questão: Quais são os padrões motores destes idosos?

JUSTIFICATIVA

Com a chegada do terceiro milênio estão ocorrendo mudanças, muitas delas beneficiando e estando relacionadas ao desenvolvimento do homem. Estudos populacionais têm mostrado o aumento da expectativa de vida; medicamentos e vacinas provocam em algumas populações melhoria na sua qualidade de vida, aumentando sua longevidade. Porém, muitas vezes a longevidade acarreta distúrbios motores no idoso, dificultando sua locomoção e, por consequência, sua independência e autonomia.

Os aspectos neurológicos, psicossociais e físicos relacionam-se com a aptidão motora no envelhecimento. Com testes específicos podem-se detectar quais as áreas mais afetadas.

A avaliação motora torna possível diagnosticar, orientar e identificar alterações em relação ao desempenho motor do indivíduo, para que haja maior fluência do movimento (Gallahue e Ozmun, 2001). Para Ueno (1999), existem evidências de que mais de 50% dos casos de declínio da capacidade funcional pode ser identificados e prevenidos em indivíduos idosos. Neste sentido, nos últimos anos, houve um aumento de profissionais da área da gerontologia e ciências do exercício enfatizando a necessidade do desenvolvimento de testes para avaliar os parâmetros físicos, particularmente testes de performance, que possam ser mensurados em indivíduos idosos com diferentes níveis funcionais (Jackson, 1995). A avaliação por meio de testes motores permite verificar os estágios progressivos da função física, de modo a detectar os declínios nos parâmetros físicos e planejar estratégias efetivas de intervenção. Além disso, as avaliações realizadas em uma grande parcela da população de idosos têm sido consideradas importantes para reformulação de regulamentos nacionais, estabelecendo normas e predição da expectativa de vida ativa (Spirduso, 1995). O exame motor é um instrumento indispensável para os profissionais que trabalham com a terceira idade. É ponto de partida para uma intervenção terapêutica, pois permite identificar os problemas estabelecidos com a idade, diferenciar os diversos tipos de debilidade e avaliar os progressos do idoso, quando submetido a um programa de terapia motora (Rosa Neto, 2002).

Acreditamos, mesmo com os inevitáveis desajustes funcionais nos idosos, que existe a possibilidade de modificar em parte esse processo degenerativo com a avaliação da aptidão motora. Por meio dela podemos detectar quais as áreas motoras que estão sendo mais afetadas com o envelhecimento, para daí então programar atividades motoras direcionadas a essas áreas, tentando assim melhorar a capacidade funcional desses indivíduos, mais precisamente suas AVDs, ajudando na melhora de sua qualidade de vida.

Como poucos estudos referentes aos parâmetros motores de idosos têm sido realizados no Brasil, achou-se necessário aprofundar o conhecimento da aptidão motora na faixa etária de 70 a 79 anos, o que facilitará na prescrição e na montagem de programas individualizados de atividade física a esta população estudada e alertará aos futuros idosos sobre quais as áreas da aptidão motora mais afetadas com o avançar da idade.

MATERIAL E MÉTODOS

A amostra da pesquisa foi constituída por 142 idosos de 70 a 79 anos de idade, de ambos os sexos, pertencentes aos grupos de terceira idade da Prefeitura de São José, Santa Catarina.

Como critério de inclusão foi observada a independência para realizações das AVDs e não apresentar alterações sensoriais, mentais e neurológicas importantes que possam dificultar os testes motores.

Para o cálculo do tamanho mínimo da amostra, foi utilizada a tabela proposta por Baumgartner e Strong (1994), que determina o tamanho amostral com 90% de confiança, em que a diferença percentual entre o tamanho da população e da amostra não é maior que 0,05.

Instrumento de medida

- EMTI (Rosa Neto, 2002).
  Os dados coletados foram inseridos em um banco de dados computadorizado (Epi-Info) e processados eletronicamente, fazendo a associação das variáveis do estudo com os níveis mensurados na escala motora: motricidade fina, coordenação global, equilíbrio, esquema corporal e rapidez, orientação espacial e temporal. Foram obtidos os seguintes dados: distribuição da frequência simples e percentuais, variância, desvios padrão, valor mínimo e máximo, mediana e moda, em tabelas e gráficos.
  Para a introdução dos dados coletados nas fichas dos idosos avaliados foi utilizado o programa informático "Escala motora para a terceira idade" para a obtenção de gráficos e tabelas.

RESULTADOS E DISCUSSÃO

Foram avaliados 142 idosos pertencentes aos grupos de terceira idade da Prefeitura de São José, com idade entre 70 a 79 anos, sendo a média de idade de 73 anos. Destes, 117 são do sexo feminino e 25 do masculino.

De acordo com o senso (IBGE, 2000) esta faixa etária corresponde a 36% de idosos no Brasil. Em relação às faixas etárias na terceira idade, Furtado (1997) destaca uma classificação mais recente, na faixa etária entre 60 e 69 anos são considerados jovens idosos, na faixa etária entre 70 e 79 anos são considerados meio idosos e acima de 80 anos, idosos velhos. Destaca ainda o autor que no Brasil o maior número de idosos encontra-se na faixa de jovens idosos e meio idosos.

Quanto ao gênero, este estudo vai ao encontro dos dados do IBGE (2001) e da literatura, que destacam a prevalência feminina idosa com relação à masculina. Na pesquisa de Lopes (1999), realizada com idosos frequentadores do programa de atividade física NETI/UFSC e também no estudo de Singer (1993), houve prevalência de mulheres em relação aos homens.

Berquó (1996) ressalta que o déficit de homens idosos há muito tem sido superior no Brasil e acentua-se ainda mais com o avançar da idade. Lopes (1999) afirma que a predominância de idades mais avançadas em mulheres é devida à discrepância das taxas de mortalidade crescente entre mortalidade masculina em relação à feminina em todas as idades. Neste sentido, dados do IBGE (2000) sobre a evolução da mortalidade no Brasil afirmam que o crescimento mais lento da esperança masculina, comparativamente ao da feminina, encontram explicação no aumento gradativo da sobremortalidade masculina nas idades jovens e adultos jovens. Nos últimos anos, as taxas de mortalidade masculina, na faixa de 20 a 29 anos, devido a causas externas como homicídios, acidentes de trânsito, suicídios, quedas acidentais, afogamentos, etc., chegam a ser mais de três vezes superiores às correspondentes femininas.

A avaliação dos parâmetros motores dos 142 idosos que compõem a amostragem do presente estudo foi efetuada por meio das medidas AMG (aptidão motora geral), AM1 (motricidade fina), AM2 (motricidade global), AM3 (equilíbrio), AM4 (esquema corporal), AM5 (organização espacial), AM6 (organização temporal) e estão ilustradas na Tabela 1.

Observando-se os resultados da Tabela 1, as áreas motoras que apresentaram padrões motores abaixo da normalidade foram motricidade global e equilíbrio. De acordo com Meinel (1984) e Fonseca (1995), no processo de envelhecimento uma das mudanças mais observadas é o declínio da capacidade de movimentação. Para Moura e colaboradores (1999), vários sistemas modificam-se com o envelhecimento e podem afetar o equilíbrio, predispondo o idoso a quedas. A diminuição dos mecanismos de equilíbrio (principalmente o da estabilidade postural), a diminuição da função vestibular, o prejuízo da audição e da visão, a diminuição da sensibilidade vibratória e da proprio-

Tabela 1	Distribuição das médias das variáveis da EMTI dos 142 idosos da amostra						
Variáveis	Média	Variância	DP	Vm	VM	Mediana	
AMG	83,8	187,1	13,6	44,0	114,0	85,0	
AM1	90,3	539,1	23,2	36,0	144,0	102,0	
AM2	56,0	403,3	20,0	24,0	108,0	48,0	
AM3	75,8	623,6	24,9	24,0	132,0	72,0	
AM4	104,2	900,6	30,0	36,0	134,0	108,0	
AM5	91,3	359,1	18,9	48,0	132,0	96,0	
AM6	79,9	197,8	14,0	48,0	132,0	84,0	

Fonte: Elaborada pelos autores. DP = desvio padrão. Vm = valor mínimo. VM = valor máximo.

cepção, a diminuição da força muscular e as alterações posturais afetam as tarefas motoras que solicitam equilíbrio e motricidade global.

No estudo de Schenkman e colaboradores (1996), quando analisada a relação entre o equilíbrio e o controle muscular dos membros inferiores de idosos, verificou-se a significante influência do domínio muscular como fator importante na capacidade funcional dos idosos. Matsudo (2001) realizou estudos e comparou os efeitos de um programa de treinamento específico de força muscular, com e sem treinamento específico de equilíbrio, e verificou melhoras significativas no equilíbrio estático e dinâmico no grupo de idosos que fez treinamento específico desta variável em comparação com o grupo que fez somente o treinamento de força.

Desta maneira, pode-se concluir que, mesmo com o processo involutivo dos vários sistemas durante o envelhecimento e das variáveis intervenientes, o treinamento específico de exercícios de equilíbrio pode minimizar tais efeitos, melhorando o equilíbrio estático e dinâmico e, por consequência, a motricidade global.

A amostragem foi dividida por sexo feminino (n = 117) e masculino (n = 25), para avaliação dos seus parâmetros motores, sendo apresentadas nas Tabelas 2 e 3.

Quando aplicado o teste estatístico para comparação e verificação da existência de diferença significativa entre os sexos masculino e feminino, somente a variável organização temporal (AM6) foi estatisticamente significante (p = 0,028), ficando os homens classificados como "normal baixo" e as mulheres classificadas como "inferior" de acordo com o protocolo utilizado.

Lima e Schimidt (1996) declararam que o envelhecimento cerebral e os sintomas discretos do declínio natural caracterizado pelos eventuais distúrbios de memória, de orientação temporal-espacial constituem-se um processo natural neste período da vida. Segundo Damásio (2002), a organização temporal pode ter relação de como o cérebro associa um evento a determinado momento especifico no tempo, situando esse evento em uma sequência cro-

Tabela 2 Distribuição das médias das variáveis da EMTI do grupo feminino

Variáveis	Média	Variância	DP	Vm	VM	Mediana
AMG	83,9	171,7	3,1	52,0	112,0	86,0
AM1	99,3	415,2	20,3	36,0	144,0	102,0
AM2	54,6	353,0	18,7	24,0	108,0	48,0
AM3	74,8	623,5	24,9	24,0	132,0	72,0
AM4	105,9	877,1	29,6	36,0	132,0	120,0
AM5	91,5	371,4	19,2	48,0	132,0	96,0
AM6	78,7	192,1	13,8	48,0	132,0	84,0

Fonte: Elaborada pelos autores. Sendo DP = desvio padrão. Vm = valor mínimo. VM = valor máximo.

Tabela 3 Distribuição das médias das variáveis da EMTI do grupo masculino

Variáveis	Média	Variância	DP	Vm	VM	Mediana
AMG	83,0	268,7	16,3	44,0	114,0	80,0
AM1	87,6	104,1	32,2	36,0	132,0	96,0
AM2	62,4	612,0	24,7	24,0	108,0	48,0
AM3	80,6	621,2	24,9	24,0	126,0	84,0
AM4	95,0	911,4	30,1	48,0	132,0	96,0
AM5	90,2	303,4	17,4	48,0	108,0	96,0
AM6	85,0	213,5	14,6	48,0	132,0	84,0

Fonte: Elaborada pelos autores. Sendo DP = desvio padrão. Vm = valor mínimo. VM = valor máximo.

nológica, que alguns idosos não os associam, sendo um mistério. Ressalta-se ainda que essa função envolve tanto a lembrança dos fatos quanto a lembrança dos relacionamentos temporais com esses fatos.

Foram analisados e comparados com este estudo os trabalhos de Rosa Neto (2001), que realizou pesquisa com 150 idosos com idade acima de 60 anos, praticantes e não-praticantes de atividades físicas, e o de Vieira (2002), que realizou estudo com 73 idosos institucionalizados (asilados) da grande Florianópolis. Suas médias estão distribuídas nas Tabelas 4 e 5.

Os três trabalhos utilizaram o mesmo protocolo na avaliação dos parâmetros motores dos idosos, no qual foram analisadas as médias da AMG, AM1, AM2, AM3, AM4, AM5 e AM6.

Na amostragem deste trabalho, de acordo com a Tabela 5 67,6% ficaram dentro da normalidade, sendo que, 17,6% foram classificados como "inferior" e o restante (14,8%) como "muito inferior".

Na amostragem de 150 idosos de Rosa Neto (2001), 79,4% ficaram dentro da normalidade, 13,3% foram classificados como "inferior" e 7,3% como "muito inferior".

Tabela 4 Distribuição das médias das variáveis dos estudos realizados com a EMTI

EMTI	Rosa Neto	Vieira	Estudo
AMG	93,6	64,6	83,8
AM1	99,3	75,6	90,3
AM2	72,4	38,0	56,0
AM3	86,7	50,1	75,8
AM4	107,9	72,1	104,2
AM5	100,0	83,5	91,3
AM6	93,5	69,6	79,9

Fonte: Elaborada pelos autores.

Tabela 5 Distribuição da frequência e do percentual comparativo dos três grupos de estudos

Classificação da EMTI	Rosa Neto (2001) 150 idosos	Vieira (2002) 73 idosos	Estudo 142 idosos
Muito superior (> 130)	–	–	–
Superior (129-120)	6,7%	–	–
Normal alto (119-110)	10,7%	1,3%	1,4%
Normal médio(109-90)	48,0%	13,7%	38,0%
Normal baixo (89-80)	14,0%	5,5%	28,2%
Inferior (79-70)	13,3%	13,7%	17,6%
Muito inferior (< 70)	7,3%	65,8%	14,8%
Total	100,0%	100,0%	100,0%

Fonte: Elaborada pelos autores.

Já no trabalho de Vieira (2002), somente 20,5% apresentaram padrões motores dentro da normalidade, ficando 13,7% classificados como "inferior" e 65,8% como "muito inferior".

Esses dados demonstram que as amostras deste estudo e do de Rosa Neto são homogêneas. Mas é importante relembrar que os escores no estudo de 150 idosos ficaram um pouco acima em relação a este estudo. Isso deve-se ao fato de a mesma ser composta por indivíduos a partir dos 60 anos de idade que praticam alguma atividade física regularmente, fatos que podem ter influenciado nos resultados. Em relação ao trabalho de Vieira (2002), a falta de motivação para atividades físicas regulares, o ambiente onde residem e os fatores emocionais podem ter influenciado os resultados, podendo-se concluir que fatores emocionais, afetivos e cognitivos de pessoas asiladas podem afetar a sua aptidão motora.

CONCLUSÃO

A conclusão deste estudo refere-se à amostragem representativa de 142 idosos, com idade entre 70 e 79 anos, de ambos os sexos, pertencentes aos grupos de terceira idade de São José, SC.

De acordo com os resultados obtidos na provas de aptidão motora, medidas por meio da EMTI, as variáveis que ficaram fora da normalidade foram a motricidade global e o equilíbrio, que, conforme a literatura, podem ser atribuídas ao processo natural do envelhecimento e também à falta de atividades físicas específicas para essas áreas.

Quando realizada a comparação entre os sexos, a única variável que apresentou diferença significativa foi a organização temporal; os homens foram classificados como "normal baixo" e as mulheres como "muito inferior", necessitando uma melhor investigação para analisar este resultado.

Pode-se concluir que esta amostra é bastante homogênea. Sua participação nos grupos e nas atividades ali desenvolvidas são importantes para os aspectos biopsicossociais, que interferem beneficamente na aptidão motora.

Sugere-se aos profissionais da área da gerontomotricidade que, durante as intervenções com idosos, incluam atividades físicas visando melhorar a aptidão motora.

REFERÊNCIA

BARBANTI, V. J. *Dicionário de educação física e do esporte*. São Paulo: Manole, 1994.

BAUMGARTNER, T. A.; STRONG, C. H. *Conducting and reading research in health and human performance*. Dubuque: Brown & Benchmark, 1994.

BERQUÓ, E. Algumas considerações demográficas sobre o envelhecimento da população do Brasil. In: SEMINÁRIO INTERNACIONAL ENVELHECIMENTO POPULACIONAL: UMA AGENDA PARA O FINAL DO SÉCULO, 1. Brasília: MPAS, 1996. p. 16-34.

DAMASIO, A. R. Lembrando de quando tudo aconteceu. *Scientific American Brasil*, v. 1, n. 5, p. 78-85, 2002.

FONSECA, V. *Manual de observação psicomotora*: significação psiconeurológica dos fatores psicomotores. Porto Alegre: Artmed, 1995.

FURTADO, E. S. Terceira idade: enfoques múltiplos. *Motus Corporis*, v. 4, n. 2, p. 121-147, 1997.

GALLAHUE, D. L.; OZMUN, J. C. *Compreendendo o desenvolvimento motor:* bebês, crianças, adolescentes e adultos. São Paulo: Phorte, 2001.

INSTITUTO BRASILEIRO DE GEOGRAFIA E ESTATÍSTICA (IBGE). *Censo demográfico 2000*. Rio de Janeiro, 2000.

JACKSON, A. S. Changes in aerobic power of men, age 25-70 years. *Med. Sci. Sports Exerc.*, v. 27, n. 1 p. 113-120, 1995.

LIMA, J. M. B.; SCHMIDT. O cérebro e o envelhecimento. *Arq. Geriatr. Gerontol.*, v. 0, n.1, p.107-108.

LOPES,M. A. *A interferência da atividade sensório-motora nas relações familiares dos idosos participantes do programa de atividades físicas do CDS/NETI/UFSC*. 1999. Dissertação (Mestrado) – Centro de Desporto, Universidade Federal de Santa Catarina, Florianópolis, 1999.

MATSUDO, S. M. M. *Envelhecimento e atividade física*. Londrina: Midiograf, 2001.

MAZO, G. Z.; LOPES M.A.; BENEDETTI, T. B. *Atividade física e o idoso:* uma concepção gerontológica. 2. ed. Porto Alegre: Sulina, 2004.

MEINEL, K. *Motricidade II:* o desenvolvimento motor do ser humano. Rio de Janeiro: Ao Livro Técnico, 1984. v. 4.

MOURA, R. N. et al. Quedas em idosos: fatores de risco associados. *Revista Gerontologia*, v. 7, n. 2, p. 15-21, 1999.

NAHAS, M. *Atividade física, saúde e qualidade de vida*. Londrina: Midograf, 2001.

NERI, A. L. *Desenvolvimento e envelhecimento:* perspectivas biológicas, psicológicas e sociológicas. Campinas: Papirus, 2001.

NETTO, P. M. *Gerontologia*. São Paulo: Ateneu, 1996.

OKUMA, S. S. Impacto da atividade física sobre a dimensão psicológica do idosos: uma análise da velhice bem-sucedida. In: CONGRESSO DE EDUCAÇÃO FÍSICA E CIÊNCIAS DO ESPORTE DOS PAÍSES DE LÍNGUA PORTUGUESA, 7. Florianópolis, 1999.

_____. *O idoso e a atividade física*. Campinas: Papirus, 2001.

ROSA NETO, F. Estudos de parâmetros motores na terceira idade. In: CONGRESSO INTERNACIONAL DE MOTRICIDADE HUMANA: MOTRICIDADE HUMANA: TEORIA E PRATICA, 2. Muzanbinho, 2001.

_____. *Manual de avaliação motora*. Porto Alegre: Artmed, 2002.

RUDIO, F. V. *Introdução ao projeto de pesquisa*. 7. ed. Petrópolis: Vozes, 1986.

SCHENKMAN, M. et al. The relative importance of strenght and balance in chair rise by functionally impaired older individuals. *J. Am. Geriatr. Soc.*, v. 44, n. 12. p. 1446-1446, 1996.

SILVESTRE, J. A. et al. Envelhecimento populacional brasileiro e o setor saúde. *Revista de Gerontologia*, v. 0 n. 1, p. 81-89, 1996.

SINGER, P. As dimensões sociopolíticas do envelhecimento. In: PEREIRA, D. M.(Org.). *Idoso:* encargo ou patrimônio? São Paulo: Proposta, 1993.

SPIRDUSO, W. W. *Physical dimensions of aging*. Champaign: Human Kinetics, 1995.

UENO, L. M. A influência da atividade física na capacidade funcional: envelhecimento. *Rev. Bras. Ativ. Fis. Saúde*, v. 4, p. 57-66, 1999.

VIEIRA, G, F. *Estudos de parâmetros motores de idosos residentes em instituições asilares da grande Florianópolis*. 2002. Dissertação (Mestrado em Ciência do Desenvolvimento Humano) – Centro de Educação Física, Fisioterapia e Desporto, Universidade do Estado de Santa Catarina, 2002.

Estudo de caso 1: Parâmetros motores de uma idosa com diagnóstico favorável a ludopatia

Daniela Branco Liposcki
Letícia Coutinho
Francisco Rosa Neto

RESUMO

C.M., 68 anos; sexo feminino; viúva há 15 anos; três filhos. Mora sozinha; é sedentária; é fumante; apresenta quadro depressivo, irritabilidade e ansiedade.

História: iniciou o hábito dos jogos de azar (bingo, loterias e cartas) há mais de 10 anos; nos últimos cinco anos frequenta diariamente as casas de bingos; não tem a aprovação dos filhos para jogar; já fez empréstimos e desfez-se de bens da família para quitar dívidas. Joga compulsivamente, narrando ser difícil parar de jogar. Relata ter uma vida monótona, atribuindo a isso um motivo para jogar.

Os dados pertinentes à EMTI (Rosa Neto, 2002), estão distribuídos na Tabela 1.

A aptidão motora geral ficou classificada como "inferior", pois somente as áreas de motricidade fina, esquema corporal e organização espacial ficaram dentro da normalidade; as áreas de motricidade global e equilíbrio foram classificadas como "muito inferior"; e organização temporal classificou-se como "inferior".

A Figura 1 a seguir ilustra o perfil motor, relacionado à EMTI.

Tabela 1 Pontuação e classificação na EMTI		
Área motora	Pontuação	Classificação
AM1	96	Normal médio
AM2	48	Muito inferior
AM3	60	Muito inferior
AM4	84	Normal baixo
AM5	96	Normal médio
AM6	72	Inferior
AMG	76	Inferior

Fonte: elaborada pelos autores. AM1 = motricidade fina. AM2 = motricidade global. AM3 = equíbrio. AM4 = esquema corporal. AM5 = organização espacial. AM6 = organização temporal.

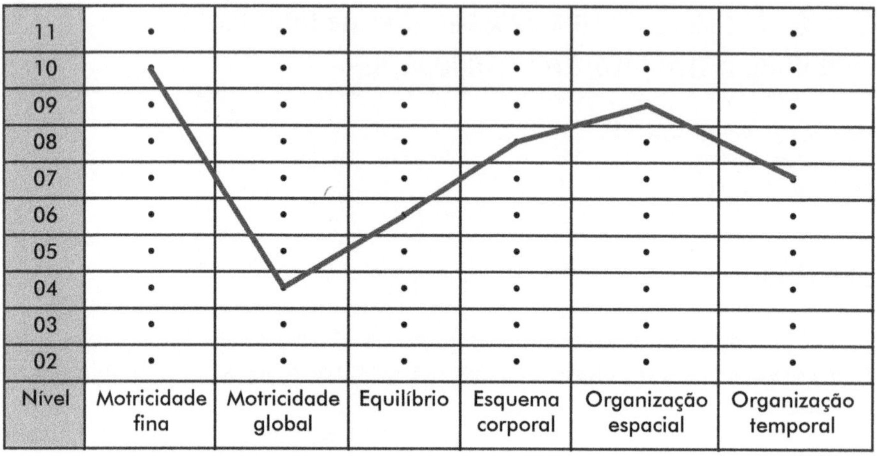

Nível	Motricidade fina	Motricidade global	Equilíbrio	Esquema corporal	Organização espacial	Organização temporal
11	•	•	•	•	•	•
10	•	•	•	•	•	•
09	•	•	•	•	•	•
08	•	•	•	•	•	•
07	•	•	•	•	•	•
06	•	•	•	•	•	•
05	•	•	•	•	•	•
04	•	•	•	•	•	•
03	•	•	•	•	•	•
02	•	•	•	•	•	•

Figura 1
Perfil motor: C.M., 68 anos, sexo feminino.

Estudo de caso 2: Parâmetros motores de uma idosa praticante de ioga

Daniela Branco Liposcki
Deusa Zapelini
Luciane Branco Rech

RESUMO

J.I.R.B., 68 anos, sexo feminino, viúva, praticante de ioga há 15 anos, atualmente dá aulas de ioga cinco vezes por semana. Relata ter bons hábitos de saúde, como alimentação rica em frutas e verduras; não fuma; faz atividade física diariamente, entre outros.

Os dados pertinentes à EMTI (Rosa Neto, 2002) estão distribuídos na Tabela 1 a seguir, com pontuação e classificação na EMTI.

A aptidão motora geral ficou classificada como "superior".

A Figura 1 a seguir ilustra o perfil motor, relacionado à EMTI.

Tabela 1 J.I.R.B., 68 anos, sexo feminino		
Área motora	Pontuação	Classificação
AM1	132	Muito superior
AM2	96	Normal médio
AM3	96	Normal médio
AM4	132	Muito superior
AM5	132	Muito superior
AM6	132	Muito superior
AMG	120	Superior

Fonte: eleborada pelos autores. AM1 = motricidade fina. AM2 = motricidade global. AM3 = equíbrio. AM4 = esquema corporal; AM5 = organização espacial; AM6 = organização temporal.

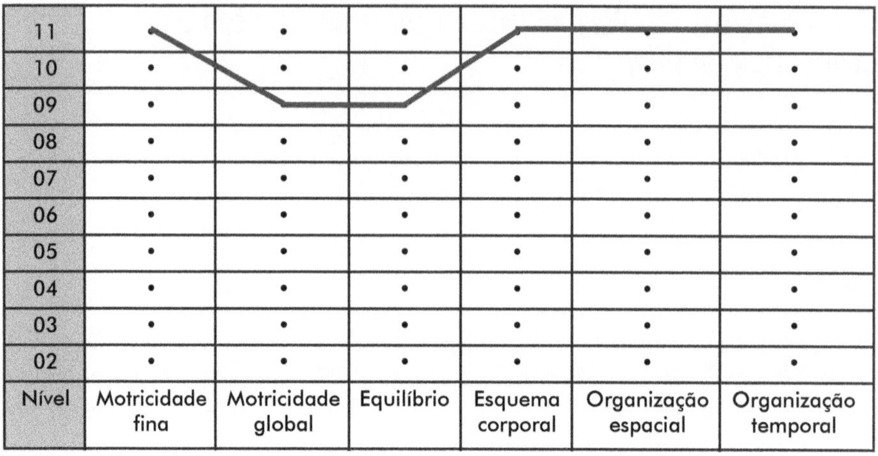

Nível	Motricidade fina	Motricidade global	Equilíbrio	Esquema corporal	Organização espacial	Organização temporal
11	•	•	•	•	•	•
10	•	•	•	•	•	•
09	•	•	•	•	•	•
08	•	•	•	•	•	•
07	•	•	•	•	•	•
06	•	•	•	•	•	•
05	•	•	•	•	•	•
04	•	•	•	•	•	•
03	•	•	•	•	•	•
02	•	•	•	•	•	•

Figura 1
Perfil motor: J.R.I.B., 68 anos, sexo feminino.

Estudo de caso 3: Perfil motor e psicossocial de idoso triatleta

Patrick Ramon Coquerel
Francisco Rosa Neto
Florianópolis, 2005. Dissertação (Pós-graduação Stricto Sensu em Ciências do Movimento Humano). Centro de Educação Física, Fisioterapia e Desportos (CEFID), Universidade do Estado de Santa Catarina, Florianópolis, 2005.

Palavras-chave: desenvolvimento humano; idoso; triatleta.

RESUMO

Neste estudo de caso foram avaliados os perfis motor e psicossocial de um idoso participante de competições Iron Man Triathlon. A amostragem foi proposital, composta pelo único triatleta da categoria 70-74 anos na América do Sul. Foram coletadas informações do sujeito em três momentos distintos:

1. primeira aplicação da bateria de testes;
2. diário do triatleta durante um mês;
3. segunda aplicação da bateria de testes seguida de uma hora de filmagem da entrevista semi-estruturada.

O intervalo entre as baterias foi de três meses. Cada bateria levou três horas para ser concluída. As avaliações foram distribuídas como se descreve a seguir. Primeiro dia: antropometria; postura; exame motor. Os principais resultados foram:

a) baixo percentual de gordura;
b) aptidão motora geral nível "superior" de acordo com a EMTI em ambas as baterias;
c) presença de escoliose composta, desnivelamento do ombros, protrusão de cabeça, hipercifose, escápulas aduzidas, joelhos em genuflexo, linha de gravidade anteriorizada.

O sujeito do estudo

a) continua motivado para treinar e competir embora tenha muitas dificuldades para conciliar a rotina de treinamentos e competições com as suas atuais condições financeiras;
b) considera-se extremamente estressado e sente-se importunado com sua atividade empresarial e financeira;

c) possui o terceiro grau completo e renda conjugal suficiente para sobreviver, mas possui dificuldades financeiras para manter-se treinando e competindo;
d) acumula lesões osteoarticulares relativas à prática esportiva que foi presente em todos os momentos da vida;
e) é extremamente ativo tanto no trabalho quanto no volume de treinamento.

A análise dos dados seguiu uma sequência de classificação, categorização e interpretação. O envolvimento em atividades de *resistência aeróbica* possibilita ao sujeito de estudo um ótimo perfil psicomotor e psicossocial, o que se reflete com as fortes motivações conscientes e inconscientes para seguir na vida esportiva, mesmo com os prováveis prejuízos do estresse orgânico a que é submetido.

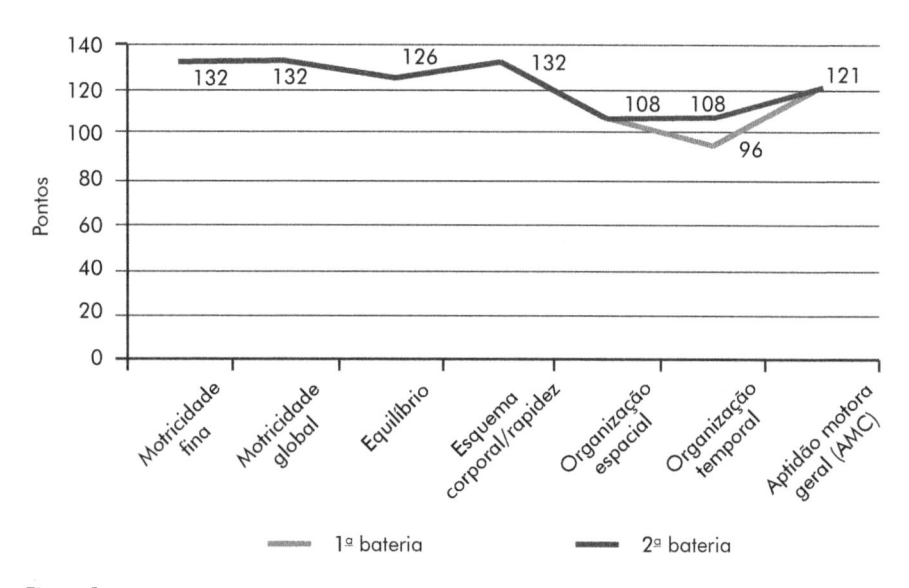

Figura 1
Perfil motor: estudo de caso 3.

REFERÊNCIAS

CAMARANO, A. A. Envelhecimento da população brasileira: uma contribuição demográfica. In: FREITAS, E. V. et al. *Tratado de geriatria e gerontologia*. Rio de Janeiro: Guanabara Koogan, 2002.

CARVALHO FILHO, E. T.; NETTO, M. P. *Geriatria:* fundamentos, clínica e terapêutica. 1. ed. São Paulo: Atheneu, 2000.

CORAZZA, M. A. *Terceira idade e atividade física*. São Paulo: Phorte, 2001.

GALLAHUE, D. L.; OZMUN, J. C. *Compreendendo o desenvolvimento motor:* bebês, crianças, adolescentes e adultos. São Paulo: Phorte, 2001.

GUCCIONE, A. A. *Fisioterapia geriátrica*. 2. ed. Rio de Janeiro: Guanabara Koogan, 2002.

INSTITUTO BRASILEIRO DE GEOGRAFIA E ESTATÍSTICA (IBGE). *Censo demográfico 2000*. Rio de Janeiro, 2000.

JACKSON, A. S. Changes in aerobic power of men, age 25-70 years. *Med. Sci. Sports Exerc.*, v. 27, n. 1 p. 113-120, 1995.

KAUFFMAN, T. L. *Manual de reabilitação geriátrica*. Rio de Janeiro: Guanabara Koogan, 2001.

MATSUDO, S. M. M. *Envelhecimento e atividade física*. Londrina: Midiograf, 2001.

MAZO, G. Z.; LOPES, M. A.; BENEDETTI, T. B. *Atividade física e o idoso*. 2. ed. Porto Alegre: Sulina, 2004.

MEINEL, K. *Motricidade:* o desenvolvimento motor do ser humano. Rio de Janeiro: Livro Técnico, 1984. v. 4.

NAHAS, M. *Atividade física, saúde e qualidade de vida*. Londrina: Midograf, 2001.

NERI, A. L. *Desenvolvimento e envelhecimento:* perspectivas biológicas, psicológicas e sociológicas. Campinas: Papirus, 2001.

OKUMA, S. S. *O idoso e a atividade física*. Campinas: Papirus, 2001.

PAPALÉO NETTO, M. *Gerontologia*. São Paulo: Ateneu, 1996.

_____. Questões metodológicas na investigação sobre velhice e envelhecimento. In: FREITAS, E. V. et al. *Tratado de geriatria e gerontologia*. Rio de Janeiro: Guanabara Koogan, 2002.

PASCHOAL, S.M.P. Qualidade de vida na velhice. In FREITAS, E.V. et al. *Tratado de geriatria e gerontologia*. Rio de Janeiro: Guanabara koogan, 2002.

RAUCHBACH, R. *Atividade física na 3ª idade*. 2. ed. Londrina: Midiograf, 2001.

ROSA NETO, F. Avaliação da psicomotricidade. In MATSUDO, S. M. M. *Avaliação do idoso:* física e funcional. 2. ed. Londrina: Midiograf, 2004.

_____. Estudos de parâmetros motores na terceira idade. In: CONGRESSO INTERNACIONAL DE MOTRICIDADE HUMANA: MOTRICIDADE HUMANA: TEORIA E PRATICA, 2. Muzanbinho, 2001.

_____. *Manual de avaliação motora*. Porto Alegre: Artmed, 2002.

ROSA NETO, F.; LIPOSCKI, D. B.; TEIXEIRA, C. A. A. Estudo dos parâmetros motores em idosos com idade entre 70 e 79 anos pertencentes aos grupos da terceira idade da prefeitura de São José – SC. *Lecturas:* EF y Deportes, Buenos Aires, año 10, n. 92, p. 1-9, 2006. Disponível em: <http://www.efdeportes.com/efd92/idosos.htm>.

SHEPHARD, R. J. *Envelhecimento, atividade física e saúde*. São Paulo: Phorte, 2003.

SPIRDUSO, W. W. *Physical dimensions of aging*. Champaign: Human Kinetics, 1995.

UENO, L. M. A influência da atividade física na capacidade funcional: envelhecimento. *Rev. Bras. Ativ. Fis. Saúde*, v. 4, p. 57-66, 1991.

9

Propostas de atividades de intervenção e reeducação motora para idosos

Francisco Rosa Neto
Daniela Branco Liposcki

O movimento é crucial para garantir a realização das necessidades básicas diárias envolvidas na manutenção da qualidade de vida. A independência do idoso está intimamente relacionada com condições motoras e cognitivas satisfatórias para o desempenho de suas tarefas da vida diária, bem como para seu convívio social. O idoso dotado de todas as suas possibilidades para mover-se e descobrir o mundo é normalmente um idoso feliz e bem adaptado.

Uma das metas do processo de intervenção e reeducação motora é ajudar o idoso a atingir a maior independência funcional possível, considerando suas potencialidades e limitações.

A reeducação motora é parte integrante da reabilitação gerontológica, que inclui várias ações especializadas que devem ser desenvolvidas por uma equipe multiprofissional apta a realizar intervenções multidimensionais e complexas, integradas e orientadas. Ela parte da concepção de que deve haver uma ação preventiva que minimize os riscos de disfuncionalidade associada não só à doença, como também a fatores decorrentes do envelhecimento e às condições psicossociais e ambientais.

A realização de um programa de atividades motoras para idosos deve respeitar, além dos dados da avaliação motora realizada, as características anatômicas, fisiológicas e cinesiológicas, bem como as necessidades de cada idoso.

Esta proposta de intervenção e reeducação motora pretende oferecer recursos concretos e de fácil utilização para os diversos profissionais da gerontologia. Estas atividades tratam das seis áreas temáticas que correspondem aos aspectos diferentes avaliados na Escala Motora para Terceira Idade (EMTI): motricidade fina, coordenação global, equilíbrio, esquema corporal, organização espacial e organização temporal. Totalizam-se 27 atividades, sendo realizadas em grupos e/ou individualmente; podem ser utilizadas de forma isolada, dependendo da necessidade da intervenção, e também complementando outras propostas de intervenção cinesiológica. Deve haver um planejamento prévio da atividade, como local de execução, materiais disponíveis, avaliação motora prévia e reavaliação, aptidão motora geral do idoso, objetivos da intervenção, tempo disponível, expectativa e motivação do idoso e cuidados durante a execução das atividades propostas.

Nossa proposta, descrita a seguir, visa estimular, desenvolver e/ou reeducar os elementos básicos da motricidade humana, favorecendo ao idoso experiências concretas sobre as quais se constroem as noções básicas para a manutenção de uma melhor "aptidão motora geral".

CONSTRUIR PETECAS 01

Objetivo
Desenvolver coordenação fina manual e criatividade.

Atividade
Nome: Construir petecas.
Material: Jornal e barbante.
Formação: Livre.
Desenvolvimento: O coordenador da atividade deverá distribuir folhas de jornal a todos os integrantes da turma. Cada participante confeccionará uma bola, amassando seu jornal, com o objetivo de formar a base da peteca. Depois de amassar bem, deve-se cobrir a bola com outra folha de jornal, puxando todas as suas pontas para cima e juntando-as com um barbante para formar as pontas da peteca.

Outras propostas
Quando as petecas estiverem prontas, os idosos poderão criar atividades como as seguintes:
- Jogar para cima, o mais alto que conseguirem.
- Jogar para cima, dar um giro e agarrar.
- Jogar para cima, bater palmas e agarrar.
- Jogar por baixo das pernas dos colegas.
- Jogar de costas.
- Formar duplas e jogar peteca, etc.

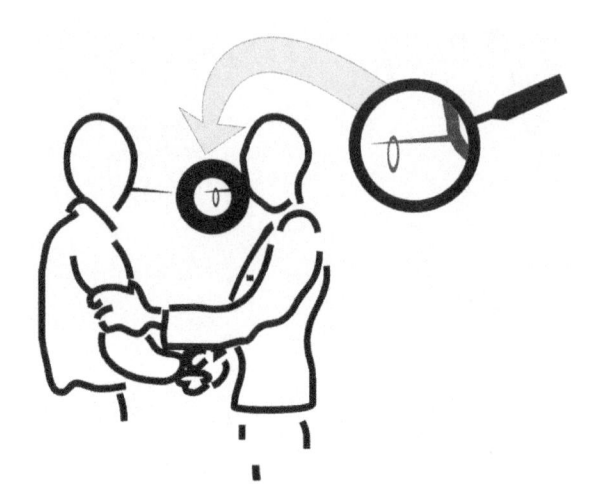

FAZER CORREIO DE PALITOS	02

Objetivo
Desenvolver a motricidade fina e a socialização.

Atividade
Nome: Fazer correio de palitos.
Material: Palitos e anéis.
Formação: Duas equipes em círculo, voltado para o centro.
Desenvolvimento: Cada integrante do grupo deverá receber um palito e colocá-lo na boca. O coordenador da atividade deverá entregar ao primeiro integrante de cada equipe um anel. Ao sinal de início, este integrante deverá pendurar o anel no palito e passá-lo, sem a ajuda das mãos, ao palito do companheiro subsequente. O anel deverá passar por todos os integrantes da equipe, da mesma forma, até chegar à pessoa que iniciou a atividade. Se o integrante que estiver passando o anel deixá-lo cair, poderá pegá-lo e continuar a atividade do ponto onde parou. A equipe vencedora será a que primeiro realizar toda a atividade.

MONTAR QUEBRA-CABEÇAS   03

Objetivo

Desenvolver a motricidade fina oculomanual.

Atividade

Nome: Montar quebra-cabeças.
Material: Desenhos, lápis de cor e tesoura.
Formação: Livre.
Desenvolvimento: O coordenador da atividade deverá distribuir desenhos a todos os integrantes da turma. Cada participante deverá colorir sua figura e, depois, recortá-la em vários pedaços, com o objetivo de formar um quebra-cabeça para um colega montar.

Outra proposta

■ Pode-se utilizar também desenhos geométricos.

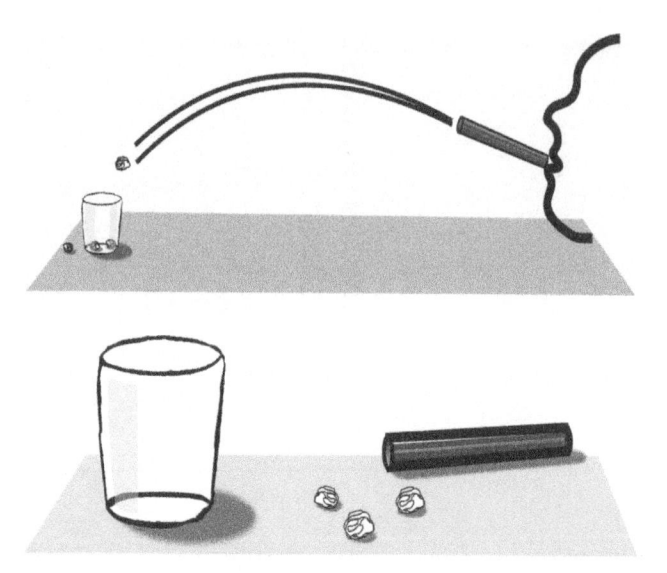

| PAPAR BOLINHAS | 04 |

Objetivo
Estimular a coordenação fina labial, a agilidade e a integração.

Atividade
Nome: Papar bolinhas.
Material: Bolinhas de papel, canudinhos e copinhos.
Formação: Duas colunas.
Desenvolvimento: Cada equipe deverá posicionar-se de frente para o copo a uma distância de aproximadamente 10 metros. O coordenador da atividade deverá colocar as bolinhas ao lado dos copos e distribuir a cada participante um canudinho. Ao sinal de início, o primeiro integrante de cada equipe deverá dirigir-se até o copinho e, com o canudinho, sugar uma bolinha, colocá-la no copo e retornar à sua equipe, tocando o próximo companheiro, que fará o mesmo. A equipe vencedora será a que primeiro realizar toda a tarefa.

TOCAR NO BALÃO 05

Objetivos

Melhorar a coordenação geral, a força de membros inferiores e superiores. Desenvolver a criatividade.

Atividade

Nome: Tocar no balão.
Material: Balões.
Formação: Livre.
Desenvolvimento: Cada participante deverá receber um balão e enchê-lo. Em seguida, dispersos pela quadra, os participantes deverão manter o balão no ar, jogando-o de um lado para o outro utilizando qualquer parte do corpo. Os idosos deverão utilizar mãos, cotovelos, ombros, pés, pernas, calcanhar, peito, cabeça, etc. O coordenador será o agente motivador e estimulará os idosos a criar movimentos ou formas de controlar o balão, estimulando a criatividade.

Outras propostas

- A tarefa pode ser realizada com as pernas amarradas ou saltando em uma perna só.
- Variações: transpor obstáculos controlando o balão com a cabeça ou mãos; pode-se fazer em forma de circuito.

REALIZAR ATIVIDADES COM BOLAS — 06

Objetivos

Melhorar as habilidades de lançar.
Desenvolver a força e a coordenação.

Atividade

Nome: Realizar a atividades com bolas.
Material: Bolas.
Formação: Livre.
Desenvolvimento: Cada participante deverá receber uma bola e executar as atividades estipuladas pelo coordenador da atividade, como, por exemplo:

- Lançar a bola ao alto e apanhá-la.
- Lançar a bola ao alto, deixá-la quicar uma vez e apanhá-la;.
- Lançar a bola contra a parede e apanhá-la sem deixar tocar no solo.
- Manipular a bola ao redor do corpo, etc.

REALIZAR ATIVIDADES COM ARCOS 07

Objetivo

Melhorar a coordenação e o esquema corporal.

Atividade

Nome: Realizar atividades com arcos.
Material: Dois arcos por idoso.
Formação: Livre.
Desenvolvimento: O coordenador deverá ser o agente motivador, incentivando que os idosos criem diferentes formas de transportar o arco (utilizando diversas partes do corpo), usar o arco como obstáculo para salto, controlando na cintura (bambolê), na perna, no braço, no pescoço, conduzir o arco rolando, lançar visando atingir um alvo que pode ser o companheiro, rolar visando atingir determinada trajetória, etc.

REALIZAR ATIVIDADES COM CORDAS	08

Objetivos

Melhorar a força de membros inferiores e superiores.
Melhorar a motricidade global e o equilíbrio.

Atividade

Nome: Realizar atividades com cordas.
Material: Uma corda de dois metros para cada idoso.
Formação: Livre.
Desenvolvimento: O coordenador irá incentivar diferentes formas de movimentação e utilização da corda visando uma variedade de movimentos utilizando todas as partes do corpo possíveis, variando atividades de equilíbrio, saltos, coordenação, força de membros inferiores (por meio de saltos) e força de membros superiores (por meio de tração – cabo de guerra).

EQUILIBRAR-SE COM BASTÕES   09

Objetivo
Desenvolver o equilíbrio estático.

Atividade
Nome: Equilibrar-se com bastões.
Material: Bastões.
Formação: Livre.
Desenvolvimento: Os idosos participantes estarão distribuídos livremente pela quadra esportiva, cada um com um bastão de 1m a 1,20m. O bastão estará apoiado no solo, na vertical, e uma das mãos estará apoiada sobre ele. Ao comando do coordenador serão executados movimentos de equilíbrio sugeridos por ele. A duração poderá variar entre 5 e 10 segundos por exercício.

Outras propostas
- Posição de avião.
- Posição de avião, transferindo lentamente a perna que está elevada para frente, e logo atrás novamente.
- Posição de avião, com pé direito no solo e mão direita apoiada no bastão (poderá cruzar os movimentos e também trocar o apoio do pé no solo).
- Na posição ortostática, sendo que será feita a posição de avião. Logo após lentamente vai-se transferindo o membro inferior para frente, flexionando-o através de sua articulação medial (joelho), colocando o maléolo externo sobre a coxa da perna que está em apoio (fazendo o número 4).

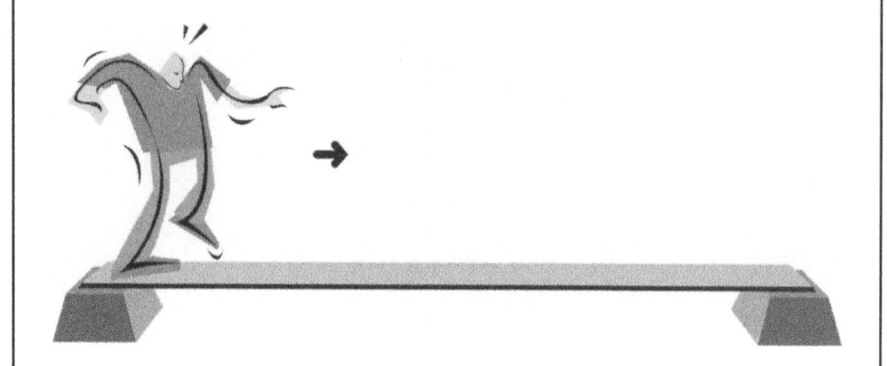

DESLOCAR-SE NA TRAVE DE EQUILÍBRIO — 10

Objetivo
Estimular o equilíbrio estático e dinâmico.

Atividade
Nome: Deslocar-se na trave de equilíbrio ou no banco sueco.
Material: Trave de equilíbrio ou banco sueco.
Formação: Fila indiana.
Desenvolvimento: Os exercícios poderão ser executados na trave de equilíbrio ou no banco sueco, onde os idosos irão se deslocar fazendo os movimentos sugeridos pelo coordenador da atividade. Terá duração variada. A trave de equilíbrio poderá ser alta ou baixa.

Outras propostas
- Fazer deslocamentos frontais ou laterais.
- Equilibrar-se somente com um pé.
- Deslocar-se e parar com um dos pés.
- Saltar e parar com um dos pés.
- Caminhar na ponta dos pés.
- Caminhar somente com os calcanhares.

Obs.: Nestes exercícios é importante a segurança. Por isto, será necessário nos primeiros movimentos o coordenador auxiliá-los segurando uma de suas mãos nos exercícios.

CAMINHAR NOS COLCHÕES   11

Objetivo

Estimular o equilíbrio dinâmico e estático.

Atividade

Nome: Caminhar nos colchões.
Material: Colchões (colchonetes).
Formação: Dependendo do tamanho dos colchões, um ou dois participantes em cada.
Desenvolvimento: Os colchões de espuma com espessuras variadas estarão distribuídos livremente no solo. Ao sinal do coordenador, os participantes farão os exercícios sugeridos por ele.

Outras propostas

- Saltar com os dois pés, com um dos pés, deslocar-se lateralmente e fazer posição de avião.

Obs.: É importante que os participantes tirem os calçados.

REALIZAR ATIVIDADES COM BOLAS — 12

Objetivo
Estimular o equilíbrio em suas mais variadas formas.

Atividade
Nome: Realizar atividades com bolas.
Material: Bolas.
Formação: Livre.
Desenvolvimento: Os participantes estarão distribuídos livremente pela quadra esportiva, cada um com uma bola, que estará a sua disposição. Ao comando do coordenador serão executados movimentos sugeridos por ele.

Outras propostas
- Com a bola nas mãos, apoiá-la no solo, elevando uma das pernas.
- Com a bola entre os joelhos, saltar para a frente, para os lados e para trás.
- Com a bola sobre a cabeça, deslocar-se para a frente ou para trás, tentando equilibrá-la com a proteção de uma das mãos.

EXECUTAR CIRCUITO DE EQUILÍBRIO — 13

OBJETIVO
Desenvolver o equilíbrio dinâmico e estático.

ATIVIDADE
Nome: Executar circuito de equilíbrio.
Material: Variados.
Formação: Em circuito ou no sentido longitudinal da quadra.
Desenvolvimento: Para a montagem do circuito serão necessários materiais como bolas, traves de equilíbrio, banco sueco, bastões, arcos, caixa de areia, etc. Após a montagem das estações o coordenador mostrará cada exercício a ser executado. Em seguida distribuirá os participantes nas estações começando a atividade, com a duração de 10 segundos em cada uma delas, aproximadamente.

Obs.: A marcação do tempo poderá ser com música, ou seja, enquanto a música estiver tocando os exercícios são executados. Quando a música parar, troca-se de estação.

"MARINHEIROS" — 14

Objetivo
Estimular a expressão corporal, a criatividade e a atenção.

Atividade

Nome: "Marinheiros".
Material: Nenhum.
Formação: Dois grupos.
Desenvolvimento: Cada grupo deve posicionar-se em um lado da quadra. O coordenador da atividade deverá definir a equipe que iniciará a atividade. Cada equipe deverá combinar algo a ser representado por meio de mímica para a equipe adversária (nome de filme, profissão, etc). Com as mãos dadas, os membros do grupo que executarão a mímica (grupo 1) deverão se dirigir à equipe adversária (grupo 2) dizendo:

Grupo 1: Somos todos marinheiros!
Grupo 2: O que vieram fazer?
Grupo 1: Muitas coisas!
Grupo 2: Mostre o motivo.

A partir daí, o grupo 1 deverá executar a mímica combinada para o grupo 2 adivinhar o que ela representa. A equipe vencedora será a que adivinhar o maior número de mímicas.

| REALIZAR O JOGO DO TATO | 15 |

Objetivo
Desenvolver o esquema corporal, a afetividade e a socialização.

Atividade
Nome: Realizar o jogo do tato.
Material: Nenhum.
Formação: Em duplas.
Desenvolvimento: Os integrantes de cada dupla deverão posicionar-se um de frente para o outro com olhos fechados. Deverão executar os comandos dados pelo coordenador da atividade, tais como colocar a mão na cabeça, na cintura, no ombro (em si mesmo ou no companheiro), dar um passo para trás, abaixar, dar uma volta, etc.

FAZER MÍMICA   16

Objetivo
Desenvolver a organização espacial, a organização temporal, a percepção dos gestos e traduzir disso uma informação.

Atividade
Nome: Fazer mímica.
Material: Nenhum.
Formação: Dois grupos com o mesmo número de participantes.
Desenvolvimento: Cada grupo escolherá um representante para transmitir as informações por meio de gestos. Este representante receberá informações verbais dadas pela equipe contrária e em um determinado tempo terá que passá-la para os demais membros de sua equipe por meio de gestos.

FAZER RELAXAMENTO PROPRIOCEPTIVO — 17

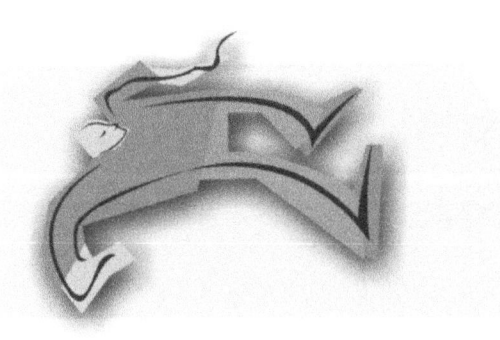

Objetivo

Desenvolver o esquema corporal, o conhecimento corporal, a propriocepção e a dissociação do todo e de segmentos.

Atividade

Nome: Fazer relaxamento proprioceptivo.
Material: Colchonetes.
Formação: Individual.
Desenvolvimento: Cada idoso deverá permanecer em decúbito dorsal no colchonete e acompanhar os comandos dados pelo coordenador. O relaxamento começará pelos membros inferiores, movimentando as articulações, e depois membros superiores, tronco e cabeça:
"Vamos movimentar as articulações dos dedos do pé direito",
"Agora vamos movimentar as articulações do tornozelo, logo joelho, quadril, etc.".

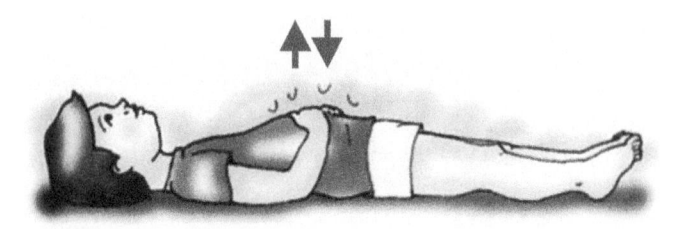

FAZER RESPIRAÇÃO DIAFRAGMÁTICA — 18

Objetivo
Melhorar a respiração diafragmática.

Atividade
Nome: Fazer respiração diafragmática.
Material: Saquinhos de areia e colchonetes.
Formação: Individual.
Desenvolvimento: Cada idoso deverá permanecer em decúbito dorsal com um saquinho no abdômen e realizar movimentos respiratórios.

FORMAR FIGURA GEOMÉTRICA HUMANA — 19

Objetivo

Desenvolver a percepção espacial do próprio corpo e sua interação espacial com os outros.

Atividade

Nome: Formar figura geométrica humana.
Material: Nenhum.
Formação: Em grupos de três a oito componentes.
Desenvolvimento: O coordenador da atividade deverá dividir os participantes em grupos de três a oito componentes. Logo após, solicitará aos grupos que formem figuras geométricas humanas, isto é, utilizando seus corpos como demarcação dos limites da figura proposta. Sugestões de figuras: círculo, triângulo, quadrado, retângulo, trapézio, losango, polígonos.

Outras propostas

- Solicitar aos participantes que descubram qual é a figura representada pelos demais.
- Formar figuras entrelaçadas.

DENTRO E FORA   20

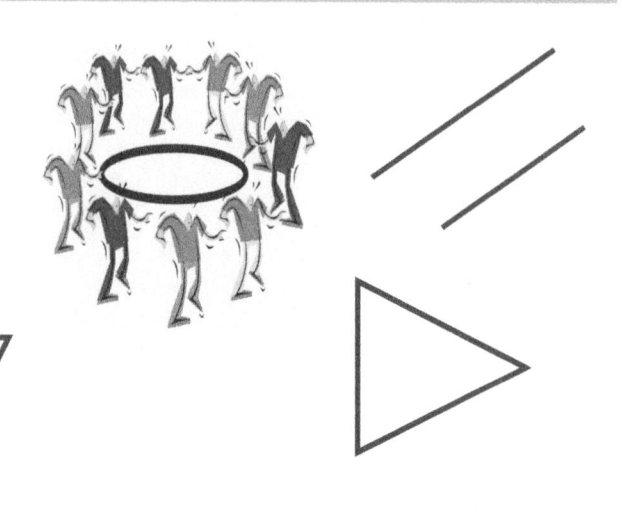

Objetivos

Desenvolver noções de organização espacial, forma e dimensão.
Projetar o corpo no espaço.

Atividade

Nome: "Dentro e fora".
Material: Giz.
Formação: Livre.
Desenvolvimento: O coordenador da atividade deverá traçar no chão, com o giz, um grande círculo, duas linhas retas (uma maior e outra menor) e dois triângulos (bem distantes). Os idosos deverão iniciar a atividade dentro do círculo e, ao comando do coordenador, dirigir-se ao local determinado. Comandos:

"Fora!" – todos deverão ficar fora do círculo.
"Dentro!" – todos deverão ficar dentro do círculo.
"Maior!" – todos deverão correr para a linha maior.
"Menor!" – todos deverão correr para a linha menor.
"Triângulo!" – todos deverão correr para o triângulo.

Outra proposta

- Realizar a mesma atividade atendendo aos comandos de olhos fechados.

SITUAR-SE	21

Objetivo
Desenvolver a memória espacial e a capacidade de orientação segundo diferentes referências.

Atividade
Nome: Situar-se.
Material: Nenhum.
Formação: Livre.
Desenvolvimento: Os idosos deverão posicionar-se em um local fixo, de livre escolha. Em seguida, deverão observar com atenção quem são os colegas mais distantes, mais próximos, quem está à esquerda, à direita, etc. O coordenador da atividade pedirá que os idosos saiam de suas posições e caminhem livremente, desfazendo a formação espacial anterior. Ao sinal do coordenador, todos deverão retornar às suas posições, tentando reconstruir exatamente a formação inicial, observando as distâncias entre os colegas, auxiliando-se mutuamente.

Outra proposta
- Realizar a mesma atividade transportando os participantes para outro espaço, onde será reconstituída a formação original.

JOGAR FUTEBOL CEGO 22

Objetivos

Desenvolver a orientação espacial de olhos fechados.
Projetar o corpo no espaço.

Atividade

Nome: Jogar futebol cego.
Material: Vendas e bola que emita som quando em movimento.
Formação: Em equipes de três a cinco componentes.
Desenvolvimento: O espaço para o jogo deve estar delimitado por bancos ou colchões, que servirão de barreira para a bola e para os jogadores. Os participantes deverão ser divididos em equipes de três a cinco jogadores, todos com os olhos vendados, com exceção dos goleiros. Estes poderão auxiliar os companheiros a localizar a bola e direcionar o chute. O coordenador da atividade deve ficar atento para que os jogadores não corram, apenas caminhem aceleradamente.

Outras propostas

- Realizar a mesma atividade com os jogadores deslocando em duplas, de mãos dadas.
- Realizar o mesmo jogo com os goleiros de olhos vendados.

| TOCAR BUMBO | 23 |

Objetivos

Desenvolver a organização temporal e a noção de ritmo, de tempo e de espaço.
Desenvolver a capacidade de abstrair os comandos e a memorização.

Atividade

Nome: Tocar bumbo.
Material: Bumbo (ou qualquer outro instrumento musical).
Formação: Livre.
Desenvolvimento: Os idosos, espalhados livremente pela quadra, deverão executar, de acordo com o som do bumbo, as tarefas previamente estabelecidas pelo coordenador da atividade.
Exemplos:

- Som em ritmo lento ➤ caminhar.
- Som em ritmo rápido ➤ marchar.
- Som em ritmo mais acelerado ➤ correr.
- Um toque no bumbo ➤ andar em diagonal.
- Dois toques no bumbo ➤ andar de ré.

Outra proposta

- Uma pessoa executa o movimento e outras batem a palma respectiva ao movimento, ou seja, inverter o comando.

"HALABUM TICABUM" — 24

Objetivos

Desenvolver a coordenação visuomotora.
Desenvolver a capacidade de reproduzir movimentos e sons.

Atividade

Nome: "Halabum ticabum".
Material: Nenhum.
Formação: Em círculo, todos de pé e voltados para o centro.
Desenvolvimento: O coordenador da atividade repetirá frases cantadas e executará movimentos quaisquer, de acordo com o ritmo. Os participantes deverão repetir as frases e copiar os movimentos acompanhando o mesmo ritmo do comandante.

Comandante: Halabum ticabum!
Todos: [Repetir]
Comandante: Halabum ticabum tica uaca tica uaca ticabum!
Todos: [Repetir]
Comandante: Oh, yes!
Todos: [Repetir]
Comandante: Mais uma vez!
Todos: [Repetir]

A partir daí, o comandante poderá ir mudando o ritmo de comando e o tom, falando em tom forte, baixinho, lento, rouco, etc.

Outras propostas

- O coordenador, em vez de ser "comandante", pode ser chamado de orientador, guia, etc.
- Os papéis podem ser revezados.

PEGAR O BASTÃO — 25

Objetivo

Desenvolver a agilidade, a lateralidade, a colaboração, a noção de espaço e de tempo.

Atividade

Nome: Pegar o bastão.
Material: Bastões.
Formação: Em duplas.
Desenvolvimento: Os membros de cada dupla deverão posicionar-se um de frente para o outro a uma distância de aproximadamente um metro e meio, cada qual com um bastão. Segurando o bastão com uma das mãos, cada participante deverá apoiá-lo no solo, deixando-o na vertical. Ao sinal do coordenador da atividade, cada um deverá largar o seu bastão e pegar o bastão do companheiro antes que ele caia no chão, e assim sucessivamente. Aos poucos, pode-se aumentar a distância entre os bastões, dificultando o exercício.

Outras propostas

- Executar trocas de mão direita/esquerda para segurar o bastão.
- Colocar um posicionamento de cooperação, em que os dois não podem deixar cair (trabalho de dupla).
- Fazer de forma individual, ou seja, segurar o bastão e, após o sinal, soltá-lo, girar o corpo e tentar pegá-lo antes de cair no chão.

CONTAR UMA HISTÓRIA DE VIDA   26

Objetivo
Desenvolver a memorização, a atenção e a relação entre o passado e o presente.

Atividade
Nome: Contar uma história de vida.
Material: Revistas, jornais e fotos.
Formação: Individual.
Desenvolvimento: Os participantes deverão observar as fotos, os recortes de revistas e jornais e montar uma pequena peça ou acontecimento que tenha relação com o seu passado ou presente.

Outras propostas
- O coordenador pode auxiliar na montagem do trabalho.
- Pode-se fazer um teatro em pequenos grupos relembrando histórias que os pais ou avós contavam.

| FAZER A DANÇA DA CADEIRA | 27 |

Objetivos
Desenvolver agilidade, ritmo, atenção e concentração.

Atividade
Nome: Fazer a dança da cadeira.
Material: Aparelho de som, cadeiras ou almofadas.
Formação: Em círculo.
Desenvolvimento: O grupo permanecerá em círculo, em sentido anti-horário. Ao lado de cada participante deverá permanecer uma cadeira. O número de cadeiras deverá ser inferior ao número de participantes. Quando a música toca, todos dançam no ritmo, quando pára a música, cada participante deverá sentar em uma cadeira.

10

A influência de um programa de intervenção psicomotora na aptidão motora de idosos longevos

Daniela Branco Liposcki
Francisco Rosa Neto

A longevidade e o envelhecimento fascinam o homem há séculos. Esses fenômenos vêm sendo explicados por diferentes teorias, mas ainda não existe nenhuma teoria isolada que seja aceita pela comunidade científica que explique esse processo complexo que envolve o envelhecimento e a longevidade.

Estudos realizados com idosos longevos – com mais de 80 anos – (Carey et al., 1992; Xavier et al., 2001; Oliveira, 2002; Tinker et al., 2001; Cruz et al., 2004; Arginon e Stein, 2005; Ferreira, 2006). Com destaque para os estudos longitudinais como o The Georgia Centenarian Study, o The New England Centenarian Study, o Heidelberg Centenarian Study e o Okianawa Centenarian Study, apontam que o estilo de vida destes idosos exerce grande influência na longevidade, como hábitos saudáveis, dieta balanceada, prática regular de exercício físico, uso moderado de álcool, não-tabagismo, controle da hipertensão arterial e baixo nível de estresse.

Esses estudos também apontam que a probabilidade de um idoso experimentar os declínios biológicos e funcionais do envelhecimento aumenta com a sua longevidade. Portanto, segundo Kauffman (2001) talvez a questão biológica mais importante não seja realmente o envelhecimento, mas sim a longevidade. O mesmo autor ainda afirma que o envelhecimento é uma experiência singular, pois duas pessoas não envelhecem de maneira idêntica. Portanto, existe a necessidade de diversos estudos relacionados aos declínios biológicos e funcionais do envelhecimento.

O processo de envelhecimento evidencia mudanças nos níveis antropométrico, neuromuscular, cardiovascular, pulmonar, neural e cognitivo, além da diminuição da agilidade, da coordenação, do equilíbrio, da flexibilidade, da mobilidade articular. Essas mudanças associadas à idade avançada e ao baixo nível de atividade física levam ao declínio da aptidão psicomotora.

Partindo de um ponto de vista filosófico, poderíamos considerar o movimento como o aspecto mais fundamental do reino animal no mundo biológico. O movimento é crucial para garantir não somente as necessidades básicas, como alimentar-se, vestir-se e proteger-se, como também para obter o preenchimento das necessidades psicossociais mais elevadas que envolvem qualidade de vida.

É primordial ressaltar a importância da aptidão motora tanto para a aptidão física relacionada à saúde como para as atividades da vida diária. Mesmo que o idoso não possa exercitar-se com vigor, ele pode manter as áreas da aptidão motora preservadas, o que facilitará sua comunicação com outros indivíduos e preservará sua autonomia e independência motora, com isso, melhorando sua qualidade de vida (Rosa Neto et al., 2006).

Kauffman (2001) afirma que na natureza as populações de animais (incluindo os seres humanos) começaram apenas recentemente a viver um período suficiente para mostrar a característica cinética do envelhecimento biológico.

No Brasil, estudos sobre a aptidão motora em pessoas longevas são recentes, sendo esse um campo de estudo ainda em estágio embrionário.

É evidente a necessidade de pesquisas voltadas à gerontomotricidade em pessoas longevas tendo como objetivo uma compreensão mais clara do processo de envelhecimento cinético, favorecendo assim parâmetros para a elaboração de estratégias de intervenção preventiva e de tratamento, para a melhoria da qualidade de vida dos idosos. Pois, de acordo com Kauffman (2001) a compreensão emergente da fisiopatologia do envelhecimento ajudará nos esforços dos profissionais da área da gerontologia para manter a independência das pessoas idosas.

O estudo descrito a seguir fez parte de uma dissertação de mestrado, realizado na Universidade do Estado de Santa Catarina – UDESC/SC, no ano de 2007, que verificou a influência de um programa de intervenção psicomotora na aptidão motora de idosos longevos.

MÉTODO

Foram escolhidos de forma intencional quatro idosos para participar de um programa de intervenção motora. Esses idosos foram submetidos a uma avaliação previa da aptidão motora geral, por meio da escala motora para terceira idade (EMTI), e receberam 24 sessões de intervenções psicomotoras. Depois foram reavaliados por meio do mesmo instrumento.

As avaliações e intervenções foram realizadas por uma pesquisadora, no domicílio do idoso, em lugar calmo, ventilado, livre de ruídos. A disposição para a realização das tarefas motoras e o estado emocional foram observados, para que não ocorressem intervenientes durante o programa de intervenção. Os idosos participantes estavam em bom estado emocional e com disposição para as atividades.

Intervenções psicomotoras

Foram ministradas duas sessões semanais com uma hora de duração, durante três meses, totalizando 24 sessões. Foram realizadas tarefas psicomotoras individuais, por meio de exercícios motores que visam desenvolver e/ou reeducar os elementos básicos da motricidade humana: motricidade fina, coordenação global, equilíbrio, esquema corporal, organização espacial e organização temporal; de exercícios de fortalecimento, alongamento muscular e articular, coordenação, treino de marcha, treino de equilíbrio estático e dinâmico e relaxamento. Foram utilizados diversos materiais, como halteres, tornozeleiras, elásticos, bastões, colchonetes, bolas, entre outros.

As atividades foram distribuídas da seguinte forma.

Decúbito dorsal

- Alongamento passivo dos membros inferiores, da coluna e dos membros superiores.
- Exercício de elevação da pelve, com flexão dos joelhos e pés apoiados (3 séries de 8 repetições).
- Flexão do quadril com o joelho estendido, outro membro inferior com joelho flexionado e pé apoiado. Uso de tornozeleira de 1kg (3 séries de 8 repetições).
- Elevação de uma barra de 2kg com ambos os membros superiores (3 séries de 8 repetições).
- Flexão do troco oblíqua – abdominal (3 séries de 8 repetições).

Decúbito lateral

- Abdução do membro inferior. Uso de tornozeleira de 1kg (3 séries de 8 repetições).

- Adução do membro inferior. Uso de tornozeleira de 1kg (3 séries de 8 repetições).

Sentado

- Flexão do cotovelo. Uso de haltere de 2kg (3 séries de 8 repetições).
- Extensão do cotovelo. Uso de elástico – *theraband* (3 séries de 8 repetições).
- Construção de um castelo de cartas de baralho. Uso de 15 cartas.
- Abdução do quadril, pés apoiados no chão, joelhos em 90°. Uso de elástico – *theraband* (3 séries de 8 repetições).
- Com joelho em extensão, fazer a circundação do tornozelo para direita e para esquerda (20 repetições).

Em pé

- Com as mãos apoiadas e os membros inferiores juntos, fazer a flexão plantar, ou seja, ficar na ponta dos pés (3 séries de 8 repetições). Em seguida, permanecer na ponta dos pés por 10 segundos sem apoio das mãos.
- Com os membros superiores soltos ao lado do corpo e apoio unipodal, permanecer equilibrando-se na posição por 10 segundos (2 repetições, com os olhos abertos e depois com os olhos fechados).
- Com um dos pés apoiado em um degrau de aproximadamente 20cm de altura, jogar bola em um determinado alvo, a cerca de 2 metros de distância (5 repetições para cada braço, e depois troca a perna de apoio).
- Com um dos pés apoiado em um degrau de aproximadamente 20cm de altura, agarrar uma bola que será jogada a cerca de 2 metros de distância (5 repetições para cada braço, e depois troca a perna de apoio).
- Elevação com ambos os braços de um bastão de 1kg na sequência de 1, 2, 3 obedecendo a um comando gestual do terapeuta, em diferentes sequências temporais.
- Caminhar entre obstáculos feitos com almofadas com os olhos fechados. Obs.: o terapeuta deve ficar junto ao idoso, para maior segurança, mas não deve interferir na realização da atividade.
- Fazer a flexão alternada dos membros superiores e inferiores – exemplo: braço direito com perna esquerda; braço esquerdo com perna direita (10 repetições).

- Alongamento passivo dos membros inferiores, da coluna e dos membros superiores.
- Exercício respiratório para relaxamento.

RESULTADOS

Caso 1

R.R., sexo feminino, 87 anos, viúva, do lar, religião espírita, possui ensino fundamental completo, é pensionista com rendimento superior a quatro salários. A Tabela 10.1, apresenta os escores das áreas motoras avaliadas e a classificação da aptidão motora antes e depois das intervenções.

Tabela 10.1 Variáveis motoras do caso 1 antes e depois das intervenções		
Variáveis	Antes	Depois
Motricidade fina	84	96
Coordenação global	48	48
Equilíbrio	48	84
Esquema corporal	72	72
Organização espacial	96	96
Organização temporal	96	96
Aptidão motora geral	74	82
Classificação	Inferior	Normal baixo

Houve melhora nas áreas da motricidade fina e equilíbrio, e as demais mantiveram suas médias. A Figura 10.1 ilustra a classificação da aptidão motora geral desta idosa, que passou de "inferior" para "normal baixo".

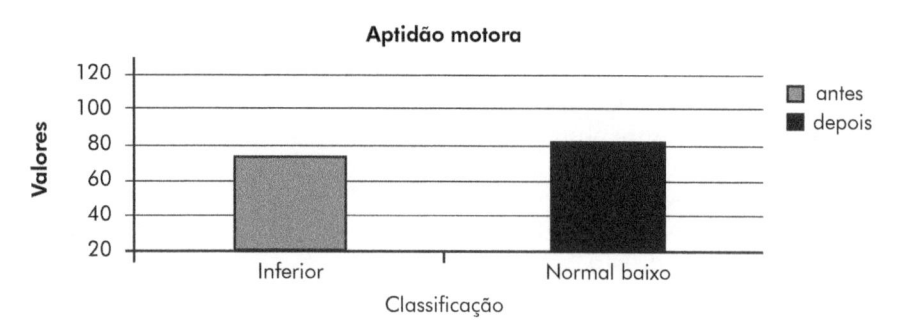

Figura 10.1
Aptidão motora (caso 1).

Caso 2

A.O., do sexo masculino, 80 anos, viúvo, médico, religião católica, possui ensino superior completo, é aposentado com mais de quatro salários. A Tabela 10.2, apresenta os escores das áreas motoras avaliadas e a classificação da aptidão motora antes e depois das intervenções.

Tabela 10.2 Variáveis motoras do caso 2 antes e depois das intervenções

Variáveis	Antes	Depois
Motricidade fina	120	120
Coordenação global	90	102
Equilíbrio	102	108
Esquema corporal	132	132
Organização espacial	120	126
Organização temporal	120	132
Aptidão motora geral	114	120
Classificação	Normal alto	Superior

Houve melhora nas áreas da coordenação global, equilíbrio, organização espacial e organização temporal. A Figura 10.2 ilustra a classificação da aptidão motora geral, deste idoso, que passou de "normal alto" para "superior".

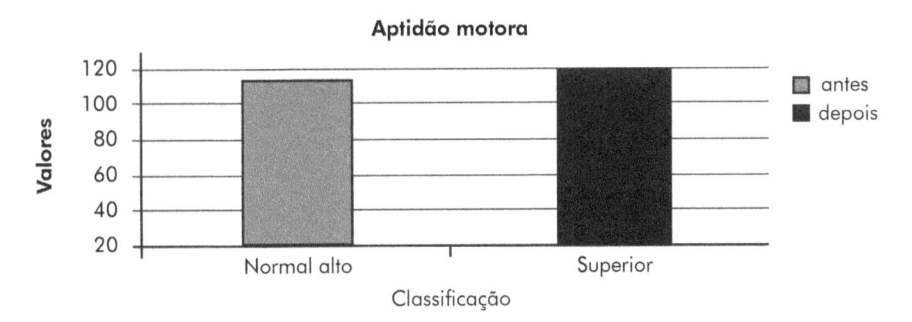

Figura 10.2
Aptidão motora (caso 2).

Caso 3

J.F., do sexo masculino, 82 anos, viúvo, advogado, religião católica, possui ensino superior completo, é aposentado com mais de quatro salários. A

Tabela 10.3, apresenta os escores das áreas motoras avaliadas e a classificação da aptidão motora antes e depois das intervenções.

Tabela 10.3 Variáveis motoras do caso 3 antes e depois das intervenções

Variáveis	Antes	Depois
Motricidade fina	132	132
Coordenação global	84	84
Equilíbrio	132	132
Esquema corporal	84	84
Organização espacial	132	132
Organização temporal	132	132
Aptidão motora geral	116	116
Classificação	Normal alto	Normal alto

Houve a manutenção das médias de todas as áreas motoras e consequentemente da aptidão motora geral. A Figura 10.3 ilustra a classificação da aptidão motora geral deste idoso, que permaneceu como "normal alto".

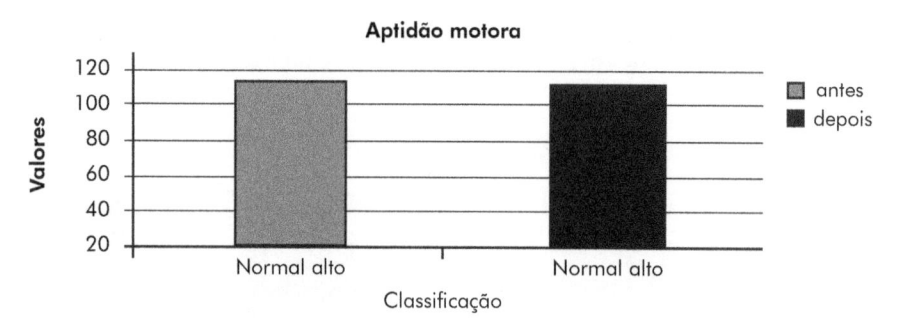

Figura 10.3
Aptidão motora (caso 3).

Caso 4

A.S.S., sexo masculino, 86 anos, viúvo, militar, religião católica, possui o ensino médio, é aposentado com mais de quatro salários. A Tabela 10.4 apresenta os escores das áreas motoras avaliadas e a classificação da aptidão motora antes e depois das intervenções.

Tabela 10.4 Variáveis motoras do caso 4 antes e depois das intervenções

Variáveis	Antes	Depois
Motricidade fina	96	108
Coordenação global	48	72
Equilíbrio	72	96
Esquema corporal	72	72
Organização espacial	132	132
Organização temporal	84	96
Aptidão motora geral	82	96
Classificação	Normal baixo	Normal médio

Houve melhora em todas as áreas, com exceção do esquema corporal e organização espacial, que mantiveram suas médias. A Figura 10.4 ilustra a classificação da aptidão motora geral deste idoso, que passou de "normal baixo" para "normal médio".

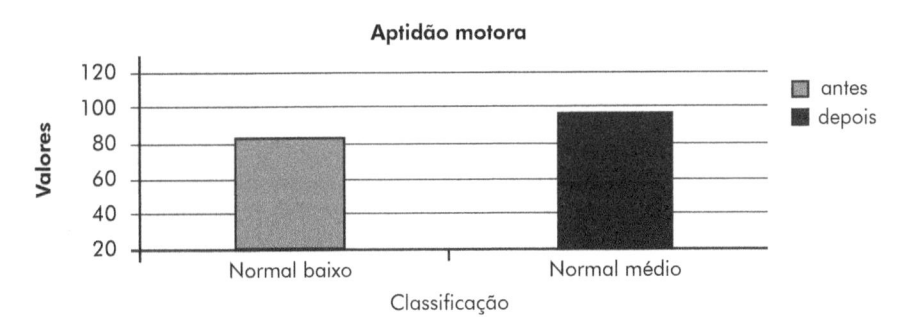

Figura 10.4
Aptidão motora (caso 4).

A Figura 10.5 ilustra o perfil motor da amostra antes e após o programa de intervenção psicomotora, demonstrando que houve melhora dos idosos em todas as áreas motoras, exceto na organização espacial, que manteve sua média.

Cada vez mais estudos vêm evidenciando a prática de exercícios físicos como recurso importante para minimizar a degeneração provocada pelo envelhecimento, possibilitando que o idoso mantenha uma qualidade de vida ativa. Visto que ela tem potencial para estimular várias funções do organismo, mostra-se essencial na manutenção das funções do aparelho locomotor, prin-

Perfil motor

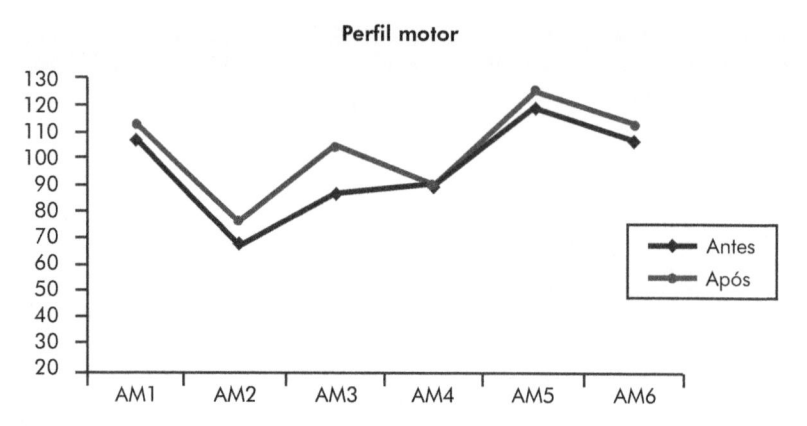

Figura 10.5
Perfil motor dos estudos de caso antes e depois das intervenções.

cipal responsável pelo desempenho das atividades da vida diária e pelo grau de dependência e autonomia do idoso (Okuma, 1998).

Neste estudo, ficou evidente que um programa de intervenção psicomotora pode contribuir para a manutenção e/ou melhora da aptidão motora dos idosos longevos, visto que aqueles idosos que não obtiveram melhora em uma determinada área conseguiram, pelo menos, manter sua aptidão. Pode-se considerar isso um ponto positivo, por se tratar de idosos com idades mais avançadas e que sofrem as consequências degenerativas do envelhecimento mais intensamente.

Autores como Shephard (2003) e Heitman e colaboradores (1989) defendem que a prática regular de exercícios físicos aumenta o equilíbrio por causa dos desafios diários e das oportunidades que ela proporciona aos mecanismos de equilíbrio. Neste estudo houve uma melhora considerável não só de forma quantitativa, mas na qualidade do equilíbrio destes idosos.

Uma das metas do processo de intervenção e reeducação motora é ajudar o idoso a atingir a maior independência funcional possível, considerando suas potencialidades e limitações.

O exercício físico é importante não somente para a reabilitação, mas também desempenha papel vital em conservação preventiva (Eckert, 1993). Apesar de o esquema corporal os idosos estudados não ter sofrido modificações quantitativas após as sessões psicomotoras, sem dúvida sofreu alterações qualitativas por meio de estímulos.

A força muscular exerce grande influência para uma boa coordenação global nos idosos, e existem provas substanciais de que adultos que mantêm estilos de vida fisicamente ativos experimentam declínios muito menores na força muscular do que adultos não ativos (Gallahue e Ozmun, 2005). Nesta pesquisa, os idosos tiveram uma melhora na coordenação global, refletindo a influência positiva que os exercícios psicomotores trazem para sua força e consequente capacidade motora.

Nakamura e colaboradores (2007) avaliaram o efeito de um programa de exercícios na aptidão funcional de mulheres de 61 a 72 anos divididas em dois grupos. Um grupo realizou o programa duas vezes por semana e o outro três vezes; verificou-se uma melhora maior na coordenação, na força e no equilíbrio das idosas que realizaram os exercícios três vezes por semana, mas as demais, também obtiveram melhora nessas áreas. Ou seja, mesmo em menor intensidade, um programa de exercícios pode melhorar a aptidão motora dos idosos.

Vários autores acharam melhorias significativas nas áreas da aptidão motora depois de intervenções, por exemplo, na força (Nichols et al., 1993); na flexibilidade (Rikli e Edwards, 1991); no equilíbrio (Load, Ward e William, 1996; Shumway-Cook et al., 1997); na coordenação (Rikli e Edwards, 1991; Bouchard e Shephard, 1994).

Não se pode esquecer que muitos são os benefícios de um programa de intervenção psicomotora, mas é importante ressaltar que ele, deve ser bem planejado e adequado a cada tipo de população. No caso dos idosos, pode proporcionar benefícios na saúde, na integração social e estimulação intelectual, dando um novo sentido à velhice e modificando as expectativas de todos os indivíduos perante esse evento da vida, que é o envelhecimento.

REFERÊNCIAS

ARGIMON, I. I. L.; STEIN, L. M. Habilidades cognitivas em indivíduos muito idosos: um estudo longitudinal. *Cad. Saúde Pública*, v. 21, n. 1, p. 64-72, 2005.

BOUCHARD, C.; SHEPHARD, R. Physical activity, fitness and health: the model and key concepts. In: BOUCHARD, C.; SHEPHARD, R.; STEPHENS, T. (Ed.). *Physical activity, fitness and health, international proceedings and consensus statement*. Champaign: Human Kinetics, 1994. p. 77-88.

CAREY, J. R. et al. Slowing of mortality rates at older ages in large medfly cohorts. *Science*, v. 258, p. 457-61, Oct. 1992.

CRUZ, I. B. M. et al. Prevalência de obesidade em idosos longevos e sua associação com fatores de risco e morbidades cardiovasculares. *Rev. Assoc. Med. Bras.*, v. 50, n. 2, p.172-177, 2004.

ECKRET, H. M. *Desenvolvimento humano*. 3. ed. São Paulo: Manole, 1993.

FERREIRA, J.V.C. *Os muito idosos no município de São Paulo*. 2006, 101p. Dissertação (Mestrado em Saúde Paública)- Universidade de São Paulo, São Paulo, 2006.

GALLAHUE, D. L.; OZMUN, J. C. *Compreendendo o desenvolvimento motor*. Bebês, crianças, adolescentes e adultos. 3. ed. São Paulo: Phorte, 2005.

KAUFFMAN, T. L. *Manual de reabilitação geriátrica*. Rio de Janeiro: Guanabara Koogan, 2001.

LOAD, S. R.; WARD, J. A.; WILLIAM, P. Exercise effect on dynamic stability on older women: a randomized controlled trial. *Arch. Phys. Med. Rehabil.*, v. 77, p. 232-236, 1996.

NAKAMURA, Y. et al. Effects of exercise frequency on funcional fitness in older adult women. *Arch. Gerontol. Geriatr.*, v. 44, n. 2, p. 163-173, 2007.

NICHOLS, J. F. et al. Efficacy of heavy-resistance training for active women over sixty: muscular strength, body composition, and program adherence. *J. Am. Geriatr. Soc.*, v. 41, p. 205-210, 1993.

OKINAWA CENTENARIAN STUDY. *Homepage*. Hokinawa, [200-]. Disponível em: < http://www.okicent.org/>.

OKUMA, S. S. *O idoso e a atividade física*. São Paulo: Papirus, 1998.

OLIVEIRA, N. A. *Células que controlam o envelhecimento*: lições dadas por um verme. *CiênciaJ*, n. 27, maio/jun. 2002. Disponível em: <http://www.ajc.pt/cienciaj/n27/abrir.php>.

RIKLI, R. E.; EDWARDS, D. J. Effects of a three-year exercise program on motor function and cognitive processing speed in older women. *Res. Q. Exerc. Sport*, v. 62, p.61-67, 1991.

ROSA NETO, F.; LIPOSCKI, D. B.; TEIXEIRA, C. A. A. Estudo dos parâmetros motores em idosos com idade entre 70 e 79 anos pertencentes aos grupos da terceira idade da prefeitura de São José – SC. *Lecturas:* EF y Deportes, Buenos Aires, año 10, n. 92, p. 1-9, 2006. Disponível em: <http://www.efdeportes.com/efd92/idosos.htm>.

SHEPHARD, R. J. *Envelhecimento, atividade física e saúde*. São Paulo: Phorte, 2003.

SHUMWAY-COOK, A. et al. The effect of multi-dimensional exercises on balance, mobility, and fall risk in community-dwelling older adults. *Phys. Ther.*, v. 77, p. 46-57, 1997.

THE NEW ENGLAND CENTENARIAN STUDY. Homepage. Boston, [200-]. Disponível em: <http://www.bumc.bu.edu/centenarian>.

TINKER, A. et al. *85 noy out:* a study of people aged 85 and over at home. King's College London, 2001. Disponível em <http//:www.anchor.org.uk/pdfs/85-notout.pdf.>.

XAVIER, F. M. F. et al. Transtorno de ansiedade generalizada em idosos com oitenta anos ou mais. *Rev. Saúde Pública*, v. 35, n. 3. p. 294-302, 2001.

Referências sugeridas

ABREU, F. M. C.; DANTAS, E. H. M. A fisioterapia geriátrica. In: DANTAS, E. H. M.; OLIVEIRA, R. J. *Exercício, maturidade e qualidade de vida*. 2. ed. Rio de Janeiro: Shape, 2003.

ÁLVARES, M. I. C.; ARAÚJO, T. C. N. Perfil da população idosa no Brasil. *Textos sobre o Envelhecimento*, v. 3, n. 3. p. 7-19, 2000.

ANNAN, K. Discurso del secretario general de lãs Naciones Unidas. *Anexo II do Informe de la Segunda Asamblea Mundial sobre el envejecimiento*, Madrid, 8-12 April 2002. United Nations, New Cork, 2002. p. 72-74.

APACHE, 2004. Software Foundation. Statistical package for social sciences-SPSS 13.0 for Windows. Release 13.0, 2004.

ARGIMON, I. I. L.; STEIN, L. M. Habilidades cognitivas em indivíduos muito idosos: um estudo longitudinal. *Cad. Saúde Pública*, v. 21, n. 1, p. 64-72, 2005.

BARBETTA, P. A. *Estatística aplicada às ciências sociais*. 6. ed. Florianópolis: Ed. da UFSC, 2006.

BARROS, R. P.; MENDONÇA, R.; SANTOS, D. *Incidência e natureza da pobreza entre idosos no Brasil*. Rio de Janeiro: IPEA, 1999.

BENEDETTI, T. R. B. *Atividade física:* uma perspectiva de promoção da saúde do idoso no município de Florianópolis. 2004. 255f. Tese (Doutorado em Enfermagem) – Universidade Federal de Santa Catarina, Florianópolis, 2004.

BENOS, J. *Educacion psicomotriz em la infância inadaptada*. Caracas: Panamericana, 1979.

BIRREN, K. W.; SCRNOOTS, J. F. History, concepts and theory in the psychology of aging. In: BIRREN, J. E.; SCHAILE, K. W. (Ed.). *Handbook of the psychology of aging*. San Diego: Academic Press, 1995.

BONA, E. D. *Aptidão motora dos residentes do Centro Vivencial Itacorubi*. 2002. Monografia (Graduação em Educação Física) – Centro de Educação Física, Fisioterapia e Desportos, Universidade do Estado de Santa Catarina, Florianópolis, 2002.

BOUCHARD, C.; SHEPHARD, R. Physical activity, fitness and health: the model and key concepts. In: BOUCHARD, C.; SHEPHARD, R.; STEPHENS, T. (Ed.). *Physical activity, fitness and health, international proceedings and consensus statement*. Champaign: Human Kinetics, 1994. p. 77-88.

CAMARANO, A. A. Envelhecimento da população brasileira: uma contribuição demográfica. In: FREITAS, E. V. et al. *Tratado de geriatria e gerontologia*. Rio de Janeiro: Guanabara Koogan, 2002.

CAREY, J. R. et al. Slowing of mortality rates at older ages in large medfly cohorts. *Science*, v. 258, p. 457-461, Oct. 1992.

CAROMANO, F. A.; KERBAUY, R. R. Efeitos do treinamneto e da manutenção da prática de atividade física em quatro idosos sedentários saudáveis. *Rev. Fisioter. Univ. São Paulo*, v. 8, n. 2, p. 72-80, ago./dez. 2001.

CARVALHO FILHO, E. T. Fisiologia do Envelhecimento. In: PAPALEO NETTO, M. (Org.). *Gerontologia*. São Paulo: Atheneu, 1996.

CASPERSEN, C. J.; POWELL, K. E.; CHRISTENSON, G. M. Physical activity, exercise, and physical fitness: definitions and distinctions for health-related research. *Public Health Rep.*, v. 100, n. 2, p. 126-131, 1985.

CENSUS BUREAU. *Census Bureau 2001*. Ag Data. Disponível em http://www.census.gov/population/www/socdemo/age. Acesso em: 8 ago. 2006.

CINTRA, F. A; DIOGO, M. J. Um ensaio sobre a relação entre a baixa visão em idosos e as atividades da vida diária. *Rev. Paul. Enferm.*, v. 19, n. 3, p. 23-31, 2000.

COELHO, A. R. *Perfil da aptidão motora dos idosos residentes da Serte na cidade de Florianópolis*. 2002. Monografia (Graduação em Educação Física) – Centro de Educação Física, Fisioterapia e Desportos, Universidade do Estado de Santa Catarina, Florianópolis, 2002.

COQUEREL, P. R. *Perfil Motor e Psico-Social de um Idoso Tri-Atleta*. 2005. Dissertação (Pós-graduação Stricto Sensu em Ciências do Movimento Humano). Centro de Educação Física, Fisioterapia e Desportos, Universidade do Estado de Santa Catarina, Florianópolis/SC, 2005.

CRUZ, I. B. M. et al. Prevalência de obesid ade em idosos longevos e sua associação com fatores de risco e morbidades cardiovasculares. *Rev. Assoc. Med. Bras.*, v. 50, n. 2, p.172-177, 2004.

DANTAS, E. H. M. *A prática da preparação: Física*. 2. ed. Rio de Janeiro: Sprint, 1985.

DARGENT-MOLINA, P. et al. Fall-related factors and risk of hip fracture: the EPIDOS prospective study. *Lancet*, v. 348, p. 145-149, 1996.

DAVISON, K. K. et al. Percentage of body fat and body mass index a with mobility limitation in people aged 70 and older from NHANES III. *J. Am. Geriatr. Soc.*, p. 51-59, 2002.

DUARTE, E.; LIMA, S. M. Y. Atividade física para pessoas com necessidades especiais: experiências e intervenções pedagógicas. Rio de Janeiro: Guanabara Koogan, 2003.

DYCHTWALD, K. *Wellness and health promotion for the elderly*. Rockville: Aspen, 1986.

ECKRET, H. M. *Desenvolvimento humano*. 3. ed. São Paulo: Manole, 1993.

FANSLER, C. L.; POFF, C. L.; SHEPARD, K. F. Effects of mental pratice on balance in elderly women. *Phys. Ther.*, v. 65, p. 1332-1338, 1989.

FERREIRA, J. V. C. *Os muito idosos no município de São Paulo*. 2006. 101 f. Dissertação (Mestrado em Saúde Paública) – Universidade de São Paulo, São Paulo, 2006.

FONSECA, V. *Desenvolvimento humano*. Lisboa: Notícias, 1989.

_____ . *Manual de observação psicomotora*: significação psiconeurológica dos fatores psicomotores. Porto Alegre: Artmed, 1995.

FREITAS, E. V. et al. Atividade física no idoso. In: FREITAS, E. V. et al. *Tratado de geriatria e gerontologia*. Rio de Janeiro: Guanabara Koogan, 2002.

FREITAS, E. V. et al. Tratado de geriatria e gerontologia. Rio de Janeiro: Guanabara Koogan, 2002.

FRONTEIRA, W. R. The importance of strength training in old age. *Rev. Bras. Med. Esportiva*, v. 3, n. 3, p. 75-78, 1997.

GALLAHUE, D. L.; OZMUN, J. C. *Compreendendo o desenvolvimento motor:* bebês, crianças, adolescentes e adultos. 3. ed. São Paulo: Phorte, 2005.

GAZALLE, F. K. et al. Sintomas depressivos e fatores associados em população idosa no sul do Brasil. *Rev. Saúde Pública*, v. 38, n. 3, p. 365-371, 2004.

GIL, A. C. *Como elaborar projetos de pesquisa*. São Paulo: Atlas, 1989.

GUCCIONE, A. A. *Fisioterapia geriátrica*. 2. ed. Rio de Janeiro: Guanabara Koogan, 2002.

HAYFLICK, L. *Como e por que envelhecemos?* Rio de Janeiro:Campus, 1996.

HEITMAN, D. K. et al. Balance performance and step width in noninstitutionalized, elderly, female fallers and nonfallers. *Phys. Ther.*, v. 69, n. 11, p. 923-931, 1989.

HOFFMANN, M. E. *Bases biológicas do envelhecimento*. 2003. Revista Idade Ativa, Campinas, 2003.

INSTITUTO BRASILEIRO DE GEOGRAFIA E ESTATÍSTICA (IBGE). *Censo demográfico 2000*. Rio de Janeiro, 2000. Disponível em: <http//:www.ibge.gov.br/censo/>. Acesso em 27 abr. 2007.

IZQUIERDO, M.; AGUADO, X. Envejecimiento y producción de fuerza máxima/explosiva durante acciones isometricas. *Archivos de Medicine del Deporte*, v. 15, n. 67, p. 399-408, 1998.

JACKSON, A. S. Changes in aerobic power of men: age 25-70 years. *Med. Sci. Sports Exerc.*, v. 27, n. 1 p. 113-120, 1995.

JORDÃO NETTO, A. *Gerontologia básica*. São Paulo: Lemos, 1997.

KAUFFMAN, T. L. *Manual de reabilitação geriátrica.* Rio de Janeiro: Guanabara Koogan, 2001.

KLIEGEL, M.; MOOR, C.; ROTT, C. Cognitive status and development in the oldest old: a longitudinal analysis from the Heidelberg Centenarian Study. *Arch. Gerontol. Geriatr.*, v. 39, n. 2, p. 143-156, 2004.

LE BOULCH, J. *Hacia uma ciencia del movimento humano.* Buenos Aires: Paidós, 1978.

LIBERALESSO, A.; CARVALHO, A. M. L. O bem estar do cuidador: aspectos psicossociais. In: FREITAS, E. V. et al. *Tratado de geriatria e gerontologia.* Rio de Janeiro: Guanabara Koogan, 2002.

LIPOSCKI, D. B.; ROSA NETO, F. Proposta de intervenção e reeducação motora para idosos. In: ROSA NETO, F. *Manual de avaliação motora para terceira idade.* Porto Alegre: Artmed, 2007. No prelo.

LOAD, S. R.; WARD, J. A.; WILLIAM, P. Exercise effect on dynamic stability on older women: a randomized controlled trial. *Arch. Phys. Med. Rehabil.*, v. 77, p. 232-236, 1996.

LORDA, R. C. *Recreação na terceira idade.* 2. ed. Rio de Janeiero: Sprint, 1998.

MAGILL, R. A. *Aprendizagem motora.* São Paulo: Edgar Blucher, 1997.

MARCONI, M. A.; LAKATOS, E. M. *Metodologia do trabalho científico.* 4. ed. São Paulo: Atlas, 1992.

MATSUDO, S. M. M. *Avaliação do idoso:* física & funcional. 2. ed. Londrina: Midiograf, 2004.

_____. *Envelhecimento & atividade física.* Londrina: Midiograf, 2001.

MATSUDO, V. K. R.; MATSUDO, S. M. M. Câncer e exercício: uma revisão. *Rev. Bras. Cienc. Mov.*, v. 6, p. 41-46, 1992.

MATSUDO, S. M. M.; MATSUDO, V. K. R.; BARROS, T. L. Impacto do envelhecimento nas variáveis antropométricas, neuromotoras e metabólicas da aptidão física. *Rev. Bras. Cienc. Mov.*, v. 8, n. 4, p. 21-32, 2000.

MATTESON, M. A. *Biological theories of aging in gerontological nursing concepts and practice.* London: Saunders, 1997.

MAZO, G. Z. *Atividade física e qualidade de vida de mulheres idosas.* 2003. 203 f. Tese (Doutorado em Educação Física) – Universidade do Porto, Porto, 2003.

MAZO, G. Z.; LOPES, M. A.; BENEDETTI, T. B. *Atividade física e o idoso.* 2. ed. Porto Alegre: Sulina, 2004.

MEINEL, K. *Motricidade II*: o desenvolvimento motor do ser humano. Rio de Janeiro: Ao Livro Técnico, 1984. v. 4.

MEUR, A.; STAES, L. *Psicomotricidade:* educação e reeducação. São Paulo: Manole, 1989.

_____. _____. São Paulo: Manole, 1991.

NADEU, M.; PÉRONNET, F. *Fisiologia aplicada à atividade física.* São Paulo: Manole, 1995.

NAKAMURA, Y. et al. Effects of exercise frequency on funcional fitness in older adult women. *Arch. Gerontol. Geriatr.*, v. 44, p. 163-173, 2007.

NASCIMENTO E SILVA, E. B.; PEREIRA, N. G.; GARCIA, Y. R. A instituição e idoso: um estudo das características da instituição e do perfil de seus moradores. *Gerontologia*, v. 6, n. 4, 1998.

NEGRINI, A. *A coordenação psicomotora e suas implicações.* Porto Alegre: Meridional, 1987.

NICHOLS, J. F. et al. Efficacy of heavy-resistance training for active women over sixty: muscular strength, body composition, and program adherence. *J. Am. Geriatr. Soc.*, v. 41, p. 205-210, 1993.

O'SULLIVAN, S. B. Estratégias para o incremento do controle motor. In: O'SULLIVAN, S. B.; SCHMITZ, T. J. *Fisioterapia*: avaliação e tratamento. 2. ed. São Paulo: Manole, 1993.

OKINAWA CENTENARIAN STUDY. *Homepage*. Hokinawa, [200-]. Disponível em: < http://www.okicent.org/>.

OKUMA, S. S. *O idoso e a atividade física*. São Paulo: Papirus, 1998.

OLIVEIRA, N. A. *Células que controlam o envelhecimento*: lições dadas por um verme. *CiênciaJ*, n. 27, maio/jun. 2002. Disponível em: <http://www.ajc.pt/cienciaj/n27/abrir.php>.

WORLD HEALTH ORGANIZATION (WHO). *Active ageing*: a policy framework: a contribution of the World Health Organization to the Second United Nations World assembly on Ageing. Madrid, 2002.

_____. *World Assembly on Ageing*. Regional plans of action on aging A/Conf 113/26, 1 jun. 1982. Viena, 1982b.

PAPALÉO NETTO, M. *Gerontologia*. São Paulo: Atheneu, 1996.

_____. Questões metodológicas na investigação sobre velhice e envelhecimento. In: FREITAS, E. V. et al. *Tratado de geriatria e gerontologia*. Rio de Janeiro: Guanabara Koogan, 2002.

PASCHOAL, S. M. P. Qualidade de vida na velhice. In: FREITAS, E. V. et al. *Tratado de geriatria e gerontologia*. Rio de Janeiro: Guanabara Koogan, 2002.

PEARLS, T. T.; FRETTS, R. C. Fórum médico. *Harvard Medical School*. Disponível em <http://www.madsci.org/posts/archives/html.>. Acesso em: 11 nov. 2006.

PEREIRA, R. J. et al. Contribuição dos domínios físico, social, psicológico e ambiental para a qualidade de vida global de idosos. *Rev. Psiquiatr. Rio Gd. Sul*, Porto Alegre, v. 28, n. 1, jan./abr. 2006.

PIETRO, N. *Geriatria*. Porto Alegre: D.C. Luzzato, 1986.

POETA, L. S. *Aptidão motora dos idosos residentes na Associação Irmão Joaquim de Florianópolis/SC*. 2002. Monografia (Graduação em Educação Física) – Centro de Educação Física, Fisioterapia e Desportos, Universidade do Estado de Santa Catarina, Florianópolis, 2002.

POON, L. W. et al. The Georgia centenarian study. *Int. J. Aging Hum. Dev.*, v. 34, n. 1, p. 1-17, 1992.

RAUCHBACH, R. *Atividade física na 3ª idade*. 2. ed. Londrina: Midiograf, 2001.

REBELATTO, J. R. et al. Influência de um programa de atividade física de longa duração sobre a força muscular manual e flexibilidade corporal em mulheres idosas. *Rev. Bras. Fisioter.*, São Carlos, v. 10, n. 1, p. 127-132, 2006.

REIS, R. S. *Determinantes ambientais para a realização de atividades físicas nos parques urbanos de Curitiba*: uma abordagem sócio-ecológica da percepção dos usuários. 2001. Dissertação (Mestrado em Atividade Física e Saúde) – Centro de Desportos, Universidade Federal de Santa Catarina, Florianópolis, 2001.

RENNÓ, A. C. M. et al. Atividade física e terceira idade. *Rev. Fisioterapia UNICID*, v. 1, n. 2, p. 129-134, jul./dez. 2002.

RIGAL, R. *Motricidad humana*. Madrid: Pila Teleña, 1988.

RIKLI, R. E.; EDWARDS, D. J. Effects of a three-year exercise program on motor function and cognitive processing speed in older women. *Res. Q. Exerc. Sport*, v. 62, p.61-67, 1991.

RODRIGUES, R. A. P.; DIOGO, M. J. D. *Como cuidar dos idosos*. Campinas: Papirus, 2000.

ROSA NETO, F. Avaliação da psicomotricidade. In: MATSUDO, S. M. M. *Avaliação do idoso*: física & funcional. 2. ed. Londrina: Midiograf, 2004.

_____. Estudos de parâmetros motores na terceira idade. In: CONGRESSO INTERNACIONAL DE MOTRICIDADE HUMANA: MOTRICIDADE HUMANA: TEORIA E PRATICA, 2. Muzanbinho, 2001. CD-ROM.

_____. *Manual de avaliação motora*. Porto Alegre: Artmed, 2002.

ROSA NETO, F.; LIPOSCKI, D. B.; TEIXEIRA, C. A. A. Estudo dos parâmetros motores em idosos com idade entre 70 e 79 anos pertencentes aos grupos da terceira idade da prefeitura de São José – SC. *Lecturas:* EF y Deportes, Buenos Aires, año 10, n. 92, p. 1-9, 2006. Disponível em: <http://www.efdeportes.com/efd92/idosos.htm>.

ROSA NETO, F. et al. Estudo dos parâmetros motores de idosos residentes em instituições asilares da grande Florianópolis. *Rev. Bras. Cienc. Mov.*, v.13, p. 7-15, 2005.

ROSENWAIKE, I. A demographic portrait of the oldest old. *Milbank Mem. Fund. Q. Health Soc.*, v. 63, n. 2, p. 187-205, 1985.

RUDIO, V. F. *Introdução ao projeto de pesquisa científica*. Petrópolis: Vozes, 1986.

SANDOVAL, A. H. P. *Medicina do esporte*: princípios e prática. Porto Alegre: Artmed, 2005.

SHEPHARD, R. J. *Envelhecimento, atividade física e saúde*. São Paulo: Phorte, 2003.

SHNEIDER, J. *Manual degenerativo*. São Paulo: Roca, 1985.

SHUMWAY-COOK, A. et al. The effect of multi-dimensional exercises on balance, mobility, and fall risk in community-dwelling older adults. *Phys. Ther.*, v. 77, p. 46-57, 1997.

SILVEIRA, L. D. *Níveis de depressão, hábitos e aderência a programas de atividades físicas de pessoas com transtorno depressivo*. 2001. Dissertação (Mestrado em Atividade Física e Saúde) – Centro de Desportos, Universidade Federal de Santa Catarina, Florianópolis, 2001.

SIMÕES, R. *Corporeidade e terceira idade*. marginalização do corpo do idoso. 3. ed. São Paulo: Unicamp, 1998.

SKINNER, J. S. *Prova de esforço e prescrição de exercícios*. Rio de Janeiro: Revinter, 1991.

SMITH, D. W. Centenarians: human longevity outliers. *Gerontologist*, v. 37, n. 2, p.200-206, 1997.

SPIRDUSO, W. W. *Dimensões físicas do envelhecimento*. São Paulo: Manole, 2005.

THE NEW ENGLAND CENTENARIAN STUDY. Homepage. Boston, [200-]. Disponível em: <http://www.bumc.bu.edu/centenarian>.

THOMSON, A.; SKINNER, A.; PIERCY, J. *Fisioterapia de Tidy*. 12. ed. São Paulo: Santos, 1994.

TINKER, A. et al. *85 noy out*: a study of people aged 85 and over at home. King's College London, 2001. Disponível em <http//:www.anchor.org.uk/pdfs/85-notout.pdf.>.

UENO, L. M. A influencia da atividade física na capacidade funcional: envelhecimento. *Rev. Bras. Ativ. Fis. Saúde*, v. 4, p. 57-66, 1991.

VAYER, P. *La dinâmica de la acción educativa en los niños inadaptados*. Barcelona: Científico-Médica, 1979.

VELASCO, C. G. *Aprendendo a envelhecer*: à luz da psicomotricidade. São Paulo: All Print, 2005.

VERAS, R. et al. Novos paradigmas do modelo assistencial no setor de saúde: consequência da explosão populacional dos idosos no Brasil. In: VERAS, R. *Terceira idade*: gestão contemporânea em saúde. Rio de Janeiro: UnATI, 2002. p. 11-79.

WEINECK, J. *Biologia do esporte*. São Paulo: Manole, 1991.

XAVIER, F.M.F. et al. Transtorno de ansiedade generalizada em idosos com oitenta anos ou mais. *Rev. Saúde Pública*, v. 35, n. 3. p. 294-302, 2001.

Considerações finais
Francisco Rosa Neto

A avaliação motora nos idosos assume a multiplicidade de facetas que aborda a avaliação de indivíduos unidos pelo conceito de terceira idade. Este trabalho propôs oferecer ferramentas a todos os profissionais implicados no processo que supõe a elaboração de um modelo objetivo, científico e claro sobre grupos ou indivíduos que compõem a terceira idade.

A Escala Motora para Terceira Idade (EMTI) é um instrumento singular que pode avaliar o desempenho motor dos idosos, nas seis diferentes áreas que enfocam os elementos básicos da motricidade humana: motricidade fina, coordenação global, equlíbrio, esquema corporal, organização espacial e organização temporal.

Mediante o que foi apresentado nesta obra, com o propósito de buscar ou apresentar estratégias de avaliação e intervenção motora na terceira idade, fica a indagação sobre outras carências no texto não trabalhadas, como as referentes ao trabalho, à aposentadoria, aos relacionamentos, às emoções, aos grupos de terceira idade, aos filhos, à solidão, à família, etc.

Fica evidente que as características motoras nos idosos não devem ser avaliadas de maneira isolada, mas buscando-se compreender todo o contexto em que o idoso está inserido.

Glossário

Acinesia: Impossibilidade para realizar movimentos. Sintoma que acompanha diferentes processos patológicos dos gânglios basais.

Adiadococinesia: Incapacidade para realizar movimentos continuados de alternância rápidos como pronação-supinação ou flexão-extensão devido a disfunção cerebral.

Afasia: Perda da fala secundária a lesão cortical motora ou sensorial (afasia motora ou de broca e afasia sensorial ou de Wernicke).

Aferente: Impulso nervoso sensorial, estímulo que vem da periferia para o centro do sistema nervoso central.

Agnosia: Perda da capacidade de reconhecer objetos e pessoas.

Agrafia: Incapacidade de escrever provocada pela lesão dos centros nervosos que controlam gestos gráficos. Geralmente aparece junto com a afasia.

Alexia: Cegueira verbal, impossibilidade de compreender o sentido das palavras escritas.

Ambliopia: Diminuição da acuidade visual, devido a uma causa orgânica ou funcional.

Anartria: Perda da capacidade de articular palavras por lesão do sistema nervoso central.

Anoxia: Falta total de oxigênio no nível dos diferentes tecidos do corpo humano, altamente prejudicial ao sistema nervoso central.

Apraxia: Perda da capacidade de realizar movimentos coordenados com uma determinada finalidade.

Apraxia ideatória: Perda da capacidade de idealizar o gesto.

Apraxia ideocinética: Perda da capacidade de executar o gesto.

Aprendizagem: Processo de integração neurossensorial das experiências vivenciadas pelo ser humano durante seu desenvolvimento.

Aptidão física: Capacidade de realizar um movimento neuromuscular; está relacionada ao vigor físico e à saúde de um indivíduo. Tem os seguintes elementos básicos: força, resistência, flexibilidade, agilidade, potencial aeróbio e anaeróbio, etc.

Aptidão motora: Capacidade de realizar um movimento motor intencional (práxis motora), por meio da integração e maturação do sistema nervoso central. Está relacionada ao equilíbrio neuropsicomotor nas diferentes etapas evolutivas. Tem os seguintes elementos básicos: motricidade fina e global, equilíbrio, esquema corporal, organização espacial e temporal, lateralidade e linguagem.

Atitude ou postura: Posição ou postura do corpo pela maturidade do sistema nevoso central e controlada pela sensibilidade proprioceptiva.

Ato motor involuntário: Ação motora que mantém o tono, a postura e o equilíbrio controlado pelo sistema motor extrapiramidal e sem controle voluntário.

Ato motor voluntário: Movimentos precisos e coordenados que são da vontade do indivíduo. Controlados pelo sistema motor piramidal.

Ato reflexo: Ato ou ação motora processada automaticamente pelo sistema nervoso com base no processo estímulo resposta.

Área cortical (córtex cerebral): Superfície delimitada do córtex cerebral que abriga as células neuronais (substância cinzenta), responsáveis pelas funções mentais superiores, funções sensoriais, motoras e de associações.

Área de Broca: Área cortical responsável pela execução motora da fala.

Área de Wernicke: Área que se relaciona com a capacidade de compreender a linguagem falada e se localiza no lóbulo parietal esquerdo, perto da zona auditiva primária.

Área motora: Área onde nasce o feixe piramidal responsável pelos movimentos voluntários.

Astereognosia: Impossibilidade de reconhecer os objetos a partir do tato sem visualizar.

Ataxia: Falta de coordenação na marcha, devido à lesão no sistema nervoso central.

Atetose: Movimentos involuntários flexoextensores ou pronossupinadores nas mãos e nos dedos e às vezes nos pés, devido à lesão do sistema extrapiramidal (lesão do núcleo da base do encéfalo; putâmen, caudado e pálido).

Atonia: Estado caracterizado por falta de tono muscular. Estado de flacidez.

Axial: Próximo ao eixo do corpo.

Axônio: Fibra nervosa longa que traz ou leva os estímulos ao corpo neuronal.

Balismos: Movimentos violentos de grandes amplitudes, inesperados, localizados em um hemicorpo devido a uma disfunção extrapiramidal.

Bradicinesia: Redução da intensidade do movimento.

Cerebelo: Porção póstero-inferior do encéfalo situada debaixo do cérebro e acima do bulbo e da protuberância. Consta de um lóbulo médio vermiforme e dos laterais. Desempenha um importante papel no controle da atividade motora voluntária, tanto na planificação do ato motor como na sua correção durante sua realização.

Cinestesia: Percepção sensorial que capacita o indivíduo para avaliar, sem controle visual, a direção e a velocidade do movimento e a posição das extremidades e tronco (sentido pelo qual se percebem os movimentos musculares, o peso e a posição dos membros).

Circadiano: Flutuações fisiológicas e comportamentais que têm um período em torno de 24 horas.

Clono(clonus): Contrações ritmadas de um músculo, provocadas por seu estiramento brusco. Geralmente significa lesão do neurônio motor superior.

Condicionamento clássico: Processo de condicionamento estudado originalmente por Pavlov em que um estímulo supostamente neutro (o estímulo condicionado, geralmente um som ou uma luz), juntamente com outro estímulo evoca uma resposta.

Conduta: Qualquer ação bem-sucedida e observável do organismo.

Consciência: Estado de vigília que permite o reconhecimento de si próprio e do ambiente que o cerca.

Controle do próprio corpo: Interiorização das sensações relativas a uma ou outra parte do corpo.

Coordenação de movimentos: Funcionamento harmonioso dos diferentes grupos musculares para a execução de movimentos complexos.

Coreia: Movimentos bruscos, sem coordenação, involuntários, geralmente da raiz do membro devido à lesão extrapiramidal.

Cortical: Atividade ligada às células do córtex cerebral.

Criatividade: Função inventiva de imaginação criadora, dissociada da inteligência.

Crise convulsiva: Manifestação motora (objetiva) de um distúrbio da atividade elétrica neuronal por meio de movimentos clônicos/tônicos com uma duração determinada.

Dano neurológico (lesão neurológica/dano cerebral): Perturbações físicas, funcionais ou ambas determinadas por agentes nocivos sobre o sistema nervoso.

Defeito (*impairment*): Diz respeito a uma anomalia da estrutura do corpo humano ou das alterações funcionais de um órgão ou sistema. Anormalidade física ou funcional: má formação, aberração cromossômica; defeito genético; lesão congênita; agenesia de um membro; traumatismos, etc. (OMS, 1980).

Deficiência (*disability*, disabilidade): Limitação no desenvolvimento das habilidades pertinentes ao ser humano (falar, ler, andar, cantar, etc.). Exemplo: deficiência mental, física, auditiva, visual.

Deficiência auditiva: Limitação na capacidade auditiva em caráter permanente, mas não irreversível, devido a dano anatômico ou funcional de origem neurológica ou no aparelho de condução sonora área.

Deficiência física: Limitação na capacidade física em caráter permanente, mas não irreversível, devido a dano anatômico ou funcional de origem neurológica, muscular ou esquelética.

Deficiência mental: Limitação na capacidade intelectual para solucionar problemas, em caráter permanente, mas não irreversível, devido a dano anatômico ou funcional de origem neurológica ou psicossocial, ocorrido na etapa de desenvolvimento crítico do sistema nervoso central.

Deficiência múltipla: Ocorrência de mais de uma deficiência.

Deficiência visual: Limitação na capacidade visual em caráter permanente, mas não irreversível, devido a dano anatômico ou funcional de origem neurológica no aparelho ocular.

Desenvolvimento: aquisição de funções cada vez mais complexas. Ocupa-se de fenômenos que indicam a diferenciação progressiva dos órgãos e de suas especializações, no amadurecimento de sua função. Atualmente representa duplamente crescimento físico e funcional.

Desmielinização: Processo patológico em que as fibras nervosas mielinizadas perdem sua capa de mielina e gradativamente sua capacidade funcional.

Diagnóstico: Processo pelo qual se avalia o fator determinante de uma patologia bem como seus sinais e sintomas. Processo de avaliação de uma determinada patologia de acordo com seus fatores predisponentes, determinantes e suas manifestações clínicas. (O processo diagnóstico se compõe de história clínica, antecedentes pessoais e familiares, exame físico e exames complementares.)

Disartria: Distúrbio na coordenação motora da fala por lesão do sistema nervoso central.

Disfonia: Alteração no timbre ou tom da voz.

Dispraxia: Distúrbios da capacidade de coordenar os movimentos. Discordância entre o ato querido e o realizado.

Distal: Parte de um membro mais separada de sua raiz; extremidade de um membro.

Distonia: Postura anormal com alterações do movimento do tipo generalizado, focal ou segmentar.

Dominância hemisférica: Conceito que se refere à lateralização das funções nos hemisférios cerebrais, particularmente na linguagem, localizado principalmente no hemisfério esquerdo.

Dominância ocular: Maior efetividade de um olho sobre o outro.

Ecolalia: Repetição involuntária e mecânica de palavras ou frases ditas por outra pessoa.

Encéfalo: Todo o sistema nervoso central menos a medula.

Encefalopatia: Doença ou afecção do encéfalo de caráter agudo ou crônico.

Endorfinas: Peptídeos neurotransmissores de cadeia longa (16 a 31 aminoácidos). Localizam-se preferenciamente na hipófise anterior, lóbulo médio hipofisário e ao redor do núcleo arqueado hipotalâmico. A principal endorfina é a beta-endorfina. Possui função analgésica.

Eletroencefalograma (EEG): Registro das variações de potencial elétrico entre os eletrodos (registro bipolar) ou entre um eletrodo e outro indiferente (registro monopolar) situados no couro cabeludo. Exame solicitado para esclarecimento do tipo de crises convulsivas ou epilépticas.

Eletromiograma (EMG): Registro gráfico das correntes elétricas de um músculo.

Espasmo: Contração muscular involuntária que se produz por estímulo do neurônio motor inferior e que pode ser clônico (contrações e relaxamento alternados) ou tônico (contrações contínuas).

Espasticidade: Estado de hipertonia ou tono muscular aumentado que se produz quando há uma contração simultânea de grupos musculares agonistas e antagonistas.

Esquema corporal: Organização das sensações relativas ao próprio corpo em conexão com os dados do mundo exterior (utilização da imagem do corpo).

Estereognosia: Percepção das formas e dos volumes dos objetos.

Estímulo: Agente externo que provoca uma sensação determinada sobre o nosso corpo.

Estruturação: Combinações de elementos para formar um todo.

Estruturações espaço-temporais: É a percepção das estruturas espaciais e temporais.

Esquema corporal: Organização das sensações relativas ao próprio corpo em conexão com os dados do mundo exterior.

Etiologia: Estudo das causas de inadaptações e enfermidades.

Exteroceptor: Receptor sensitivo que recebe a informação do meio exterior.

Extrapiramidal: Sistema motor em que as fibras nervosas não atravessam as pirâmides bulbares e que tomam essencialmente a origem nos gânglios da base e dos núcleos bulbares.

Feedback: Retroação. Efeito de retorno exercido em um organismo por seu próprio funcionamento.

Fenótipo: Conjunto de caracteres individuais que resultam de uma realização do genótipo em um meio dado.

Filogênese: Formação das espécies e seu desenvolvimento no curso da evolução.

Fissura palatal: Fissura congênita ou adquirida da boca interna superior afetando bem o palato duro (constituído dos ossos maxilares e palatinos).

Frontal: Plano paralelo e que corta o corpo em duas partes, uma anterior e outra posterior.

Gânglios basais (núcleos da base): Massa cerebral situada na base dos hemisférios cerebrais.

Glia: Termo genérico para referir-se às células de sustentação do sistema nervoso central.

Habilidade física: Capacidade funcional do organismo humano, expressa pela qualidade do movimento executado, em um plano funcional (aeróbio, anaeróbio, etc.) e físico (flexibilidade, força, etc.).

Habilidade motora: Capacidade motora do organismo humano, expressa pela qualidade do movimento executado, em um plano perceptivo (organização espacial e temporal), manipulativo (motricidade fina), projetivo (esquema corporal) e neuromotor (coordenação e equilíbrio).

Hemiparesia: Debilidade das extremidades de uma metade do corpo.

Hemiplegia: Paralisia de uma metade lateral do corpo.

Hemisfério cerebral: Cada um dos grandes lóbulos ântero-dorsais do telencéfalo do cérebro dos vertebrados, incluindo a substância branca e os núcleos da base.

Hemisfério dominante: Hemisfério cerebral responsável pela capacidade linguística, pela categorização e pela simbolização. É também responsável pelo controle das extremidades (mãos e pés) usadas nos movimentos de habilidades.

Hidropsicomotricidade: Baseado em uma visão global do ser humano, utiliza o meio líquido para integrar as interações cognitivas, emocionais, simbólicas e motoras na capacidade de ser e de se expressar em um contexto biopsicossocial. Desempenha um papel fundamental no desenvolvimento harmônico da personalidade.

Hipertônico: Aumento do tono muscular.

Hipermetropia: Estado do olho em que os raios luminosos paralelos formam um foco além da retina; existe dificuldade para ver os objetos.

Hipotonia: Diminuição ou perda do tono muscular que produz uma menor resistência à mobilização passiva. É um sintoma característico de certas enfermidades cerebelosas.

Imagem corporal: Sinônimo de esquema corporal. É a representação cerebral de todas as sensações corporais organizadas no córtex parietal. Representa o conceito que a pessoa tem de seu próprio corpo.

Inadaptação: Desajustes familiares, escolares ou sociais que desencadeiam as perturbações ou transtornos da vida afetiva e emocional de um sujeito ao longo de seu desenvolvimento psicológico e social.

Inadaptação social: Incapacidade em grau variável de aceitar as normas e estruturas da sociedade em que se vive e de comportar-se de acordo.

Incapacidade (*handicap*): Refere-se às limitações nas relações do homem com o seu meio ambiente em função de um defeito ou deficiência. Inadequação às demandas do meio ambiente. Dificuldade em usufruir do bens e serviços da comunidade em que vive. Exemplo: Incapacidade de realizar trabalho produtivo.

Inclusão: Processo pelo qual se prepara a sociedade para admitir em seu seio os portadores de deficiência.

Integração: Processo pelo qual se prepara o indivíduo para participar dos bens e serviços da sociedade em que ele vive.

Inteligência: Capacidade de utilizar a informação que um determinado sistema ou organismo possui para atuar com eficácia em seu meio ambiente, e de utilizar a informação nova que recebe, de tal maneira que aumente a informação e a capacidade que possui.

Invalidez: Todo impedimento ou diminuição da perda da capacidade de trabalho.

Inválido: Pessoa com um defeito físico ou sensorial suficientemente grave para dificultar ou tornar difícil o desenvolvimento da vida cotidiana.

Isocórtex: Parte do córtex cerebral que tem seis camadas celulares.

Lesão cerebral: Alteração física ou funcional do cérebro determinado por um agente nocivo sobre o sistema nervoso central.

Lesão encefálica ou dano encefálico: Manifestação neurológica devida a lesão orgânica ou funcional do encéfalo.

Lesões medulares: Manifestações neurológicas devidas a agressão física ou funcional da medula espinhal.

Linguagem: Empregado no sentido amplo, este termo designa a função geral de expressão do pensamento e de comunicação verbal.

Maturidade: Nível de desenvolvimento que em um dado momento alcança um órgão ou sistema no indivíduo que está crescendo.

Maturidade nervosa: Mielinização progressiva das fibras nervosas associadas ao desenvolvimento funcional.

Memória: A capacidade de evocar respostas aprendidas previamente.

Memória associativa: Capacidade de recordar um fato em que está associada a variável do espaço, do tempo e o seu aspecto simbólico. Lesões do hipocampo produzem déficit dessas características.

Memória – curto prazo: Memória que retém temporariamente informações (minutos, horas).

Memória – longo prazo: Memória duradoura, em alguns casos por toda vida.

Mielina: Substância que forma uma envoltura que rodeia certas fibras nervosas, compostas por capas regularmente alternadas de lipídeos 80% e proteínas 20%. Esta substância se encontra quase exclusivamente nos vertebrados, o que apoia a teoria de sua relação como elemento essencial para as funções nervosas superiores. Também permite a eficiência da condução de sinais nervosos ao longo de grandes distâncias (encontra-se nos axônios dos neurônios).

Mielinização: Processo de aquisição e desenvolvimento do tecido mielínico no sistema nervoso.

Miopia: Defeito visual em que a maior refração do olho faz com que a imagem dos objetos distantes se forme antes de chegar à retina.

Motricidade: Conjunto de funções que permite os movimentos.

Neuromotricidade: Aspecto da motricidade relacionado com o sistema nervoso, sua maturidade e suas perturbações.

Neurose: Transtorno psíquico ou mental que não é acompanhado de nenhuma mudança estrutural ou orgânica, mas provoca uma desorganização da personalidade e da função mental.

Neuróglia: Tecido conjuntivo que sustenta as células nervosas e lhes assegura a nutrição.

Neurotransmissor: Substância química endógena (acetilcolina, noradrenalina, serotonina) que se encontra armazenada no terminal axônico de um neurônio, capaz de ser liberada por potenciais de ação e alterar a polaridade do neurônio com que está em imediato contato. O neurotransmissor é sintetizado pelo terminal pré-sináptico, pelo corpo neuronal ou por ambos é desagregado ou recaptado imediatamente depois da sua liberação.

Nistagmo: Oscilações rítmicas involuntárias dos olhos que sobrevêm muito frequentemente durante as fixações laterais. Movimentos mioclônicos dos globos oculares.

Organização perceptiva: Educação das sensações e percepções condizentes com o conhecimento dos objetos e da relação entre eles.

Organização espacial: Desenvolvimento das capacidades vinculadas ao esquema corporal e à organização perceptiva tendentes ao domínio progressivo das relações espaciais.

Organização somatotópica: Representação sensorial e motora de todas as partes do corpo no córtex cerebral.

Organização temporal: Desenvolvimento das capacidades de apreensão e utilização dos dados do tempo imediato (tempo físico).

Paralisia: Perda ou diminuição da função motora voluntária ou involuntária de um músculo ou grupo de músculos.

Paratonia: Perturbação da contração muscular na qual o músculo fica em estado de hipertonia em vez de relaxar-se voluntariamente.

Parestesia: Transtorno da sensibilidade que provoca a percepção de sensações anormais. Anomalia da sensibilidade tátil que se experimenta em certas enfermidades do sistema nervoso ou circulatório (adormecimento, ardor, etc.).

Percepção: Processo mediante o qual se toma consciência do mundo exterior. Neste processo há uma parte objetiva e outra subjetiva. O estudo da relação entre ambas constitui o campo da psicofísica.

Percepção motora: Acordo entre as percepções auditivas, visuais, etc., e as ações sucessivas; é igual a sensório-motora de sincronização.

Personalidade: O que determina a individualidade de uma pessoa. O elemento estável da conduta de uma pessoa; seu modo habitual de ser; o que a distingue de outra.

Piramidal: Sistema motor em que os corpos celulares dos neurônios se encontram no córtex cerebral e cujos axônios atravessam as pirâmides bulbares.

Plasticidade: Mudanças produzidas no sistema nervoso como resultado da experiência (aprendizagem), de lesões ou de processos degenerativos.

Postura: Ajustes motores capazes de permitir ao homem uma postura ereta contra a gravidade.

Prevenção: Ato ou procedimento de evitar enfermidades em caráter primário, secundário ou terciário.

Propriocepção: Conceito definido por Sherrington para expressar a capacidade de perceber a posição das extremidades do corpo no espaço e a de detectar a força dos movimentos e a resistência que se opõe a eles.

Proprioceptores: Receptores sensoriais localizados nos músculos, tendões, articulares e ouvido interno que proporcionam a informações sobre o movimento e a posição das partes do corpo.

Projetivo (espaço): Estudo das relações dos objetos entre si a partir de pontos de vista diferentes do observador e tendo em conta a perspectiva.

Projeção: Transposição por parte de um sujeito, de estados afetivos que lhe são próprios, ao mundo exterior ou aos demais.

Reabilitação: Ação que visa restaurar uma função perdida ou não adquirida.

Reabilitação neurológica: Processo dinâmico que possibilita a recuperação gradativa e contínua de funções neurológicas perdidas ou não emergentes.

Reflexo: Ato motor mais simples como resposta a um determinado estímulo. Todo reflexo consta de cinco elementos: receptor; neurônio aferente (sensorial); processamento central; neurônio eferente (motor); ação muscular (músculo).

Reforço: Programa ou procedimento pelo qual uma resposta é seguida de uma recompensa ou um castigo (neste caso altera a probabilidade de que tal resposta volte a repetir). A água ou o alimento é um reforço positivo (aumento), e o choque elétrico é um negativo (diminuição).

Relaxamento: Termo genérico que se refere a soltar ou diminuir a contração muscular.

Retardo mental: Caracteriza-se por um funcionamento da capacidade intelectual geral inferior à média, que se manifesta durante o curso do desenvolvimento e está associado a uma deterioração adaptativa do comportamento.

Retroalimentação ou *feedback*: Processo de autocorreção em que a saída de um sistema o circuito neural afeta ou corrige a entrada. Todo processo de retroalimentação permite ao organismo o mecanismo de regular de sua própria atividade.

Rigidez: Hipertonia muscular ou aumento da resistência que opõe um músculo e seu alongamento. A rigidez é um grau mais elevado que a espasticidade.

Sensação: Percepção consciente de um estímulo físico ou químico com suas características de espaço, tempo, modalidade e intensidade.

Sensibilidade proprioceptiva: Informações recolhidas pelos órgãos dos sentidos sobre as atitudes e movimentos, que permitem a postura e o ajuste dos atos.

Sinapse: Termo definido por Sherrington para significar a união ou contato entre os neurônios. Pode ser elétrica e química.

Sincinesia: Perturbação da execução de um gesto voluntário que se acompanha da execução de outro gesto não controlado pelo sujeito.

Sinergia: Ação coordenada de vários músculos a vista de uma ação única.

Sinestesia: Provocação por um estímulo de uma sensação determinada.

Sistema límbico: Conceito genérico de delimitações anatômicas e funcionais imprecisas. Refere aquele conjunto de áreas cerebrais que se supõe formando circuitos que codificam o mundo pessoal da emoção (prazer, raiva, agressividade, etc.) e a motivação (ingerir água e alimentos, atividade sexual, etc.).

Sistema motor extrapiramidal: Conceito que se refere a todas as áreas cerebrais e faces de fibras motoras fora do sistema motor piramidal, até mesmo quando no nível cortical, por exemplo, são sobrepostos ambos os sistemas. No sistema extrapiramidal participam áreas dos lóbulos frontal e parietal, gânglios basais, tálamo, cerebelo, subtálamo e tronco do encéfalo.

Sistema nervoso central: Parte do sistema nervoso que inclui o encéfalo e a medula espinal (ou espinhal).

Somático: Referido ao corpo com exceção das vísceras.

Subcortical: Atividade ligada às células situadas debaixo do córtex, isto é, nos núcleos da substância cinza.

Substância branca: Parte do tecido nervoso de aparência branca, composta fundamentalmente por fibras nervosas cobertas de mielina e que ocupa a parte central do encéfalo e a parte periférica da medula espinal.

Substância cinzenta: São as regiões do sistema nervoso central que aparecem de cor cinza devido à grande concentração de corpos neuronais. Ocupa a região superficial do encéfalo (córtex), na parte central da medula espinal e substância cinza central.

Tremor: Sucessão regular de movimentos musculares oscilatórios do tipo involuntário. Produz-se de modo essencial (espontâneo) ou secundário a diversas enfermidades neurológicas.

Tetania: Transtorno que resulta em contrações musculares tônicas intermitentes acompanhadas de tremor fibrilar, parestesias e dores musculares. Existe uma resposta irritativa a estímulos elétricos e mecânicos.

Tono muscular: Estado de tensão ativa e involuntária do músculo. O tono muscular é o determinante da postura do indivíduo nos diferentes decúbitos.

Vivência (corporal): Consciência das sensações vinculadas ao próprio corpo, com ou sem segmentos e deslocamentos, experimentados por um sujeito em uma ou em outra situação.

Visuomotor: Ato motor guiado essencialmente pela visão.

Apêndices

Escala Motora para Terceira Idade – EMTI
Francisco Rosa Neto

Nome:		Sobrenome:		Sexo:	
Nascimento:		Exame:		Idade:	
Outros dados:					

RESULTADOS

Testes / anos		2	3	4	5	6	7	8	9	10	11
1.	Motricidade fina:										
2.	Motricidade global:										
3.	Equilíbrio:										
4.	Esquema corporal/rapidez:										
5.	Organização espacial:										
6.	Linguagem/organização temporal:										

RESUMO DE PONTOS

Aptidão motora geral (AMG):			
Aptidão motora 1 (AM1):		Aptidão motora 4 (AM4):	
Aptidão motora 2 (AM2):		Aptidão motora 5 (AM5):	
Aptidão motora 3 (AM3):		Aptidão motora 6 (AM6):	

PERFIL MOTOR

11	•	•	•	•	•	•
10	•	•	•	•	•	•
09	•	•	•	•	•	•
08	•	•	•	•	•	•
07	•	•	•	•	•	•
06	•	•	•	•	•	•
05	•	•	•	•	•	•
04	•	•	•	•	•	•
03	•	•	•	•	•	•
02	•	•	•	•	•	•
Testes	Motricidade fina	Motricidade global	Equilíbrio	Esquema corporal	Organização espacial	Organização temporal

Escala Motora para Terceira Idade – EMTI
Francisco Rosa Neto

TESTE DO LABIRINTO – NÍVEL 6

Nome:		Idade:		Sexo:	
Data de nascimento:		Data de exame:			

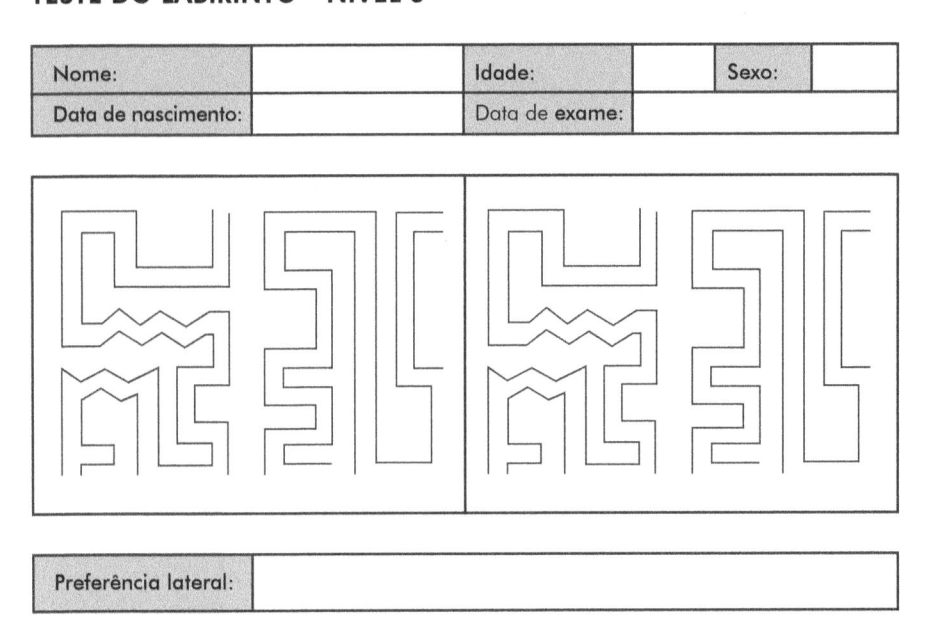

Preferência lateral:

Escala Motora para Terceira Idade – EMTI

Francisco Rosa Neto

TESTE DE RAPIDEZ – NÍVEL 6

Nome:		Idade:		Sexo:	
Data de nascimento:		Data de exame:			

Ensaio

Teste

Preferência lateral:

MANUAL DE
AVALIAÇÃO MOTORA PARA TERCEIRA IDADE

M294   Manual de avaliação motora para terceira idade / [organizado por] Francisco Rosa Neto ; Augusto Cesinando de Carvalho ... [et al.]. – Porto Alegre : Artmed, 2009.
268 p. ; 23 cm.

ISBN 978-85-363-1691-8

1. Capacidades motoras. 2. Características corporais – Idosos. I. Rosa Neto, Francisco. II. Carvalho, Augusto Cesinando de.

CDU 796.012.1-053.9

Catalogação na publicação: Renata de Souza Borges – CRB-10/Prov-021/08